Die verkannten Grundlagen der Ökonomie

Riane Tennenhaus Eisler ist Kulturhistorikerin, Systemwissenschaftlerin, Soziologin, Anwältin, Rednerin und Autorin, deren Anstöße für kulturellen Wandel von zahlreichen Wissenschaftler_innen und Sozialaktivist_innen weltweit aufgegriffen wurden. Eisler wurde 1931 in Wien geboren und floh zusammen mit ihren Eltern vor den Nationalsozialisten zunächst nach Kuba und dann in die USA. Ihre Alma mater ist die University of California, wo sie ebenso als Dozentin tätig war wie am California Institute of Integral Studies und der University of Alabama. Ihre Forschungen werden interdisziplinär wahrgenommen, unter anderem in Philosophie, Kunst, Wirtschaft, Psychologie, Soziologie, Pädagogik, Organisationsentwicklung, Politikwissenschaft und dem Gesundheitswesen. Sie leitet das Center for Partnership Studies, ist Gründungsmitglied der General Evolution Research Group, Fellow der World Academy of Art and Sciences sowie Ehrenmitglied des World Future Council und des Club of Rome. Sie wurde für ihre Arbeit vielfach ausgezeichnet, unter anderem mit dem Humanist Pioneer Award, dem Alice Paul ERA Award und zuletzt 2018 mit dem Safe Ireland Leadership Award (SÍLA) für ihre visionäre Rolle bei der Gleichstellung der Geschlechter. Sie lebt in Carmel, Kalifornien, mit ihrem Ehemann, dem Evolutionswissenschaftler und Psychologen David Loye.

Ulrike Brandhorst, geb. 1970 im Taubertal, Mutter von zwei Töchtern, studierte in Straßburg, Germersheim und Triest Angewandte Sprach- und Kulturwissenschaft. Seit ihrem Abschluss als Diplom-Übersetzerin 1997 arbeitet sie als Übersetzerin, Redakteurin und Autorin. Jenseits der Erwerbsarbeit gilt ihr Engagement Themen wie Veganismus, Schutz von Kindern, Ökologie und Ökonomie. Seit 2008 beschäftigt sie sich besonders mit Riane Eislers Werk *The Real Wealth of Nations*.

Ernst Ulrich von Weizsäcker, geb. 1939, ist ein deutscher Naturwissenschaftler, Politiker und Autor. 1998 bis 2005 war er Mitglied des Deutschen Bundestages. Von 2012 bis 2018 war er Co-Präsident des Club of Rome. Zuletzt von ihm erschienen *Wir sind dran. Was wir ändern müssen, wenn wir bleiben wollen* (mit Anders Wijkman).

Christina S. Zhu studierte Design an der Münster School of Design und University of Alberta. Seit dem Studium arbeitet sie als freiberufliche Illustratorin und Designerin. Ihre liebsten Arbeiten kombinieren subtile visuelle Nachrichten mit melancholischer Schönheit. Mit ihren Projekten möchte sie sich auch und vor allem für die Stimmen von People of Colour in Deutschland einsetzen.

Riane Eisler

Die verkannten Grundlagen der Ökonomie

Wege zu einer Caring Economy

Mit einem Geleitwort
von Ernst Ulrich von Weizsäcker

Aus dem Amerikanischen übertragen von Ulrike Brandhorst
und illustriert von Christina S. Zhu

BÜCHNER

ISBN (Print) 978-3-96317-215-1
ISBN (ePDF) 978-3-96317-747-7
ISBN (ePUB) 978-3-96317-748-4

Coverabbildungen und sämtliche Illustrationen: Christina S. Zhu
Der Essay ist die gekürzte und überarbeitete Fassung der amerikanischen Erstausgabe, die unter dem Titel *The Real Wealth of Nations: Creating a Caring Economics* 2007 in San Francisco bei Berrett-Koehler erschienen ist.

Satz: DeinSatz Marburg | tn

Druck und Bindung: Totem, Inowrocław/Polen
Die verwendeten Materialien sind zertifiziert als FSC-Mix.
Printed in EU

Bibliografische Informationen der Deutschen Nationalbibliothek

Die Deutsche Nationalbibliothek verzeichnet diese Publikation in der Deutschen Nationalbibliografie, detaillierte bibliografische Angaben sind im Internet über http://dnb.de abrufbar.

www.buechner-verlag.de

Inhalt

Geleitwort

Riane Eisler wurde 1987 weltberühmt durch ihren Bestseller *Kelch und Schwert – weibliches und männliches Prinzip in der Geschichte.* Der Anthropologe Ashley Montagu nannte Eislers Buch »das wichtigste Buch seit Darwins *Ursprung der Arten*«. Ihr Buch konfrontierte das mit einer Primitivversion von Darwins »Kampf ums Dasein« verwandte Dominanzsystem, das letztendlich von Angst oder Gewalt geprägt ist. Als Gegenpol formulierte Riane Eisler das Partnerschaftssystem. Dieses bringt die menschliche Gemeinschaft (Frauen und Männer jeden Alters) in eine neue Balance, in der auch Hierarchie und Führung von Partnerschaftlichkeit – also gegenseitigem Respekt und Fürsorge – geprägt sind, womit es allen besser geht.

Riane Eisler ist mit ihren Eltern als siebenjähriges Kind vor den Nationalsozialisten aus Wien geflohen, erst nach Kuba, dann in die USA, wo sie eine glanzvolle akademische Karriere gemacht hat. Kampf ums Dasein ist für sie auch die Schreckenserinnerung an das, was sie als Kind gesehen hat.

Die heutige Ökonomie hat eine starke darwinistische Schlagseite. Der Starke gewinnt und *soll* gewinnen. Das nennt man dann Fortschritt. Der »Wohlstand der Nationen« wird seit Adam Smith, 80 Jahre vor Darwin, von den Ökonomen nach dem geldwerten Gesamtwohlstand gemessen. Seit 1934 gibt es das Bruttoinlandsprodukt (BIP), das im Kern ein bloßer Indikator für Geldumsätze ist. So stärkt zum Beispiel jeder Verkehrsunfall den Umsatz, also das BIP, aber nicht den Wohlstand.

Kampf ums Dasein und schierer Umsatz charakterisieren das Dominanzsystem und sind doch nicht das, was wir wollen, sagt Riane Eisler im vorliegenden Buch. Die Messlatte des Erfolgs ist bei beiden Fällen das Prinzip der den Männern zugeschriebenen Arbeiten. Im Partnerschaftssystem haben die versorgenden, zugewandten und pflegenden Arbeiten – typischerweise Frauen zugeschrieben – ein viel größeres Gewicht, auch in der Welt der Ökonomie.

Riane Eisler sieht die Gleichberechtigung nicht darin, dass Frauen möglichst viele derzeitige Positionen und Funktionen von Männern erobern. Ihr kommt es darauf an, dass die heute außerhalb des BIP blühenden gemeinschaftstragenden Fähigkeiten und Arbeiten gleichberechtigt werden, in der Anerkennung, im Status und auch monetär.

Der amerikanische Titel ihres Buches ist *The Real Wealth of Nations.* Eisler geht es eben nicht um den konventionell definierten Wohlstand, sondern um den *wahren* Wohlstand. Es geht um einen Wohlstand, bei welchem weder Frauen noch Männer diskriminiert werden, sondern die Fülle ihrer Talente nutzen können. Übrigens muss auch die Natur als Teil des Wohlstandes gesehen werden und nicht als zur Plünderung freigegebene Erzgrube.

Die Autorin kritisiert natürlich auch die heutige Art von Dominanzökonomie. Diese schafft künstlich Knappheiten, damit die Preise hochgehen. Oligopole schaffen das besonders gut. Sie zitiert auch Befunde, dass Kinder, die in Dominanz-Elternhäusern aufwachsen, feindselig und zugleich ängstlich gestimmt sind.

Das Kontrastprogramm dazu ist die Partnerschaftsökonomie. Sie ist der Inhalt des zentralen siebten Kapitels des Buches. In der Partnerschaftsökonomie achtet man darauf, dass möglichst viele am Wohlstand teilhaben. Man kümmert sich umeinander. Eltern kümmern sich um ihre Kinder und genießen das. Sie werden dafür nicht bezahlt, jedenfalls nicht von den Kindern. Es ist eine soziale Ökonomie, eine *caring economy.* Die verlangt natürlich auch einen deutlich höheren Rechtsschutz. Und der nationale Wohlstandsindikator soll die vielfach unbezahlten Leistungen der Partnerschaft und Fürsorge endlich angemessen berücksichtigen – und damit das BIP als einzigen Messwert überwinden.

Die Technologie erlebt ja ständige Wandel. Es fügt sich gut, dass der heutige Trend den Wert der Information erhöht. Hier gibt es keine Knappheiten. Informationsaustausch kann auch Informationspartnerschaft sein. Auch wenn Vorsicht geboten ist, denn die Digitalisierungswelt schafft extrem machtvolle Dominanzen!

Unsere junge Generation ist aufgerufen, sich um Riane Eislers Ideen zu kümmern, sich politisch dafür zu engagieren: für die Zukunft einer partnerschaftlichen Zivilisation. Das wäre sicher der größte Wunsch der Autorin.

Ernst Ulrich von Weizsäcker
Emmendingen, 1. September 2020

Vorwort
Der Weg zu einer realitätstauglichen Wirtschaft

Während ich diese Einleitung zu *Die verkannten Grundlagen der Ökonomie* schreibe, wütet weltweit die Covid-19-Pandemie, besonders hier in den USA, wo ich lebe. Hier haben wir nicht nur weltweit die höchste Zahl an Corona-Toten, sondern auch eine enorm hohe Arbeitslosenrate, die einhergeht mit einer explodierenden Zahl an Zwangsräumungen, Konkursen, Obdachlosigkeit, Armut und Hunger, während gleichzeitig die US-Aktienmärkte weiter nach oben schießen. Doch die Pandemie zwingt uns nicht nur in den reichen Nationen, unser »altes Normal« zu hinterfragen. Der Zusammenbruch der globalen Wirtschaft hat weltweit die Strukturfehler unseres derzeitigen Systems aufgedeckt, das weder nachhaltig, noch gerecht ist und in dem eine realitätsferne Politik sowie realitätsuntaugliche Regeln, Anreize und Praktiken herrschen.

Dieses Buch zeigt neue Perspektiven auf, die es uns erlauben, Wirtschaft über den konventionellen Tellerrand hinausgehend zu betrachten. Es benennt die verkannten Grundlagen der Ökonomie und macht deutlich, dass wir unsere Wirtschaft weder realitätstauglicher noch nachhaltiger gestalten können, solange wir diese Grundlagen nicht mitberücksichtigen. Dabei liefert dieses Buch auch die Bausteine, die wir für ein nachhaltiges und gerechtes Wirtschaftssystem benötigen, und zeigt uns Handlungsoptionen auf, mit denen wir ein solches System erreichen können.

Ich lade Sie dazu ein, die auf den folgenden Seiten aufgeführten neuen Perspektiven kennenzulernen und anzuwenden, und bitte Sie darum, dieses Buch unvoreingenommen und mit unverstelltem Blick zu lesen, denn wir werden hier Themengebiete behandeln, die weit über das hinausgehen, was herkömmlicherweise unter dem Begriff »Wirtschaft« verstanden wird. Darüber hinaus bitte ich Sie, beim Lesen immer im Hinterkopf zu behalten, was für Sie im Leben am Wichtigsten ist und was Sie sich im Leben am Sehnlichsten wünschen.

Ein Bewusstseinswandel verändert unsere Lebenswirklichkeit

Dieses Buch, *Die verkannten Grundlagen der Ökonomie*, hat sich aus der Grundannahme heraus entwickelt, dass wir – wie Einstein erklärte – Probleme nicht mit der gleichen Denkweise lösen können, mit der wir sie geschaffen haben. Diese Grundannahme war der Ausgangspunkt für die Arbeit, die ich in den letzten vier Jahrzehnten verfolgt habe.

Mein Buch *Kelch und Schwert. Unsere Geschichte, unsere Zukunft* hat in den USA mittlerweile die 57. Auflage erlebt und wurde in 27 Sprachen übersetzt – unter anderem auch ins Deutsche. Darin führe ich eine neue Sichtweise bei der Betrachtung sozialer Systeme ein, die uns hilft, diese besser zu verstehen und herauszufinden, wie wir die Grundlagen für eine gerechtere und nachhaltigere Welt schaffen können. Diese Sichtweise, die den Analyserahmen für all meine Bücher und Aufsätze bildet, unterscheidet soziale Systeme in die Kategorien »Partnerschaftssysteme« (Systeme, in denen gegenseitiger Respekt herrscht) und »Dominanzsysteme« (Systeme, die durch eine Top-Down-Kontrolle gekennzeichnet sind).

Diese gesellschaftswissenschaftlichen Kategorien (bzw. diese Partnerschaft-Dominanz-Skala) sind integrale Bestandteile einer Kulturtransformationstheorie, die ich in früheren Büchern eingeführt habe. Sie bilden die Grundlage dafür, dysfunktionale wirtschaftliche Strukturen, Regeln und Praktiken zu verstehen und zu verändern. Betrachtet man Systeme unter dem Gesichtspunkt dieser Kategorien, wird nämlich klar, dass dysfunktionale wirtschaftliche Strukturen, Regeln und Praktiken in dominanzgeprägten Traditionen wurzeln, was in kapitalistischen wie sozialistischen Wirtschaftstheorien gleichermaßen zu einer verzerrten Wahrnehmung geführt hat.

Kapitalismus und Sozialismus sind in der Frühzeit der Industrialisierung im 18. und 19. Jahrhundert entstanden. Das allein wäre schon Grund genug, sie als zu veraltet für die Herausforderungen der postindustriellen Dienstleistungs- und Wissensgesellschaft des 21. Jahrhunderts zu betrachten. Doch das Problem wurzelt noch viel tiefer.

Weder Familien noch Politik, Bildung, Religion oder eben auch Wirtschaft entstehen in einem luftleeren Raum. Wirtschaft wird von Menschen geschaffen und wird von den Werten und Ansichten innerhalb der Gesellschaft bestimmt, zu der die jeweilige Wirtschaft gehört. Das Problem besteht darin, dass sowohl

Adam Smith als auch Karl Marx ihre kapitalistische bzw. sozialistische Wirtschaftslehre in Zeiten entwarfen, in denen man sich in Europa und anderswo noch stark am Dominanzende der Partnerschafts-Dominanz-Skala orientierte.

Dabei waren sowohl Kapitalismus als auch Sozialismus eigentlich Versuche, eine dominanzgeprägte Wirtschaft hinter uns zu lassen, die uns den Großteil der überlieferten Geschichte begleitet hat – angefangen von der Top-Down-Wirtschaft der Stammesführer über die der chinesischen Kaiser und nahöstlichen Scheichs bis hin zu den europäischen Feudalherren. Smith stellte den Merkantilismus bzw. die durch Könige und Hofbeamte ausgeübte Top-Down-Kontrolle der Wirtschaft infrage. Marx wiederum übte Kritik am Kapitalismus und an der Ausbeutung der arbeitenden und bäuerlichen Bevölkerung durch die so genannten Adligen und die immer stärker wachsende Bourgeoisie.

Allerdings schenken weder die kapitalistische noch die sozialistische Wirtschaftslehre der Zerstörung unserer natürlichen Lebensgrundlagen oder der essentiellen Bedeutung des Umweltschutzes in irgendeiner Form Beachtung. In beiden Theorien wird die Natur lediglich als Objekt betrachtet, das es zu beherrschen und auszubeuten gilt. Smith träumte von unbegrenztem Wirtschaftswachstum, das sich unter der Leitung der unsichtbaren Hand des Marktes und der Verfolgung reiner Eigeninteressen entfalten sollte. Die Vision von Marx beinhaltete eine grenzenlose Expansion der Industrie kontrolliert von der Diktatur des Proletariats.

Die überlebensnotwendigen Haushalts- und Pflegearbeiten wie die Versorgung von Kindern und Kranken oder die Führung eines sauberen und gesunden Haushalts galten sowohl für Smith als auch für Marx eher als »reproduzierende« denn als »produzierende« Tätigkeiten. Keiner von beiden erkannte den Wert der Fürsorgearbeit, angefangen von der Säuglingspflege bis hin zur Pflege der Alten und Kranken. Auch der wirtschaftliche Wert eines sauberen und gesunden Wohnumfelds entging ihnen vollständig, was sich auch auf ihre Einstellung gegenüber dem Umweltschutz – also die Pflege des natürlichen Umfelds übertrug. Für sie war die Sichtbarmachung dieser »Frauenarbeit« kein Thema, denn diese sollte umsonst in von Männern kontrollierten Haushalten geleistet werden.

Noch Mitte des 19. Jahrhunderts, als Marx über den Sozialismus schrieb, galt sowohl die in Privathaushalten als auch die auf dem Markt geleistete Arbeit von Frauen rechtlich als das Eigentum ihrer Väter bzw. Ehemänner. Wenn eine Frau fahrlässig verletzt wurde, konnte sie keine Klage deswegen einreichen, während ihr Ehemann das Recht hatte, Schadensersatz für die ihm dadurch entgangenen Dienstleistungen einzufordern.

Heute gelten Frauen – zumindest in einigen Teilen der Welt – nicht mehr als Eigentum ihrer Väter oder Ehemänner. Aber die Abwertung von Care-Arbeit, also Fürsorge- und Pflegearbeit, ist in der Wirtschaft immer noch die Norm, weil Kapitalismus wie Sozialismus auf einem Wertesystem beruhen, das Menschen je nach Geschlecht mit unterschiedlichem Maß misst. In den meisten Teilen der Welt wird immer noch davon ausgegangen, dass die Arbeit, die Frauen in Haushalten leisten, unbezahlt erbracht wird – und auch die auf dem Markt übliche Bezahlung von Pflegekräften ist jämmerlich gering: So verdienen laut US-Arbeitsministerium Menschen, die als Hundesitter arbeiten, mehr als Menschen, die in der Kinderbetreuung tätig sind.

Die aktuellen Wirtschaftskennzahlen wie zum Beispiel das Bruttoinlandsprodukt (BIP) machen deutlich, dass auch der Schutz und die Pflege unserer natürlichen Lebensgrundlagen allgemein immer noch als irrelevant für die Wirtschaftsleistung betrachtet werden. Aus diesem Grund werden auch von Unternehmen verursachte Umweltschäden im Wirtschaftsjargon als »Externalitäten« bezeichnet, obwohl es ohne die natürlichen Lebensgrundlagen überhaupt keine Wirtschaft gäbe. Gleiches gilt für Schäden, die Menschen, darunter auch zukünftige Generationen, durch Aktivitäten entstehen, die im BIP als »produktive Aktivitäten« betrachtet werden.

Dadurch, dass unser Wirtschaftssystem auf derart irrationalen Prämissen fußt, fehlt ihm jeglicher Bezug zur Realität. Das bedeutet, dass wir Wirtschaft von Grund auf neu denken müssen und das bedeutet wiederum, dass wir dabei Bereiche berücksichtigen müssen, über die uns beigebracht wurde, dass sie rein gar nichts mit Wirtschaft zu tun hätten: nämlich diejenigen Bereiche, die – wie wir auf den folgenden Seiten sehen werden –, die eigentliche Grundlage der Wirtschaft darstellen.

Ein kurzer Ausblick auf die folgenden Kapitel

Dieses Buch beschreibt die Kernelemente einer *Caring Economy des Partnerismus,* einem neuen Wirtschaftssystem, das Partnerschaftselemente aus Kapitalismus und Sozialismus integriert, jedoch über diese hinausgeht, da es den wirtschaftlichen Wert von Umweltschutz sowie von Pflege und Fürsorge, beginnend in der frühesten Kindheit, (an)erkennt. In den folgenden Kapiteln wird beschrieben, was notwendig ist, um in unserer postindustriellen Dienstleistungs- und Wissensgesellschaft ein gerechtes und nachhaltiges Wirtschaftssystem zu schaffen, wobei von der Prämisse ausgegangen wird, dass ein Wirtschaftssystem das Wohlergehen und das Glück der Menschen fördern sollte.

In *Kapitel 1* gehen wir über den engen Bereich der Wirtschaftsbeziehungen hinaus, die in konventionellen sozialistischen und kapitalistischen Modellen berücksichtigt werden. Hier wird die erste der fünf Grundlagen einer Caring Economy vorgestellt: Ein umfassendes und realitätsgetreues Wirtschaftsmodell, in dem die überlebensnotwendigen Beiträge von Privathaushalten, Kommunen und Natur berücksichtigt werden. Dabei wird deutlich, dass wir den Blickwinkel weiten und über den herkömmlichen Wirtschaftsbegriff hinausdenken müssen, wenn wir ein realitätsnäheres, gerechteres und nachhaltigeres Wirtschaftssystem schaffen wollen.

Aus diesem erweiterten Blickwinkel heraus betrachten wir die Wirtschaft in *Kapitel 2* in ihrem umfassenderen kulturellen Kontext, was uns zur zweiten Grundlage einer Caring Economy führt: den kulturspezifischen Überzeugungen und Institutionen, in denen Fürsorge und Fürsorgearbeit ein hoher Wert beigemessen wird. In diesem Kapitel werden die Kategorien des Partnerschafts- bzw. Dominanzsystems eingeführt, bislang ausgeblendete Zusammenhänge sichtbar gemacht und neue Standards und Regeln für die Messung dessen vorgestellt, was wir als wirtschaftlich für wertvoll erachten. Zudem wird in Kapitel 2 deutlich, inwiefern all diese Fragen einen direkten Einfluss auf unser Leben und auf die Zukunft unserer Kinder und unseres Planeten haben.

In den darauffolgenden *Kapiteln 3 und 4* führe ich zwei weitere Grundlagen des Partnerismus ein, nämlich zum einen wirtschaftliche Regeln, Maßnahmen und Praktiken, die auf Fürsorge beruhen, und zum anderen Wirtschafts- und Gesellschaftsstrukturen, die eher partnerschaftliches als dominanzgeprägtes Verhalten fördern. Auch in diesen Kapiteln wird der Zusammenhang zwischen unserem Alltagsleben, unserer Wirtschaft und unseren kulturellen Werten und Normen hergestellt. Sie zeigen, wie Problemlösungen, Kreativität und Unternehmertum durch eine auf Fürsorge basierende Politik und Praxis unterstützt werden und welche enormen Vorteile für Menschen, Unternehmen und unsere natürliche Mitwelt daraus erwachsen.

Dabei greifen wir auf die Arbeit fortschrittlicher Wirtschaftsdenker und Wirtschaftsdenkerinnen zurück und betreten dabei in Hinblick auf Arbeit,

Werte und Leben ein spannendes Neuland. Um dem Begriff der produktiven Arbeit in einer postindustriellen Wirtschaft gerecht zu werden, definieren wir ihn neu, denn in der postindustriellen Gesellschaft besteht das wichtigste Kapital in dem, was in der Wirtschaftswissenschaft als »hoch qualifiziertes Humankapital« bezeichnet wird. Darüber hinaus berücksichtigen wir auch den Schutz unserer heute im Wirtschaftsjargon als »Naturkapital« bezeichneten natürlichen Lebensgrundlagen.

Außerdem begeben wir uns auch auf eine Reise in die Vergangenheit und stellen überlieferte toxische Mythen und Werte auf den Prüfstand, denn darin offenbaren sich versteckte Gender-Doppelstandards, die wir aus früheren, wirtschaftlich ungerechteren und ineffizienteren Zeiten übernommen haben. Dabei erkennen wir, dass diese Gender-Doppelstandards auch zu einem Doppel-Standard in der Wirtschaft und damit zu einer nicht nachhaltigen Art des Lebens und Arbeitens geführt haben – und machen uns auf die Suche nach gesünderen Alternativen.

Die enormen Kosten für Mensch, Gesellschaft, Wirtschaft und Umwelt, die durch unsere herkömmlichen wirtschaftlichen und politischen Systeme verursacht werden, untersuchen wir in *Kapitel 5* – ebenso wie die Unfähigkeit dieser Systeme, mit den Herausforderungen, die vor uns liegen, zurechtzukommen. Dabei wird deutlich, dass viele Probleme, zwischen denen (wie uns beigebracht wurde) kein Zusammenhang besteht, aus überlieferten Dominanztraditionen heraus entstanden sind, was uns erlaubt, grundlegende Themen ausfindig zu machen, die herkömmliche Denkweisen und Kategorisierungen ausgeblendet haben.

In *Kapitel 6* suchen wir nach dem Weg zu einer Caring Economy des Partnerismus. Das Kapitel skizziert kurz die Entstehungsgeschichte der modernen Wirtschaftslehren, welche die Grundlage und die Grundprinzipien für die Entwicklung eines neuen konzeptuellen Rahmens liefern, der die besten Elemente von Kapitalismus und Sozialismus aufgreift, jedoch über diese beiden hinausgeht.

Das Thema von *Kapitel 7* sind postmoderne, technologische Durchbrüche auf Gebieten wie der Robotik, der Biotechnologie und der Nanotechnologie sowie deren Auswirkungen auf unser Leben und Arbeiten. Hier wird eine neue Betrachtungsweise von Technologie und Technik eingeführt, bei der nicht jegliche technische Erfindung – vom Dosenöffner bis zur Atombombe – in die gleiche technologische Kategorie eingeordnet wird. Außerdem wird gezeigt, dass diese rasante technologische Entwicklung in dem epochalen Übergang in das postindustrielle Zeitalter den Wechsel zu einer Caring Economy sogar noch dringlicher macht.

In *Kapitel 8* machen wir eine Bestandsaufnahme: Wo stehen wir und wohin können wir von hier aus gehen? Anhand faszinierender Erkenntnisse der Neurowissenschaft stellen wir fest, dass eine Caring Economy die Fähigkeiten in uns fördert, die wir im Laufe der Evolution ausgebildet haben und die uns als Menschen auszeichnen.

Wie jeder von uns diesen Wechsel zu einer menschlicheren, nachhaltigeren und wirtschaftlich effektiveren Zukunft in der Praxis beschleunigen kann, wird in *Kapitel 9* behandelt. Zu diesen praktischen Schritten gehören neue Kennzahlen für die wirtschaftliche Gesundheit, die anders als das BIP (und die meisten BIP-Alternativen) auch die überlebensnotwendigen Beiträge sowohl aus den Privathaushalten als auch aus der Natur miteinbeziehen und zeigen, welch enormer wirtschaftlicher Wert aus Investitionen erwächst, die in diese nach unserer neuen Sichtweise als Grundlagen der Wirtschaft anerkannten Bereiche getätigt werden.

Mit diesem Buch will ich zum Diskurs und zum Handeln anregen. *Die verkannten Grundlagen der Ökonomie* wurde für alle Menschen geschrieben, die sich ein besseres Leben und eine bessere Welt wünschen. Es soll ihnen praktische Werkzeuge zur Erreichung dieser Ziele mit auf den Weg geben.

Ich bin überzeugt, dass wir gemeinsam das Wirtschaftssystem schaffen können, das wir uns wünschen und das wir brauchen: Ein Wirtschaftssystem, das Kreativität und Großzügigkeit anstelle von Gier und Zerstörungswut fördert. Alle Zeichen weisen darauf hin, dass dies die einzige Möglichkeit ist, die uns an diesem kritischen Punkt in der Entwicklung unserer Spezies und unseres Planeten bleibt. Wenn wir gemeinsam daran arbeiten, können wir unsere enorme menschliche Kreativität dazu verwenden, dieses Ziel zu erreichen, indem wir eine Caring Economy des Partnerismus und damit eine Grundlage für eine neue, gerechte und nachhaltige Normalität schaffen.

Riane Eisler
Carmel, 15. August 2020

Kapitel 1
Warum wir Wirtschaft neu denken müssen

Jim Cross schloss seinen Kurs in Angewandter Informatik als Jahrgangsbester ab und war begeistert, als er kurz darauf einen Job im aufstrebenden kalifornischen Silicon Valley fand. Doch obwohl sein Einkommen weit über dem eines durchschnittlichen US-amerikanischen Arbeitnehmers liegt, ist Jim auf unabsehbare Zeit hoch verschuldet, denn die Wohnkosten in dieser Gegend sind enorm und er muss ein beachtliches Studiendarlehen abbezahlen.

In Nigeria beerdigt Marian Mfunde gerade ihr zweites Kind. Ihre fünf Monate alte Tochter starb, ebenso wie Marians erstes Kind, an Hunger. Marian selbst ist an HIV erkrankt. Sie hat sich bei ihrem Ehemann angesteckt, bevor dieser zur Arbeitssuche in die Hauptstadt aufbrach. Seitdem hat sie nichts mehr von ihm gehört.

Die neun Jahre alte Rosario Menen haust in den Straßen von Rio de Janeiro. Sie lebt in ständiger Angst vor Ratten und Vergewaltigern, aber auch vor Polizeitruppen, die regelmäßig auftauchen und die Straßenkinder unter brutaler Gewaltanwendung vertreiben. Rosario ist eines von vielen Tausend Kindern in Brasilien, die kein Zuhause haben und niemanden, der sich um sie kümmert.

In Riad hat sich der achtzehn Jahre alte Ahmad Haman gerade einer fundamentalistischen Terrorgruppe angeschlossen. In seinem Heimatland Saudi-Arabien gibt es für ihn wirtschaftlich kaum eine Perspektive.[1] Die Bevölkerung im Nahen Osten hat sich im Zeitraum von 1950 bis 2000 von 100 Millionen auf 380 Millionen mehr als verdreifacht — und fast zwei Drittel der 380 Millionen Menschen im Nahen Osten sind jünger als 25 Jahre. Die Arbeitsmarktsituation ist prekär: Laut einem Bericht des Brooking-Instituts aus dem Jahr 2019 liegt die Arbeitslosenquote in Saudi-Arabien bei 42 Prozent (und das im Vergleich zur weltweiten Quote von 13 Prozent).[2] Vor diesem Hintergrund erscheint es Ahmad vielversprechender, auf die Verheißung eines Lebens nach dem Tod im Paradies mit 72 Jungfrauen zu hoffen und sich bei einem Selbstmordattentat in die Luft zu sprengen, als auf eine irdische Zukunft in seinem Heimatland zu bauen, obwohl dieses doch so reich an Erdöl ist.[3]

Inmitten solch unfassbarer Missstände, unsagbarem Elend und einem überbordenden Wahnsinn führt man in den Wirtschaftswissenschaften endlose Diskussionen über das Für und Wider von freien Märkten gegenüber staatlichen Regulierungen oder von Privatisierungen gegenüber staatlich gelenkten Unternehmen. Man spricht über Unternehmensgewinne, internationale Handelsabkommen, Outsourcing von Arbeitsplätzen, Beschäftigungszahlen, Zinssätze, Inflation und das Bruttoinlandsprodukt (bis 1999 als Bruttosozialprodukt bezeichnet). Diese Themen, die in Nachrichten, Wirtschaftsakademien und Tausenden von Wirtschaftsverträgen gewöhnlich in einer für Laien unverständlichen Sprache behandelt werden, erscheinen den meisten Menschen als frustrierend weit entfernt von ihren tatsächlichen Problemen und Bedürfnissen.

Natürlich ignorieren nicht alle Wirtschaftswissenschaftler die lebensnotwendigen Bedürfnisse von Menschen. Manche, wie zum Beispiel die Nobelpreisträger Amartya Sen und Joseph Stiglitz, verurteilen Praktiken, die Hunger, Gesundheitsschäden und Umweltzerstörung bzw. -verschmutzung verursachen, aufs Heftigste.[4] Einige wenige, wie zum Beispiel die MacArthur-Fellows Nancy Folbre und Heidi Hartmann, weisen auch darauf hin, dass erwerbstätige Eltern selbst in einem reichen Land wie den USA unter Druck stehen, weil ihnen nicht ausreichend Zeit zur Verfügung steht, um sich um ihre Kinder zu kümmern, und selbst Besserverdienende Schwierigkeiten damit haben, Erwerbs- und Familienarbeit zu vereinbaren.[5] Bis zum heutigen Tag schenken die meisten etablierten Ökonomen den Auswirkungen von Wirtschaftsmodellen auf unser Alltagsleben jedoch nur wenig Beachtung.[6]

Die Wirtschaftswissenschaften betrachten Menschen meist nur in ihrer Eigenschaft als Arbeitgeber, Arbeitnehmer oder Konsumenten. Und selbst wenn sich Ökonomen mit Umwelt- oder Gesellschaftsproblemen befassen, bleiben sie für gewöhnlich immer noch in ihren Debatten über freie Märkte und Privatisierung vs. Zentralverwaltungswirtschaft und staatliche Regulierungen gefangen – Debatten, die das Grundgerüst für den Konflikt zwischen Kapitalismus und Kommunismus bilden.

Dabei wird die Tatsache ausgeblendet, dass es keinem der kapitalistischen oder kommunistischen Systeme gelungen ist, die chronischen Probleme von Umweltzerstörung, Armut oder kriegerischer und terroristischer Gewalt zu lösen, obwohl dadurch ökonomische Verluste entstehen und so viele Leben zerstört werden. Tatsächlich ist es sogar so, dass sowohl kapitalistische als auch kommunistische Wirtschaftspolitik Ursachen dieser Probleme sind.

Wenn wir unsere Probleme in Zeiten des raschen technologischen und gesellschaftlichen Wandels effektiv angehen wollen, müssen wir sehr viel tiefer gehen und uns mit Themen beschäftigen, die in konventionellen Wirtschaftsanalysen und -theorien bislang ausgeblendet wurden.

Die zunehmenden Probleme von Individuen, Gesellschaft und der natürlichen Umwelt, also unserer Mitwelt, haben eine gemeinsame Ursache: Einen Mangel an Fürsorge bzw. Care.[7] Wir brauchen ein Wirtschaftssystem, das uns über Kommunismus, Kapitalismus und andere herkömmliche Ismen hinausträgt. Wir brauchen wirtschaftliche Modelle und Regeln sowie eine Wirtschaftspolitik, die Fürsorge gegenüber uns selbst, gegenüber anderen und gegenüber unserer Mitwelt unterstützen.[8]

Manchen mag eine auf Fürsorge basierende Wirtschaft unrealistisch erscheinen, tatsächlich ist sie jedoch sehr viel näher an der Realität als die herkömmlichen Wirtschaftsmodelle. Letztere blenden auf befremdliche Art und Weise einige der grundlegenden Voraussetzungen der menschlichen Existenz aus – allen voran die essenzielle Bedeutung von Fürsorge und Care-Arbeit für jegliche ökonomische Aktivität.

Ohne Fürsorge und Care-Arbeit gäbe es keinen von uns. Es gäbe keine Privathaushalte, keine Arbeitskräfte, keine Wirtschaft – nichts davon. Und dennoch wird Fürsorge und Care-Arbeit in kaum einer der aktuellen Wirtschaftsdebatten auch nur erwähnt. Das ist auch deswegen befremdlich, weil der Begriff Ökonomie sich vom griechischen *oikonomia* herleitet, was »Haushaltsführung« bedeutet, und Fürsorge und Care-Arbeit ein Kernelement der Haushaltsführung sind.[9]

Dieses Buch zeigt, dass es nicht nur für unser Überleben, sondern auch für ein gutes Leben notwendig ist, Wirtschaft radikal neu zu denken. Dabei wird deutlich, dass das Ausblenden von Fürsorge und Care-Arbeit in der etablierten Wirtschaftstheorie und -praxis verheerende Auswirkungen auf die Lebensqualität von Menschen, auf unsere natürlichen Lebensgrundlagen sowie auf die wirtschaftliche Produktivität, Innovationsfreude und die Anpassungsfähigkeit an neue Bedingungen hatte und hat. Wenn es uns nicht gelingt, Fürsorge und Care-Arbeit in unsere Wirtschaftsmodelle zu integrieren, sind wir in keiner Weise auf die postindustrielle Wirtschaft vorbereitet, in der das wichtigste Kapital aus dem besteht, was Wirtschaftswissenschaftler gerne als »Humankapital« bezeichnen, nämlich aus Menschen. Darüber hinaus ist es unrealistisch, irgendwelche Änderungen einer rücksichtslosen Wirtschaftspolitik oder -praxis zu erwarten, solange Fürsorge und Care-Arbeit nicht mehr Wertschätzung erfahren.

Wie Einstein sagte, können wir Probleme niemals mit derselben Denkweise lösen, durch die sie entstanden sind. Wir befinden uns an einem kritischen Punkt, der eine neue Denkweise hinsichtlich unseres Wirtschaftens verlangt.

Es ist unrealistisch, irgendwelche Änderungen einer rücksichtslosen Wirtschaftspolitik oder -praxis zu erwarten, solange Fürsorge und Care-Arbeit nicht mehr Wertschätzung erfahren.

Unsere Probleme werden sich nicht alle lösen, sobald wir Fürsorge und Care-Arbeit mehr Bedeutung beimessen – aber solange wir dies nicht tun, wird es uns nicht gelingen, Lösungen für die aktuelle globale Krise zu finden, geschweige denn, uns persönlich, wirtschaftlich oder global weiterzuentwickeln. Um etwas an den dysfunktionalen staatlichen Bestimmungen und Wirtschaftspraktiken zu ändern, ist ein neues Herangehen an die Wirtschaft notwendig, bei dem die Forderung nach Fürsorge bzw. allein schon deren Erwähnung kein Tabu mehr darstellt.

1.1 Womit sich die Ökonomie *eigentlich* beschäftigen sollte

Im Herbst 2004 wurde ich von der Dag Hammarskjöld-Stiftung zu einem Forschungsworkshop zur Zukunft der Wirtschaft eingeladen. Die Veranstaltung fand im Haus meiner langjährigen Freundin und Kollegin Hazel Henderson statt, die zu den Vorreiterinnen auf dem Weg zu einer neuen Art des Wirtschaftens gehört. Die 25 Teilnehmenden, darunter gegenwärtige wie ehemalige Vertreterinnen und Vertreter aus Wissenschaft, sozialen Bewegungen und Regierungspolitik, kamen aus Lateinamerika, Europa, Asien, Afrika, Australien und den USA.

Ausgangspunkt unserer Diskussion war eine Kritik an der sogenannten Neoklassik, also der heute vorherrschenden und oft einzigen Wirtschaftstheorie, die an westlichen Universitäten gelehrt wird. Diese Theorie hat sich aus den früheren klassischen Wirtschaftstheorien von Adam Smith, David Ricardo und anderen »Vätern« der modernen Kapitalismuslehre heraus entwickelt. Sie beschäftigt sich vornehmlich mit der Analyse und Vorhersage dessen, wie der Markt funktioniert. Dabei bedient sie sich hauptsächlich mathematischer

Modelle, die eine Art geschlossenen Kreislauf bilden und auf grundlegenden, ja als unantastbar geltenden Annahmen beruhen.

Zu diesen Annahmen gehört unter anderem die Vorstellung eines Homo oeconomicus, der auf Basis rationaler Eigeninteressen fundierte Entscheidungen trifft. Hinzu kommt die Vorstellung, dass der Wettbewerb diese auf Eigeninteressen basierenden Entscheidungen in einer sich selbst organisierenden Dynamik reguliert, was letztendlich dem Allgemeinwohl zugutekäme. Außerdem wird davon ausgegangen, dass die Regierung sich nicht in das Marktgeschehen einmischen solle – eine Ansicht, die als das eigentliche Kernstück der aktuellsten neoklassischen Theorie, dem sogenannten Neoliberalismus, betrachtet werden kann. Diese Theorie wird weltweit von den Vertretern des Neokonservativismus propagiert, die Privatisierungen, Deregulierungen der Märkte und einen von Nationalgrenzen und Nationalinteressen ungehinderten Handel als Wundermittel gegen alle unsere Probleme ansehen.

Zunächst lag der Schwerpunkt des Forschungstreffens der Hammarskjöld-Stiftung darauf, die Defizite der neoklassischen und neoliberalen Wirtschaftstheorien und -modelle zu benennen. Einige Teilnehmende erklärten, dass diese Modelle nicht mit den neuesten wissenschaftlichen Erkenntnissen in Einklang zu bringen seien und verwiesen dabei auf Forschungsarbeiten aus der Physik, die Fehler in den computergestützten Analysemethoden und den orthodoxen Wirtschaftsmodellrechnungen offengelegt haben. Diese reduktionistischen Methoden, so ihre Schlussfolgerung, führten zu einem verzerrten Bild der Wirklichkeit. Andere Teilnehmer zeigten auf, wie Märkte heute massiv durch ausgeklügelte Marketingstrategien manipuliert werden, die künstliche Vorlieben und sogar künstliche Bedürfnisse schaffen. Auch die Prämisse, dass Wettbewerb den Markt reguliert, wurde infrage gestellt. Dabei wurde darauf hingewiesen, dass überall auf der Welt Großkonzerne kleinere Firmen durch Übernahme bzw. Aufkauf schlucken oder sie durch Preisdruck in den Ruin treiben.

Die Diskussion ging dann von der Wirtschaftstheorie zur aktuellen Weltlage über. Viele Teilnehmende kritisierten zum einen den Trend zur Privatisierung von Trinkwasser und anderen lebensnotwendigen Gütern, zum anderen die Anhäufung von immer mehr Vermögen und Macht in multinationalen Konzernen und bei wenigen Superreichen. Andere beanstandeten die fehlende Rechenschaftspflicht für Akteure der Globalisierung (wie zum Beispiel Unternehmen) und internationale Handelsverträge oder das fatale Ausblenden der Umweltzerstörung. Außerdem wurden Neuerungen gefordert, wie zum Beispiel messbare Indikatoren für Lebensqualität (wie der Glücksindex im Königreich Bhutan), aber auch internationale Gerichtshöfe für Produkthaftung sowie neue Lehrbücher und Kurse, in denen alternative ökonomische Sichtweisen dargestellt werden.

Im Laufe der Diskussion wurde allerdings noch etwas anderes immer deutlicher: Trotz zahlreicher gemeinsamer Bedenken und Kritiken gab es in einem Punkt große Unstimmigkeit – und zwar bei der Frage, welchen Bereich die Wirtschaft umfasst bzw. umfassen sollte.

Einige Teilnehmende interessierten sich – ebenso wie die etablierten Wirtschaftswissenschaftler, an denen sie Kritik übten – nur für den schmalen Bereich der ökonomischen Beziehungen innerhalb der Marktwirtschaft. Sie lehnten ökonomische Modelle strikt ab, wenn in diesen auch unbezahlte Care-Arbeit berücksichtigt wurde, die vornehmlich in Privathaushalten und anderen nicht monetären Wirtschaftsbereichen geleistet wird.[10] Dies rechtfertigten sie zunächst damit, dass diese Arbeit nicht quantitativ erfassbar sei. Als darauf hingewiesen wurde, dass dies durchaus möglich sei und bereits getan würde, blieben sie dennoch einmütig dabei, dass diese Arbeit nicht miteinbezogen werden solle.[11] Während sie sich einerseits also durchaus im Klaren darüber waren, dass fehlerhafte Wirtschaftsmodelle zu fehlerhafter Wirtschaftspolitik führen, machten sie andererseits deutlich, dass sie kein Interesse daran hatten, den Wirtschaftsbegriff auszuweiten oder gar neu zu definieren.

Doch diese Ausweitung und Neudefinition ökonomischer Modelle findet bereits statt. Seit geraumer Zeit haben weltweit Tausende von Männern und Frauen auf die Absurdität hingewiesen, dass die elementarste menschliche Tätigkeit in der Wirtschaftspolitik und der Wirtschaftsgesetzgebung völlig ausgeblendet wird. Bereits 1988 veröffentlichte Marilyn Waring ein bahnbrechendes Buch zu diesem Thema.[12] Seitdem haben auch Barbara Brandt, Ann Crittenden, Marianne Ferber, Nancy Folbre, Janet Gornick, Heidi Hartmann, Hazel Henderson, Marcia Meyers, Julie Nelson, Hilkka Pietilä, Genevieve Vaughan und weitere Wirtschaftswissenschaftlerinnen vehement darauf hingewiesen, dass Care-Arbeit in der Wirtschaftstheorie und -praxis berücksichtigt werden muss.[13] Weitere Vordenker, wie zum Beispiel Edgar Cahn, Nirmala Banerjee, Herman Daly, Devaki Jain, David Korten, Paul Krugman, Amartya Sen und Thomas Piketty, weisen nachdrücklich darauf hin, dass wir ökonomische Beziehungen aus einem weiteren Blickwinkel heraus betrachten müssen.[14] Ihre Arbeiten, besonders die von Pietilä und Henderson, bilden die Grundlage für das erweiterte ökonomische Modell, das für eine Caring Economy notwendig ist.

1.2 Die Wirtschaft neu vermessen

Wenn wir ein neues Wirtschaftsmodell entwickeln wollen, müssen wir ihm eine ganzheitliche Betrachtung der Wirtschaftsbeziehungen zugrunde legen – und zwar angefangen bei der Beziehung der Menschen zu ihrer Mitwelt bis hin zu den ökonomischen Beziehungen in Familien und anderen Lebensgemeinschaften. Hierfür ist eine umfassende und realitätsgetreue Darstellung nötig, die alle Bereiche der Wirtschaft berücksichtigt.

Im Zentrum dieses neuen Wirtschaftsmodells steht der Privathaushalt. Er ist das eigentliche Herzstück der Wirtschaftsproduktivität, denn er ist Grundlage und Voraussetzung für sämtliche anderen Bereiche. Haushalte sind – anders als in den meisten Texten der Ökonomie beschrieben – nicht nur konsumierende Einheiten, sondern vielmehr Produktionsstätten, wobei ihr wichtigstes »Produkt« seit jeher Menschen sind – und dieses »Produkt« ist in der postindustriellen Wirtschaft, in der Unternehmen mantrahaft nach »hoch qualifiziertem Humankapital« verlangen, von größter Bedeutung.

Das neue Wirtschaftsmodell

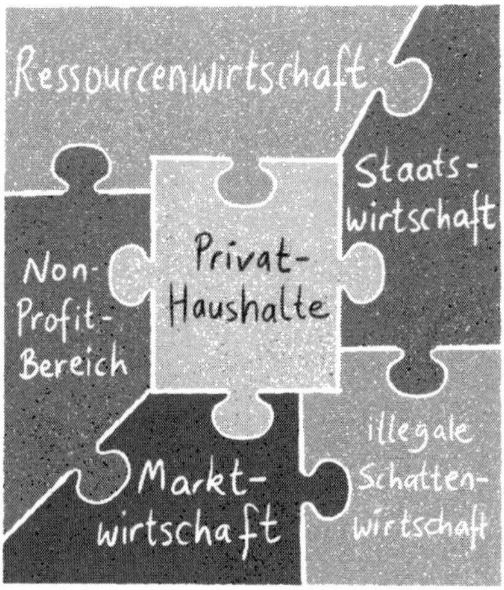

Unsere Herausforderung besteht darin, eine Caring Economy zu schaffen, die unseren Bedürfnissen und Fähigkeiten gerecht wird, unsere Mitwelt bewahrt und unser großartiges Potenzial an Fürsorge und Kreativität zur Entfaltung bringt.

Wenn in herkömmlichen Wirtschaftsanalysen die Voraussetzungen für hoch qualifiziertes Humankapital untersucht werden, finden Fürsorge und Care-Arbeit in der Regel keine Beachtung. In herkömmlichen Wirtschaftsmodellen werden die grundlegenden Wirtschaftssektoren – Privathaushalte, Non-Profit-Bereich und Ressourcenwirtschaft – ausgeblendet, was zu verzerrter Wahrnehmung und einer verfehlten Politik führt.

Das neue Wirtschaftsmodell beinhaltet alle sechs Wirtschaftssektoren:

- *Erster und grundlegender Sektor:* Privathaushalte
- *Zweiter Sektor:* Non-Profit-Bereich
- *Dritter Sektor:* Marktwirtschaft
- *Vierter Sektor:* Illegale Schattenwirtschaft
- *Fünfter Sektor:* Staatswirtschaft
- *Sechster Sektor:* Ressourcenwirtschaft

Den *zweiten Sektor* bildet der Non-Profit-Bereich, also die Gemeinwirtschaft, in der anstelle von Gewinn vorrangig nicht-monetäre Ziele verfolgt werden. Dazu zählen das ehrenamtliche Engagement für zivilgesellschaftliche Anliegen wie karitative Zwecke oder Fragen sozialer Gerechtigkeit ebenso wie manche Aspekte der alternativen Tauschwirtschaft, zum Beispiel lokale Tauschringe oder Regionalwährungen, die sich immer stärker verbreiten. Auch in diesem Sektor spielen Fürsorge und Care-Arbeit eine wichtige Rolle.

Die Marktwirtschaft bildet den *dritten Sektor*. Dieser Sektor steht im Zentrum der konventionellen Wirtschaftsanalysen und -beschreibungen – und obwohl der Markt von den beiden ersten Sektoren angetrieben wird, werden diese bei marktwirtschaftlichen Bewertungen und Regelungen nicht berücksichtigt. Zurzeit ist die Marktwirtschaft oft so aufgebaut, dass sie Fürsorge und Care-Arbeit eher verhindert als fördert – obwohl Studien gezeigt haben, dass Beschäftigte kreativer und produktiver sind, wenn sie das Gefühl haben, dass ihre Bedürfnisse berücksichtigt werden.

Zum *vierten Sektor*, der illegalen Schattenwirtschaft, gehören Drogen-, Sex- und Waffenhandel ebenso wie wirtschaftliche Aktivitäten, die von kriminellen Syndikaten oder Banden kontrolliert werden. In diesem Sektor mangelt es typischerweise an Fürsorge (ganz zu schweigen von den Morden und anderen Gräueltaten, die für ihn charakteristisch sind).

Die Staatswirtschaft bildet den *fünften Sektor*. Der Staat regelt die Marktwirtschaft durch politische Entscheidungen, Maßnahmen und Gesetze. Außerdem bietet er – entweder direkt oder indirekt über private Unternehmen – Dienstleistungen an, die Care-Tätigkeiten beinhalten, wie zum Beispiel das öffentliche Gesundheitswesen. Doch für unbezahlte Care-Arbeit in Privathaushalten und im Non-Profit-Bereich gibt es in den meisten Staaten nur wenig Unterstützung, obwohl alle anderen Wirtschaftssektoren doch von dieser Arbeit abhängig sind. Außerdem geht Regierungspolitik oft rücksichtslos an den Belangen der Mehrheit vorbei, um die Interessen der Wohlhabenden zu befriedigen, und den meisten Staaten gelingt es nicht, mit ihrer Politik die rücksichtslose Ausbeutung und Verschmutzung unserer Ressourcen zu verhindern.

Dabei ist die Ressourcenwirtschaft, die den *sechsten Sektor* darstellt, ebenso wie die Haushaltswirtschaft der Privathaushalte von grundlegender Bedeutung, denn unser natürliches Umfeld generiert Rohstoffe, von denen die Marktwirtschaft abhängig ist. Trotzdem findet auch die Natur in herkömmlichen Wirtschaftsmodellen nur wenig Berücksichtigung und dies hat eine Ausbeutung natürlicher Ressourcen zur Folge, deren Auswirkungen durch die Entwicklung immer wirkmächtigerer Technologien zunehmend katastrophaler werden. Lange Zeit wurde Umweltschutz in Wirtschaftstheorien gar nicht berücksichtigt, mittlerweile steht er in Kosten-Nutzen-Analysen üblicherweise auf der Kostenseite.

Die hier beschriebenen sechs Wirtschaftssektoren interagieren beständig miteinander. Wenn wir die Veränderungen herbeiführen möchten, die in unserer Welt heute nötig sind, müssen wir alle diese Sektoren in die Betrachtung miteinbeziehen. Die Herausforderung besteht darin, Wirtschaftsmodelle sowie Maßnahmen und Regeln zu entwickeln, die den ersten, zweiten und sechsten Sektor berücksichtigen und ihnen den gebührenden Wert beimessen – denn das ist die Grundlage für eine Caring Economy, eine Ökonomie, die auf Fürsorge basiert. Wir brauchen ein System, das unseren Bedürfnissen und Fähigkeiten gerecht wird, statt sie auszunutzen, das unsere Mitwelt bewahrt, statt sie zu zerstören, und das unser großartiges Potenzial an Fürsorge und Kreativität zur Entfaltung bringt, statt es einzuschränken.

1.3 Kultur, Wirtschaft und Werte

Wirtschaftssysteme werden von Menschen geschaffen. Sie ändern sich und können geändert werden. Im Lauf der vergangenen 500 Jahre und der technologischen Entwicklung entstanden im Westen unterschiedliche Wirtschaftssysteme. Während des Wandels von einer fast reinen Agrarwirtschaft zur Industriewirtschaft wurde der Feudalismus Schritt für Schritt durch den Kapitalismus und in manchen Ländern durch den Sozialismus ersetzt. Heute befinden wir uns mitten in einer weiteren großen Umwälzungsphase, doch der Übergang von der industriellen in eine postindustrielle Gesellschaft unterscheidet sich von früheren Transformationen.

Dieser Übergang in eine von technologischen Entwicklungen in den Bereichen Elektronik, Biochemie und Nuklearforschung geprägte postindustrielle Gesellschaft vollzieht sich nicht wie frühere Übergänge im Lauf mehrerer Jahrhunderte, sondern innerhalb weniger Jahrzehnte. Und anders als frühere Übergänge wird er bereits intensiv erforscht, noch *während* er sich vollzieht. Außerdem handelt es sich dabei um eine globale Entwicklung, in deren Rahmen uns immer bewusster wird, dass es so nicht weitergehen kann, weil unsere Zukunft auf dem Spiel steht, wenn wir keine grundlegenden Veränderungen in die Wege leiten.

Historisch gesehen hat die Einführung neuer Technologien auch immer einen gewissen Wertewandel zur Folge gehabt. Zum Beispiel galt in einer Agrargesellschaft Landbesitz als höchstes Gut, was sich mit dem Übergang zur Industriegesellschaft änderte, bei dem Maschinen und andere Anlagegegenstände zunehmend an Wert gewannen.

Doch Werte, die – wie im Beispiel oben – von technischen Faktoren bestimmt werden, sind nur eine (vergleichsweise unbedeutende) Variable in der Gesamtwirtschaftsrechnung. Viel bedeutender und änderungsresistenter sind die zugrunde liegenden kulturellen Werte und die sozialen Strukturen, zu denen die jeweiligen Wirtschaftssysteme gehören. Unsere Vorstellungen davon, was wertvoll ist und was nicht, sind meist unbewusst. Wie wir sehen werden, hängen sie stark von Annahmen ab, die wir aus früheren Zeiten übernommen haben. Damals galt alles, was mit der weiblichen Hälfte der Menschheit assoziiert wurde – wie zum Beispiel Fürsorge und Care-Arbeit – als weniger wertvoll. Heute ist die Gleichwertigkeit von Mann und Frau zu einem westlichen Ideal geworden, und immer mehr Männer lassen sich auf »weibliche« Tätigkeiten ein: So kümmern sich heute zum Beispiel viele Väter in einer Weise um ihre Säuglinge und Kleinkinder, die früher als »unmännlich« gegolten hätte. Dennoch lassen die meisten aktuellen Wirtschaftssysteme immer noch Fürsorge und Care-Arbeit in Familie und Gesellschaft unberücksichtigt, was zu massiver Ungleichheit und zu dysfunktionalen wirtschaftlichen Verhältnissen führt.

Tatsächlich beruht die Absurdität, die unsere Wirtschaft prägt, auf dieser systematischen Entwertung der Tätigkeiten, die am meisten zum menschlichen Wohlergehen und der menschlichen Entwicklung beitragen. So wird der Großteil der Care-Arbeit bei der Messung der Wirtschaftsproduktivität, zum Beispiel bei der Berechnung des Bruttoinlandsprodukts (BIP) oder des Bruttonationaleinkommens (BNE), überhaupt nicht berücksichtigt.[15]

Und das ist noch nicht alles: Die Wirtschaftspolitik versagt nicht nur darin, Care-Arbeit zu unterstützen, die unbezahlt in Privathaushalten geleistet wird – auch in der Marktwirtschaft erhalten Erwerbstätige in Care-Berufen unterdurchschnittliche Löhne. In den USA sind die Menschen mit Selbstverständlichkeit bereit, einem Installateur, der sich um ihre Abwasserrohre kümmert, 50 bis 100 Dollar pro Stunde zu zahlen, während die Erzieher, die sich um ihre Kinder kümmern, nach Angaben des US-Arbeitsministeriums im Schnitt nur einen Stundenlohn von unter 12 Dollar erhalten.[16] Auch setzt man in den USA bei Installateuren eine Ausbildung voraus, während es akzeptiert wird, dass auch Menschen ohne entsprechende Ausbildung in der Kinderbetreuung arbeiten. Das ist nicht logisch, sondern pathologisch, und wenn wir etwas daran ändern wollen, müssen wir über die üblicherweise in Wirtschaftsanalysen betrachteten Bereiche hinausschauen.

1.4 Der Care-Wert

Derzeit wird in der Wirtschaftstheorie davon ausgegangen, dass sich der Wert eines Produkts oder einer Dienstleistung aus Angebot und Nachfrage ergibt, also knappe Güter oder Dienstleistungen wertvoller sind als solche, die reichlich zur Verfügung stehen. Dabei werden jedoch zwei wichtige Punkte übersehen: Zum einen schaffen die aktuelle Wirtschaftspolitik und -praxis, wie in den folgenden Kapiteln gezeigt wird, häufig künstliche Knappheit. Zum anderen – und auch hierauf wird noch ausführlicher eingegangen – wird die Nachfrage zum großen Teil davon bestimmt, was nach den kulturellen Überzeugungen wertvoll bzw. nicht wertvoll ist.

Sehr viel vernünftiger und realistischer wäre es, Standards für den wirtschaftlichen Wert von Produkten oder Dienstleistungen danach zu bestimmen, ob diese dem Überleben und der Weiterentwicklung der Menschen dienen oder nicht. Nach einem solchen Standard würde einer Care-Kultur –

also einer Kultur, die unser Wohlergehen und unsere Entwicklung sowie das Wohlergehen und die Entwicklung unserer Mitmenschen und unserer Mitwelt berücksichtigt – ein hoher Wert beigemessen. Und das gälte auch für Care-Arbeit und die Schaffung *menschen- und mitweltfreundlicher Umfelder*[17] in Haushalten, Unternehmen, Kommunen und Staaten.

Das bedeutet keineswegs, dass jegliche Fürsorge oder Care-Arbeit finanziell entlohnt werden müsste. Es gibt sehr viele andere Möglichkeiten, wie diese Arbeit anerkannt und belohnt werden kann (und muss) — angefangen von informellen Tauschbörsen, in denen Fürsorgeleistungen ausgetauscht werden können, bis hin zu einer Unternehmens- und Regierungspolitik, die Fürsorge und Care-Arbeit unterstützt und fördert.

In den folgenden Kapiteln wird näher auf eine Caring Economy eingegangen. In diesem Zusammenhang soll noch einmal klargestellt werden, dass *Care-Arbeit* oder Fürsorgearbeit hier Tätigkeiten bezeichnet, die von Empathie, Verantwortungsbewusstsein und der Sorge um das Wohlergehen der Menschen und ihre optimale Entwicklung getragen werden. Außerdem wird in einer Care-Kultur Fürsorge und Care-Arbeit in allen Lebensbereichen sichtbar gemacht und wertgeschätzt – von den Privathaushalten und Kommunen bis hin zu den Unternehmen und der Politik.

1.5 Die Schaffung einer Caring Economy

Wir befinden uns an einem Kipppunkt, einem Wendepunkt der Weltgeschichte, der nicht weniger verlangt als einen grundlegenden Wandel. Wenn wir die wirtschaftlichen Kenngrößen betrachten, die auf den folgenden Seiten aufgeführt werden, erkennen wir, dass wir in der Weltwirtschaft gigantische Verluste zu verzeichnen haben. Es wird mehr als deutlich, dass wir unser natürliches Umfeld nicht weiterhin so ausbeuten und verschmutzen können wie bisher. Und es wird klar, dass wir – wenn wir ein erfüllteres und sorgenfreieres Leben führen wollen – Fürsorge und Care-Arbeit angemessen wertschätzen müssen, und zwar nicht nur die im Rahmen der Marktwirtschaft geleistete Care-Arbeit, sondern auch die Care-Arbeit in allen anderen Wirtschaftssektoren – angefangen bei den Privathaushalten bis hin zur Ressourcenwirtschaft.

Wir erliegen einer Selbsttäuschung, wenn wir glauben, wir könnten unsere Umweltprobleme allein durch weniger umweltschädliche Technologien oder eine Änderung unseres Konsumverhaltens lösen. Selbst wenn wir in dieser Hinsicht Erfolg hätten – was eher zweifelhaft ist, wenn wir uns nicht tiefergehend mit den Ursachen auseinandersetzen – würden immer wieder neue Krisen entstehen, solange wir keine fundamentalen Veränderungen vornehmen.

Voraussetzung für solche Veränderungen ist, dass wir uns bewusst werden, dass sich die ökonomischen Strukturen und Regeln sowie das Wertesystem einer Gesellschaft und ihrer Institutionen wie in einer Endlosschleife ständig wechselseitig beeinflussen. In Zeiten sozialen Gleichgewichts ist diese Schleife recht stabil und das dahinterstehende Wertesystem wird für so selbstverständlich erachtet, dass es gar nicht mehr bewusst wahrgenommen wird. In Zeiten starker Unbeständigkeit oder Ungleichheit wie den unseren treten die dem System zugrunde liegenden Strukturen und Werte jedoch deutlicher hervor. Deshalb sind heute grundlegende Veränderungen möglich – also Veränderungen, die das System transformieren, anstatt es einfach nur in gewissem Grade zu modifizieren.

Um eine Caring Economy zu entwickeln, müssen wir uns nicht nur auf die Wirtschaftstheorie und -praxis konzentrieren, sondern auch auf kulturelle Werte und gesellschaftliche Institutionen. Als Ausgangspunkt hierfür dienen drei Fragen:

1. Welchen Eigenschaften, Tätigkeiten, Dienstleistungen und Produkten wollen wir einen hohen bzw. einen niedrigen wirtschaftlichen Wert zuerkennen?
2. Können wir tatsächlich eine soziale und umweltfreundliche Wirtschaftspolitik und -praxis erwarten, solange Fürsorge nicht gesellschaftlich wertgeschätzt und finanziell anerkannt wird?
3. Welche wirtschaftlichen Konstrukte sind nötig, um ein Wirtschaftssystem zu schaffen, das stärker auf Fürsorge basiert und effektiver, innovativer und nachhaltiger ist als unser aktuelles?

Sämtliche wirtschaftlichen Institutionen sind Konstrukte – angefangen von Banken über Aktienbörsen, Sozialversicherungssysteme und Gesundheitsfürsorge bis hin zu Kolonialismus, Sweatshops und Kinderarbeit. Arbeitslosenversicherung und Elternzeit sind wirtschaftliche Konstrukte, die eine stärkere Fürsorge für alle Mitglieder einer Gruppe garantieren sollen. Aber auch

Sklaverei und Zwangsarbeitslager sind wirtschaftliche Konstrukte – diese sind jedoch wie Sweatshops, Kolonialismus und Kinderarbeit darauf ausgerichtet, bestimmte Mitglieder einer Gruppe effektiver auszubeuten oder sie sogar, falls »nötig«, umzubringen.

Anders ausgedrückt ist ein wirtschaftliches Konstrukt eine Möglichkeit, natürliche, menschliche und menschengemachte Ressourcen zu nutzen und zu verteilen. Aber welcher Art diese Konstrukte sind – und welche Konsequenzen sie nach sich ziehen – hängt vom herrschenden Wertesystem und den auf diesem Wertesystem basierenden gesellschaftlichen Institutionen ab. In unserer Zeit, in der wir – von Werten wie Eroberung, Ausbeutung und Dominanz geleitet – unser Überleben durch Fortschrittstechnologien gefährden, brauchen wir einen Wandel zu einem Fürsorge-Ethos sowie wirtschaftliche Konstrukte, die von einem solchen Ethos getragen werden. Wir brauchen eine Care-Revolution.

Wir müssen entscheiden, welche bestehenden wirtschaftlichen Konstrukte wir beibehalten und welche wir verwerfen wollen. Außerdem müssen wir neue wirtschaftliche Kennzahlen und Regeln sowie politische Strategien und Praktiken entwickeln, die sich an Werten orientieren, die der gerechteren und nachhaltigeren Zukunft entsprechen, die wir uns wünschen und die wir brauchen. Vor allem aber müssen wir das kulturelle Fundament, auf dem sowohl das kapitalistische als auch das kommunistische Wirtschaftssystem basieren, neu errichten und darauf aufbauend ein neues Wirtschaftssystem entwickeln, in dem die grundlegendste menschliche Tätigkeit – die Care-Arbeit – echte Wertschätzung erfährt.

Eine Caring Economy fördert Fürsorge und Care-Arbeit im privaten Bereich ebenso wie in Organisationen, in der Gesellschaft und in Hinblick auf unsere Mitwelt. Sie berücksichtigt das vollständige Spektrum der menschlichen Bedürfnisse, also nicht nur unsere materiellen Bedürfnisse wie Nahrung und Unterkunft, sondern auch unser Bedürfnis nach sinnvoller Betätigung und Lebenssinn. Dieses Wirtschaftssystem ist in ein Gesellschaftssystem integrierbar, das auf Partnerschaft, also gegenseitigem Respekt und Verantwortlichkeit beruht (Partnerschaftssystem), und passt nicht zu einem hierarchischen Gesellschaftssystem der Dominanz (Dominanzsystem).

Die unterschiedlichen Strukturen dieser beiden Modelle (des Partnerschafts- und des Dominanzsystems), die über die herkömmlichen Kategorien von rechts/links, kapitalistisch/sozialistisch und religiös/weltlich hinausgehen, werden in Kapitel 2 beschrieben.

1.6 Die sechs Grundpfeiler einer Caring Economy

Eine Caring Economy beruht auf sechs Pfeilern: einem ganzheitlichen Wirtschaftsmodell; kulturellen Überzeugungen und Institutionen, die Fürsorge und Care-Arbeit wertschätzen; einer Wirtschaftsordnung, Wirtschaftspolitik und Wirtschaftspraxis, die auf Fürsorge basieren; umfassenden und realitätsgetreuen wirtschaftlichen Kennzahlen; partnerschaftlichen Wirtschafts- und Gesellschaftsstrukturen sowie einer Wirtschaftstheorie, die hier als *Partnerismus* bezeichnet wird, da sie sowohl die partnerschaftlichen Elemente des Kapitalismus als auch die des Sozialismus beinhaltet, aber zugleich über diese beiden Systeme hinausgeht, indem sie die essenzielle wirtschaftliche Bedeutung der Fürsorge für uns, unsere Mitmenschen und unsere Mitwelt (an)erkennt.

Der Wandel hin zu einer Caring Economy wird sich nicht abrupt, sondern über einen längeren Zeitraum hinweg vollziehen. Er wird schrittweise erfolgen, und jede Verbesserung in einem Bereich wird eine Kaskade von Änderungen in allen anderen Bereichen anstoßen. Wenn sich unsere Vorstellungen davon ändern, was wirtschaftlich als produktiv gilt und was nicht, werden wir Wirtschaft neu denken – und das wiederum wird zu realitätsgetreueren wirtschaftlichen Kennzahlen führen. Diese geänderten Überzeugungen und Kennzahlen werden eine Entwicklung hin zu einer stärker auf Fürsorge basierenden Wirtschaftspolitik und -praxis beflügeln, was wiederum zu mehr partnerschaftlich orientierten Wirtschafts- und Gesellschaftsstrukturen führt sowie zur Entwicklung eines ganzheitlichen Wirtschaftsmodells, umfassenderen wirtschaftlichen Theorien und Kennzahlen sowie kulturellen Überzeugungen und Institutionen, die Fürsorge und Care-Arbeit wertschätzen.

Anders ausgedrückt: Jeder Fortschritt auf einem dieser Gebiete treibt den Fortschritt in den anderen Bereichen voran. Je weiter wir in einem der Bereiche voranschreiten, desto schneller werden wir Veränderungen im gesamten Wirtschaftssystem beobachten können.

Der erste Schritt besteht darin, dass wir im öffentlichen Diskurs den Begriff »Care« mit dem Wirtschaftsbegriff verknüpfen und ein Bewusstsein dafür schaffen, welche wirtschaftliche Bedeutung Fürsorge hat. Das ist etwas, das jeder von uns tun kann.

Dass die aktuellen Wirtschaftstheorien und die gegenwärtige Wirtschaftspolitik versagen, wenn es darum geht, Fürsorge und Care-Arbeit als integralen Bestandteil der Gesundheit von Individuen, Wirtschaft, Ökologie und Gesellschaft zu begreifen, hat direkte Auswirkungen auf unser Leben und die Zukunft unserer Kinder: Uns wurden aus der Vergangenheit dysfunktionale Wirtschaftsmodelle und Bewertungsmaßstäbe aufgebürdet, die wiederum zu dysfunktionalen Praktiken und einer dysfunktionalen Politik geführt haben. Und diese Praktiken und diese Politik sind die Hauptursachen für scheinbar unlösbare globale Probleme wie Armut, Überbevölkerung und Umweltzerstörung. In der postindustriellen Wirtschaft sind diese Praktiken und diese Politik Erfolgshindernisse, denn das wichtigste Kapital in der postindustriellen Wirtschaft bilden weder Geld, noch Märkte oder mit neuester Computertechnik ausgestattete Büros – sondern Menschen, sogenanntes »Humankapital«. Außerdem wird dadurch ein unausgewogenes und ungesundes Wertesystem aufrechterhalten.

Dabei ist die Alternative dazu offensichtlich, sobald man nur einen Moment innehält und seinen Blick auf die Wirtschaft einmal nicht darauf ausrichtet, was uns bislang darüber gelehrt wurde, sondern auf das, was uns in unserem Leben und in unserem Zuhause am wichtigsten erscheint. Dann wird nämlich klar: Solange Gerechtigkeit, Fürsorge und Care-Arbeit nicht als wertvoll betrachtet werden, ist es unrealistisch auf die Entwicklung von Gesellschaften zu hoffen, die auf Fürsorge, Frieden, einer gesunden Mitwelt und Gerechtigkeit beruhen und in denen Menschen ein sinnvolles, kreatives und erfülltes Leben führen können.

Das ist keine graue Theorie, sondern von immenser praktischer Bedeutung für unser Alltagsleben – angefangen beim Familienleben über die Erziehung und Bildung unserer Kinder bis hin zu unserem Arbeits- und Geschäftsleben und letztlich dem Überleben unserer Spezies.

Wir können keinen wirklichen Rückgang der weltweiten Armutsrate erwarten, solange wir nichts dagegen unternehmen, dass in der Wirtschaft, was Männer und Frauen anbelangt, mit zweierlei Maß gemessen wird. Solange Frauen und alles, was mit Frauen assoziiert wird, eine Abwertung erfahren, werden Frauen und Kinder das Heer der Armen in der Welt weiter anwachsen lassen.[17]

Das bedeutet nicht, dass die auf dem Geschlecht beruhende wirtschaftliche Ungleichheit gravierender ist als die Ungleichheit, die auf sozialer oder ethnischer Herkunft oder anderen Faktoren basiert. Aber eines der grundlegenden Muster für die Einteilung der Menschheit in Über- und Untergeordnete, die Kinder von klein auf verinnerlichen, ist die für unsere Spezies typische Vorstellung des »übergeordneten Mannes« und der ihm »untergeordneten Frau«. Solange Menschen dieses geistige Bild als Muster für ihre Beziehungen vor Augen haben, ist es unrealistisch, auf Änderungen im schablonenhaften Ingroup-versus-Outgroup-Denken zu hoffen, das zu so viel Leid und Ungerechtigkeit geführt hat und führt.

Zudem gibt es keine berechtigte Hoffnung für eine auf Fürsorge abzielende Gesellschafts- und Wirtschaftspolitik, solange die lebensfördernde Care-Arbeit als »Familie und Gedöns« abgewertet wird. Solange Care-Arbeit keine gesellschaftliche Wertschätzung erfährt, wird sie auch in der Wirtschaftspolitik und -praxis keine erfahren.

In diesem Zusammenhang muss klargestellt werden, dass die Bezeichnung von Fürsorge und Care-Arbeit als »Frauenarbeit« hier nur ein Widerhall herkömmlicher Überzeugungen aus Zeiten ist, in denen die Geschlechterrollen sehr viel stärker festgelegt waren. Das Ziel ist eine Gesellschaft, in der nicht nur Frauen Fürsorge leisten, sondern in der sie gleichberechtigte Erwerbsarbeitschancen haben und sich Männer und Frauen die Fürsorgeverantwortlichkeit teilen. Anders ausgedrückt: Ziel ist ein Wirtschafts- und Gesellschaftssystem, das Frauen nicht länger aus Bereichen ausschließt, die traditionell Männern vorbehalten waren, und in dem Fürsorge und Care-Arbeit nicht länger als reine Frauensache betrachtet werden bzw. Männer, die diese Aufgaben übernehmen, als »verweiblicht« gelten.

Es soll an dieser Stelle noch einmal betont werden, dass die Sichtbarmachung und die Wertschätzung von Fürsorge und Care-Arbeit für sich allein genommen unsere globalen Probleme nicht lösen können. Wie wir sehen werden, ist der Transformationsprozess von einem Dominanz- zu einem Partnerschaftssystem sehr viel komplexer. Doch es ist von grundlegender Bedeutung, dass wir aufhören, Frauen und Männer und das, was wir mit ihnen assoziieren, mit zweierlei Maß zu messen, denn erst dann kann der Wandel von einem Dominanz- zu einem Partnerschaftssystem stattfinden.

Wenn hier über die Abwertung von Frauen und dem »Weiblichen« geschrieben wird, soll damit nicht den Männern die Schuld an den gesellschaftlichen und wirtschaftlichen Missständen in unserer Welt gegeben werden. Die Traditionen, von denen hier die Rede ist, haben nicht nur auf Frauen, sondern auch auf Männer verheerende Auswirkungen. Natürlich sind Frauen davon besonders hart betroffen, aber letztlich leiden wir alle darunter.

Die Globalisierung und der Übergang hin zu einem postindustriellen Zeitalter haben zu großen wirtschaftlichen und sozialen Verwerfungen geführt, die bei vielen Menschen Ängste auslösen. Doch diese Verwerfungen eröffnen auch nie dagewesene Anknüpfungspunkte für neue und bessere Lebens- und Denkweisen. Sie geben uns die Gelegenheit, unsere Vorstellungskraft und unseren Einfallsreichtum dazu zu nutzen, gesellschaftliche und wirtschaftliche Bedingungen zu schaffen, die unsere Weiterentwicklung fördern – sei es in Hinblick auf den Einzelnen, auf unsere Spezies oder auf die Erde insgesamt.

Die folgenden Kapitel zeigen, wie es uns besser gelingen kann, unsere menschlichen Bedürfnisse und Wünsche zu erfüllen und die Schönheit und den Reichtum unseres Planeten zu bewahren.

Kapitel 2
Wirtschaft im Weitwinkel

Mittlerweile gibt es Millionen von Menschen, die nicht länger bereit sind, Leid und Ungerechtigkeit als Willen Gottes oder als Ergebnis geheimnisvoller, scheinbar naturgegebener Wirtschaftsgesetze zu betrachten. Die gesundheits- und umweltschädigenden Auswirkungen einer außer Kontrolle geratenen Industrialisierung haben Menschen weltweit in Alarmbereitschaft versetzt. Sie sind besorgt darüber, dass die Regeln des globalen Handels zu sinkenden Löhnen führen und Arbeitsschutzbestimmungen aushebeln, die im Westen bislang als selbstverständlich galten. Diese Menschen sind sich dessen bewusst, dass in großen Teilen der Welt noch Hunger und Armut herrschen. Sie erkennen, dass selbst in den reichen USA die Kluft zwischen Arm und Reich immer größer wird, wenn dort zum Beispiel in deutlichem Missverhältnis Gelder für das Schulessen von Millionen von Armut betroffener Kinder gekürzt werden, während Unternehmen Millionen an Subventionen und die Superreichen Steuerrückerstattungen erhalten. Sie fordern die Abschaffung einer Buchhaltungspraxis, die es Führungskräften in Unternehmen erlaubt, sich selbst auf Kosten von Vorsorgeplänen für Angestellte oder Kapitalbeteiligungen von Anteilseignern zu bereichern. Kurz gesagt: Diese Menschen prangern rücksichtslose Wirtschaftspolitik und Geschäftspraktiken an und verlangen, dass diese durch auf Fürsorge basierende Politik und Praktiken ersetzt werden.

2.1 Die gesellschaftlichen Grundlagen der Wirtschaft

Wirtschaftssysteme entstehen nicht in einem Vakuum. Sie entwickeln sich in einem umfassenderen gesellschaftlichen, kulturellen und technologischen Kontext. Um eine Grundlage für ein neues Wirtschaftssystem schaffen zu können, müssen wir diesen umfassenderen Kontext verstehen und verändern. Erst dann können wir eine effektive Wirtschaftsordnung aufbauen, die das Wohlergehen und die Weiterentwicklung der Menschen unterstützt und fördert und die natürliche Lebensgrundlage unserer Kinder und zukünftiger Generationen schützt und erhält.

So seltsam es klingen mag: Wenn wir unser Wirtschaftssystem ändern wollen, dürfen wir uns nicht auf die Wirtschaft allein konzentrieren. Wir müssen tiefer und weiter gehen. Wir können ineffiziente, ungerechte und umweltschädigende Wirtschaftspraktiken überwinden – aber damit uns das gelingt, müssen wir die gesellschaftlichen Faktoren betrachten, die unsere Wirtschaft und unsere Wirtschaftstheorien formen und wiederum von diesen geformt werden. Anders ausgedrückt: Wir können Wirtschaftssysteme nicht verstehen, geschweige denn verändern, solange wir nicht den umfassenderen Kontext betrachten, also die psychologischen und gesellschaftlichen Beziehungsdynamiken in allen Lebensbereichen.

In Wirtschaftssystemen geht es um eine Form menschlicher Beziehungen. Es geht nicht um Verbindungen zwischen Gütern, sondern zwischen Menschen. Aus diesem Grund müssen Menschen sowie Tätigkeiten, die menschliches Leben und menschliche Beziehungen verbessern, im Mittelpunkt wirtschaftlicher Analysen stehen. Unser Leben wird von Beziehungen bestimmt. Beziehungen bilden die Grundlage aller gesellschaftlichen Institutionen – angefangen von Familie, Erziehung und Bildung bis hin zu Politik und Wirtschaft.

Die neuartige wissenschaftliche Herangehensweise an die Wirtschaft, die in diesem Buch vorgestellt wird, hat sich aus einer Fachgebiete übergreifenden Forschung heraus entwickelt und findet aus der Perspektive unterschiedlicher wissenschaftlicher Theorien wie der Systemtheorie der Evolution, der Chaostheorie, der Komplexitätstheorie, der Selbstorganisationstheorie und weiterer neuer Betrachtungsweisen sozialer Systeme statt. Die auf dieser Herangehensweise basierende Forschung führte zunächst zur Veröffentlichung von *Kelch und Schwert. Unsere Geschichte, unsere Zukunft*, worin ich eine mehrdimensionale Betrachtungsweise der Menschheitsgeschichte einführe, um zum Kern dessen vorzustoßen, was uns in unserer kulturellen Entwicklung vorantreibt bzw. zurückwirft.[1] Im Rahmen dieser Forschung entstanden auch weitere Bücher, in denen ich das Thema Geschlechter und Macht aus dieser Perspektive untersuchte.[2] Hier wende ich diese wissenschaftliche Herangehensweise auf die Wirtschaft an und schließe so den Kreis meiner Nachforschungen über

Geschlechtlichkeit, Macht und Geld – von denen es heißt, sie würden die Welt am Laufen halten.

Meine Analyse der Wirtschaft bezieht sich auf aktuelle Ergebnisse aus der Erforschung evolutionärer Systeme und stützt sich auf die aus meiner Sicht besten Forschungsarbeiten auf dem Feld der Wirtschaftswissenschaften. Meine offizielle akademische Ausbildung habe ich nicht in Wirtschaftswissenschaft absolviert, sondern auf dem Gebiet der Rechts- und Sozialwissenschaften und der Anthropologie. Das macht mich zur Außenseiterin, was sowohl Vor- als auch Nachteile mit sich bringt. Der Vorteil besteht darin, dass ich dadurch weniger vorgefasste Vorstellungen in meine Betrachtung der Wirtschaft mit einbringe – was einer der Gründe ist, warum Fortschritte in den unterschiedlichsten Disziplinen häufig von Außenseitern erzielt werden.

Mein Ansatz besteht darin, aus mehreren Fachströmungen zu schöpfen. Diese Forschungsmethode findet immer stärkere Verbreitung, denn wenn wir angemessen auf die Herausforderungen unserer komplexen Welt reagieren wollen, müssen wir zahlreiche Wissensgebiete miteinander verknüpfen. Bei dieser breit angelegten Analyse werden Themenbereiche – darunter auch kulturelle Überzeugungen und gesellschaftliche Institutionen – untersucht, die oberflächlich betrachtet nicht mit der Wirtschaft in Zusammenhang stehen und von der konventionellen Wirtschaftswissenschaft meistens nicht berücksichtigt werden. Besondere Beachtung schenkt diese Analyse den Überzeugungen davon, was wertvoll ist und was nicht. Zu den untersuchten Themenbereichen gehören Beziehungen, Männer und Frauen, Familie und Arbeit, Technik, Politik und all die vielen anderen Themen, die miteinander verknüpft sind und aus denen die lebendige Wirtschaft auf unserem vernetzten und zunehmend gefährdeten Planeten besteht. Tatsächlich werden Themenbereiche betrachtet, die in konventionellen Wirtschaftsanalysen völlig fehlen, wie zum Beispiel die frühe Eltern-Kind-Beziehung und die Beziehung zwischen der weiblichen und der männlichen Hälfte der Menschheit sowie die tiefgreifenden Auswirkungen, welche diese auf die Werte und die Interaktio-

In Wirtschaftssystemen geht es um eine Form menschlicher Beziehungen. Es geht nicht um Verbindungen zwischen Gütern, sondern zwischen Menschen. Aus diesem Grund müssen Menschen sowie Tätigkeiten, die menschliches Leben und menschliche Beziehungen verbessern, im Mittelpunkt wirtschaftlicher Analysen stehen.

nen von Menschen haben – auch in Hinblick auf die Wirtschaft. Außerdem findet die Betrachtung hier aus einem neuen Blickwinkel statt, nämlich unter Berücksichtigung von zwei grundlegenden Beziehungsmodellen: dem von gegenseitigem Respekt getragenen Partnerschaftssystem und dem auf Hierarchie basierenden Dominanzsystem.

Frühere gesellschaftswissenschaftliche Kategorien, die mit Gegenüberstellungen wie rechts und links, religiös und säkular, Ost und West, industrialisiert und prä- oder postindustriell arbeiten, fokussieren jeweils nur Teilaspekte einer Gesellschaft, beispielsweise technologische Entwicklungen oder Fragen der geographischen oder ideologischen Ausrichtung. Das macht eine tatsächlich systemumfassende Untersuchung unmöglich. Das Partnerschaftssystem und das Dominanzsystem umfassen die Gesamtheit gesellschaftlicher Überzeugungen und Institutionen – angefangen bei der Familie über Bildung und Religion bis hin zu Politik und Wirtschaft. Das heißt, sie beschreiben umfassende soziale Strukturen, die aus dem herkömmlichen, auf enger gefassten Kategorien basierenden Blickwinkel nicht erkennbar waren.

Der Psychologe Robert Ornstein schreibt in seinem Buch *Die Psychologie des Bewusstseins*, dass Phänomene für uns nur schwer wahrnehmbar sind, wenn wir sie keiner Kategorie zuordnen können: Sprache stelle ein beinahe unbewusst festgelegtes Kategoriensystem dar, das es den Sprechenden ermöglicht, Erfahrungen auszublenden, die außerhalb dieses gemeinsamen Kategoriensystems liegen.[3]

Für einen Systemwandel brauchen wir Kategorien, die nicht einfach die grundlegenden Bereiche unserer Gesellschaft außer Acht lassen. Die Kategorien des Partnerschafts- und Dominanzsystems erfüllen diesen Anspruch. Sie umfassen die grundlegenden Werte und Institutionen einer Gesellschaft, sowohl in dem von uns als Privatsphäre bezeichneten Bereich der Familie und anderer enger Beziehungen als auch im öffentlichen Leben wie den lokalen, nationalen und internationalen Gemeinschaften. Von vorrangiger Bedeutung ist jedoch, dass sich mithilfe dieser Modelle beschreiben lässt, welche Werte und Institutionen diese beiden grundverschiedenen Beziehungsmuster jeweils fördern oder hemmen, und zwar in sämtlichen Lebensbereichen – einschließlich der Wirtschaft.

2.2 Das Dominanz- und das Partnerschaftssystem

In Dominanzsystemen gibt es in Beziehungen nur zwei Möglichkeiten: Man ist übergeordnet oder untergeordnet. Die Übergeordneten kontrollieren die Untergeordneten – sei es in der Familie, am Arbeitsplatz oder in der Gesellschaft. Wirtschaftspolitik und -praxis sind darauf ausgerichtet, den Übergeordneten auf Kosten der Untergeordneten Vorteile zu verschaffen. Es herrschen hohe Anspannung und ein Mangel an Vertrauen, weil das System vornehmlich durch Angst und Zwang aufrechterhalten wird.

Fürsorge und Mitgefühl müssen unterdrückt und abgewertet werden, um die Hierarchien aufrechtzuerhalten. Das beginnt in den Familien und reicht bis in Politik und Wirtschaft. Aus diesem Grund besteht einer der Grundpfeiler einer Caring Economy aus Überzeugungen und Institutionen, die sich stärker an einem Partnerschaftssystem orientieren.

In einem Partnerschaftssystem werden Beziehungen gestärkt, die von gegenseitigem Respekt und Fürsorge geprägt sind. Auch hier gibt es Hierarchien, um die Funktionalität des Systems zu wahren, aber ich nenne diese Hierarchien »funktionelle Hierarchien«[4], denn anders als bei »dominanzgeprägten Hierarchien«[5] gelten Rechenschaftspflicht und Respekt hier wechselseitig und nicht nur von unten nach oben. Außerdem sind die gesellschaftlichen und wirtschaftlichen Strukturen so gestaltet, dass alle Ebenen teilhaben und Einfluss nehmen können. In einem Partnerschaftssystem ermutigen, inspirieren und stärken Führungskräfte, anstatt zu kontrollieren und zu schwächen. Wirtschaftspolitik und -praxis in einem Partnerschaftssystem sind darauf ausgerichtet, unseren überlebensnotwendigen Grundbedürfnissen sowie unserem Bedürfnis nach Gemeinschaft, Kreativität, Sinnhaftigkeit und Fürsorge – oder anders ausgedrückt: der bestmöglichen Entfaltung unseres menschlichen Potenzials – gerecht zu werden.

Keine reale Gesellschaft beruht auf einem reinen Partnerschafts- oder Dominanzsystem, sondern enthält immer Anteile beider Systeme. Dennoch ist die allgemeine Lebensqualität in Ländern, die sich an einem Partnerschaftssystem orientieren, höher als in Ländern, die mehr Anteile eines Dominanzsystems aufweisen – wie im Folgenden am Beispiel der nordeuropäischen Länder gezeigt wird. Und das ist kein Zufall – es ist bekannt, dass in den Ländern des Nordens Fürsorge und Care-Arbeit durch die Politik sichtbar gemacht und wertgeschätzt werden.

In den aktuellen Wirtschaftsmodellen gibt es zwar partnerschaftliche Elemente – doch viele unserer globalen Probleme resultieren daraus, dass sowohl kapitalistische als auch kommunistische Wirtschaftssysteme stark dominanzgeprägt sind.

Obwohl es große Unterschiede zwischen kapitalistischen und kommunistischen Wirtschaftssystemen gibt, werden in beiden sowohl die natürlichen Ressourcen als auch die Produktionsmittel von »den Oberen« kontrolliert – was auf Mensch und Natur gleichermaßen negative Auswirkungen hat. Im Sowjet-Kommunismus übten das politische Establishment sowie die großen, von der Regierung gelenkten Staatsbetriebe eine hierarchische, auf Angst und Zwang basierende Kontrolle aus und verursachten Umweltprobleme, deren bekanntestes Beispiel die Tschernobyl-Katastrophe darstellt. Auch im aktuellen, an den USA orientierten Kapitalismus arbeiten Regierungen und Konzerne Hand in Hand. Mithilfe von Wahlkampfspenden, machtvollem Lobbyismus und anderen Maßnahmen üben Unternehmen enormen Einfluss auf Regierungen und damit auch auf die Wirtschaftspolitik und -praxis aus, was unter anderem in einer mangelhaften Umweltpolitik resultiert.

Diese hierarchische Kontrolle war typisch für frühere feudalistische und monarchische Gesellschaften, als ein noch sehr viel ausgeprägteres Dominanzsystem herrschte. Tatsächlich stammen viele Grundannahmen, auf denen unsere aktuelle Wirtschaftspolitik und -praxis beruhen, aus Zeiten, als Könige über Untertanen regierten und jedem, der von Freiheit und Gleichheit redete, grausame öffentlich inszenierte Foltermaßnahmen und Hinrichtung drohten. Diese Zeiten, in denen despotische Väter über die Familien herrschten und despotische Adlige und Könige über Stadtstaaten, Lehen und Länder, sind noch gar nicht so lange her – und wir haben sie keineswegs und nirgendwo auf der Welt vollständig hinter uns gelassen.

Aus diesen sehr viel ausgeprägteren Dominanzgesellschaften mit ihrer breiten Unterschicht aus Sklaven, Leibeigenen und später fast völlig verarmten Fabrikarbeitern stammt die heute noch immer verbreitete Annahme, dass die Angst vor Schmerz und Mangel der Hauptgrund dafür sei, dass Menschen arbeiten. Und noch heute wird die Wirtschaftswissenschaft in weiten Kreisen als eine Wissenschaft definiert, die sich damit beschäftigt, eine begrenzte Anzahl von Gütern in einer Welt unbegrenzter Bedürfnisse zu verteilen.[6]

Diese Definition basiert auf zwei Grundannahmen: unausweichlichem Mangel und einer dem Menschen inhärenten Gier, die zu unbegrenzten Wünschen und Forderungen führt. Tatsächlich ist es so, dass diese Definition nicht die Wirtschaft an sich beschreibt, sondern die Wirtschaft in einem Dominanzsystem. Und selbst hier halten diese Grundannahmen einer näheren Überprüfung nicht stand.

Zwar kommt es manchmal vor, dass Naturereignisse einen Mangel verursachen, aber in dominanzgeprägten Wirtschaftssystemen wird Mangel – und damit Leid und Angst – systematisch künstlich erzeugt und aufrechterhalten und zwar durch eine ungleiche Verteilung der Ressourcen zugunsten der oberen Gesellschaftsschichten, durch hohe Rüstungsinvestitionen, durch fehlende Investitionen in die menschlichen Grundbedürfnisse, durch rücksichtslose Ausbeutung der Natur sowie durch Verschwendung natürlicher und menschlicher Ressourcen durch Kriege und andere Formen der Gewalt – all dies Charakteristika eines Dominanzsystems.

Darüber hinaus ist es in Dominanzsystemen schwierig, unsere menschlichen Grundbedürfnisse – darunter auch unser Bedürfnis nach Wertschätzung, Fürsorge, Liebe, Anerkennung und Lebenssinn – zu befriedigen, sodass Menschen in diesen Systemen kaum Zufriedenheit finden können. Auf diesem Weg erzeugt ein Dominanzsystem künstlich Gier und den unersättlichen Wunsch nach mehr materiellem Besitz und Status. Dieses Gefühl, niemals genug zu bekommen, wird heute noch von Werbekampagnen angefacht, die künstliche und zum Teil schädliche Bedürfnisse und Wünsche generieren.

Wenn man den Einfluss dieser künstlich geschaffenen Mangelgefühle und der ebenso künstlich generierten Bedürfnisse und Wünsche in die Betrachtung miteinbezieht, zeigt sich ein ganz anderes Bild von Angebot und Nachfrage, als es uns in den üblichen Darstellungen des Wirtschaftsgeschehens präsentiert wird. Der Marktwert einer Sache wird also oft von Dynamiken verzerrt, die auf Vorannahmen aus Dominanzsystemen beruhen und verhindern, dass die tatsächlichen menschlichen Bedürfnisse befriedigt werden.

Außerdem herrscht in Dominanzsystemen und damit auch in der Wirtschaft von Dominanzsystemen typischerweise eine Kultur des Misstrauens und der Feindseligkeit, wobei den Übergeordneten unbedingter Respekt und Gehorsam gezollt werden müssen.

Der in Dominanzsystemen verbreitete Mythos, dass Menschen grundsätzlich böse und selbstsüchtig seien und daher einer strikten hierarchischen Kontrolle unterworfen werden müssten, gehört zu den Grundpfeilern des dominanzgeprägten Denkens. Er findet sich sowohl in der religiösen Vorstellung der Erbsünde als auch in den soziobiologischen Theorien über egoistische Gene wieder.

Diese Ansicht über die menschliche Natur ist integraler Bestandteil weit verbreiteter Theorien zur freien Marktwirtschaft, die auf der Annahme beruhen, dass in einem Wirtschaftssystem alle davon profitieren, wenn einfach jeder seine eigenen Interessen verfolgt. Natürlich käme keiner auf die Idee, einem Kind zu erklären, dass alles perfekt funktioniert, wenn jeder nur an sich selbst denkt. Und trotzdem wird diese Vorstellung weiterhin verbreitet – wobei dadurch keineswegs eine freie Marktwirtschaft gefördert wird (die unter solchen Voraussetzungen gar nicht funktionieren könnte), sondern es zu einer Idealisierung der Gier kommt, von der die Wirtschaft in Dominanzsystemen angetrieben wird.

Eine weitere tradierte Grundannahme besteht darin, dass »weiche« Eigenschaften und Tätigkeiten – wie zum Beispiel Friedfertigkeit oder Fürsorge – für die Führung einer Gesellschaft oder Wirtschaft ungeeignet seien. Dazu gehört unter anderem auch die Annahme, Fürsorge und Care-Arbeit seien für die Produktivität hinderlich oder im besten Fall wirtschaftlich irrelevant. Anders ausgedrückt: Wir haben aus der Vergangenheit kulturelle Überzeugungen und Institutionen übernommen, die der Fürsorge und Care-Arbeit nicht zu-, sondern abträglich sind – und das hat zu zahlreichen unrealistischen wirtschaftlichen Theorien, Regeln, Maßnahmen und Praktiken geführt, die uns zunehmend gefährden.

2.3 Das unsichtbare Bewertungssystem

Gäbe es keine Fürsorge für Kinder, Kranke und Alte, dann wäre niemand von uns am Leben. Und wenn niemand sich um unsere alltäglichen Bedürfnisse wie Nahrung, saubere Kleidung und eine wohnliche Unterkunft kümmern würde, wäre es schlecht um uns bestellt. Ohne Fürsorge gäbe es keine Arbeitskräfte, die ihrer Arbeit nachgehen und in Unternehmen tätig sein könnten.

Warum wird dieser elementaren Care-Arbeit also so wenig wirtschaftlicher Wert beigemessen? Warum wurde Rücksichtslosigkeit in Unternehmen systematisch gefördert – gemäß dem alten Rechtsgrundsatz *caveat emptor*[7]? Warum werden Menschen, die sich unermüdlich für eine sozialere und gerechtere Gesellschaft einsetzen, oft als »Gutmenschen« oder »sentimentale Spinner« verunglimpft? Und warum gelten Frauen (und zunehmend auch Männer), die sich in der nicht monetären Wirtschaft der Privathaushalte und des Ehrenamtes rund um die Uhr um Kinder, Kranke und Ältere kümmern, immer noch als »wirtschaftlich untätig«?

Die Abwertung der für uns überlebensnotwendigen Care-Arbeit – und die damit einhergehende Abwertung der Fürsorge an sich – entbehrt jeglicher Logik. Sie beruht einzig und allein auf Überzeugungen, die aus einer Zeit stammen, als unsere Gesellschaft noch sehr viel mehr von einem Dominanzsystem geprägt war: einer Form der gesellschaftlichen und wirtschaftlichen Organisation, die auf von Angst und Zwang gestützten Hierarchien basiert.

Ein Grundpfeiler dieses hierarchischen Systems bestand darin, dass die männliche Hälfte der Menschheit der weiblichen Hälfte übergeordnet war – was dazu führte, dass Männer und stereotyp »Männliches« automatisch als wertvoller betrachtet wurden als Frauen und stereotyp »Weibliches«. Das heißt, im Zuge der Unterordnung der Frauen unter die Männer wurde alles, was mit »echter« Männlichkeit assoziiert war, höher bewertet als das, was typischerweise mit Frauen und Weiblichkeit verbunden wurde, wie zum Beispiel Fürsorge und Care-Arbeit. Dieses Bewertungssystem spiegelt sich in allen Wirtschaftssystemen wider, die Fürsorge und Care-Arbeit nur geringen oder gar keinen Wert zuerkennen – unabhängig davon, ob sie stammesgesellschaftlich, feudalistisch, kapitalistisch, sozialistisch oder kommunistisch organisiert sind.

Die Abwertung von Eigenschaften oder Tätigkeiten, die stereotypisch mit Frauen assoziiert werden, ist integraler Bestandteil der unsichtbaren Bewertungsmaßstäbe in Dominanzsystemen. Selbstverständlich handelt es sich hierbei um Geschlechterstereotype und nicht um etwas, was Männern oder Frauen angeboren ist. Doch diese Stereotype und die Abwertung alles »Weiblichen« sind fest in unsere wirtschaftlichen und sozialen Regeln und Modelle eingebettet, die wir aus früheren, noch stärker dominanzgeprägten Zeiten übernommen haben.

Die aktuellen Wirtschaftskennzahlen wie BIP und BNE spiegeln diese Abwertung wider und setzen sie fort. Und was in diesen Kennzahlen berücksichtigt wird – oder eben nicht – hat direkte Auswirkungen darauf, was in der Politik Berücksichtigung findet. Auf diese Weise hat unser unsichtbares, auf Geschlechterstereotypen basierendes Bewertungssystem unsere Wirtschaftspolitik geformt.

Man kann sich dieses unsichtbare Bewertungssystem wie den nicht sichtbaren Teil eines Eisbergs vorstellen – ein massives Hindernis auf dem Weg zu einer gesünderen, effektiveren und menschlicheren Wirtschaft.

Kapitel 3
Der Doppelstandard in der Wirtschaft

Manchmal sind wir blind für das Offensichtliche – besonders, wenn es um Überzeugungen und Werte geht, mit denen wir aufgewachsen sind. Die Überzeugung, dass eklatante Ungerechtigkeiten naturnotwendig und daher auch moralisch gerechtfertigt seien, geht weit über die Geschlechterungerechtigkeit hinaus und wurde zur Grundlage unterschiedlichster Formen der Unterdrückung. Die daraus resultierende Überzeugung, dass die Unterordnung einer Gruppe unter eine andere naturnotwendig, ja sogar moralisch gerechtfertigt sei, diente als Vorwand für die Unterwerfung von Menschen aufgrund ihrer Hautfarbe, Religion oder ethnischen Zugehörigkeit. Außerdem wurden so auch Sklaverei, Leibeigenschaft und andere Formen wirtschaftlicher Ausbeutung (kurz: alle Formen sozialer oder wirtschaftlicher Ungerechtigkeit) und darüber hinaus Pogrome, Lynchmorde, Terrorismus und Kriege zwischen Angehörigen unterschiedlicher Religionen und Ethnien gerechtfertigt.

3.1 Blind für das Offensichtliche

Ingroup- und Outgroup-Klassifizierungen sind Dominanzsystemen inhärent. Sie können auf Hautfarbe, Geschlecht, Religion, Ethnie oder anderen Unterscheidungskriterien beruhen. Alle diese Klassifizierungen verstärken einander gegenseitig und verfestigen zudem auch noch zwei für Dominanzsysteme grundlegende Annahmen: Erstens, dass es nur zwei Möglichkeiten gibt, nämlich über- oder untergeordnet zu sein und zweitens, dass Unterschiede mit Überlegenheit und Unterlegenheit gleichzusetzen sind – angefangen bei dem grundlegendsten Unterschied in unserer Spezies, dem Unterschied zwischen Mann und Frau.

Dieses Bild des überlegenen Mannes gegenüber der unterlegenen Frau verinnerlichen Kinder in dominanzgeprägten Familien von klein auf, da ihnen von Unterordnung gekennzeichnete Beziehungen als normal und moralisch richtig vorgelebt werden. Es dient als Vorlage für die Einordnung von Menschen als über- oder untergeordnet und ist daher von grundlegender Bedeutung für die Errichtung und Aufrechterhaltung eines Systems, das darauf ausgerichtet ist Ungerechtigkeit und Ungleichheit zu verfestigen.

In den vergangenen Jahrhunderten haben Bewegungen für mehr soziale und wirtschaftliche Gerechtigkeit immer wieder versucht, diesen Doppelstandard für Machthabende und Machtlose abzuschaffen. Allerdings konzentrierten sie sich dabei vornehmlich auf die öffentlichen Bereiche der Politik und der Wirtschaft, die – bis vor kurzem – exklusive Männerdomänen waren.

Tatsächlich war es so, dass die bedeutendsten »Väter« des modernen Egalitarismus den Gender-Doppelstandard nicht etwa infrage stellten, sondern im Gegenteil vehement befürworteten. Die Tatsache, dass Frauen aus dem Menschenrechtsideal explizit ausgeschlossen wurden, wird in der Geschichts- und Politikwissenschaft jedoch weitgehend ignoriert.

John Locke, der wichtigste politische Vordenker in Demokratiefragen im 17. Jahrhundert, forderte, dass die autokratischen Monarchen durch in freien Wahlen gewählte Regierungen ersetzt werden sollten. Dabei begehrte Locke gegen die damals vorherrschende Vorstellung auf, nach der die absolute Monarchie ihre natürliche Berechtigung aus der patriarchalischen Familie ziehe. Gleichzeitig beharrte er jedoch weiterhin rigoros darauf, dass es eine »natürliche Grundlage« (*a Foundation in Nature*) dafür gäbe, dass Frauen rechtlich und traditionell ihren Ehemännern untergeordnet waren.[1]

Auch der im 18. Jahrhundert lebende und für seinen Einsatz für Freiheit und Gleichheit berühmte Jean-Jacques Rousseau wandte in dieser Hinsicht zweierlei Maß an. Er erklärte, dass Mädchen von klein auf Einschränkungen unterworfen werden sollten, weil »Fügsamkeit« eine Eigenschaft sei, die Frauen ihr Leben lang benötigten, da sie seiner Ansicht nach immer »entweder einem Mann oder dem Urteil der Männer« unterlegen seien und sein sollten.[2]

Die beiden Vordenker der modernen Demokratie- und Gleichberechtigungsbewegung erkannten diese Absurdität jedoch nicht: Wie kann jemand ernsthaft von einer freien und demokratischen Gesellschaft sprechen, solange die eine Hälfte der Menschheit der anderen untergeordnet ist?

Auch die beiden führenden Wirtschaftsphilosophen des 19. Jahrhunderts waren in dieser männerzentrierten Gesellschaftssicht verfangen. Zwar war Karl Marx und Friedrich Engels die untergeordnete Rolle der Frau bewusst, denn sie beschrieben die Unterdrückung der Frau durch den Mann als »die erste gesellschaftliche Unterdrückung« – allerdings betrachteten sie die »Frauenfrage« (wie viele heutige Sozialisten auch) als zweitrangig.

Obwohl Robert Owen, William Thompson, Anna Wheeler, August Bebel und einige weitere Sozialisten des 19. Jahrhunderts darauf hinwiesen, dass die ungleiche Verteilung des Wohlstands zwischen Frauen und Männern einen bedeutenden Faktor der wirtschaftlichen Ungleichheit darstelle[3], erachteten Marx und Engels diese Problematik angesichts der Unterdrückung der Arbeiterklasse als nachrangig.

Bewegungen für mehr soziale und wirtschaftliche Gerechtigkeit haben immer wieder versucht, diesen Doppelstandard für Machthabende und Machtlose abzuschaffen. Doch die bedeutendsten »Väter« des modernen Egalitarismus stellten den Gender-Doppelstandard nicht etwa infrage, sondern befürworteten ihn vehement.

Dabei wurde im Jahr 1848 nicht nur das *Kommunistische Manifest* von Marx und Engels veröffentlicht, sondern auch das *Feministische Manifest* der US-amerikanischen Philosophin und Aktivistin Elizabeth Cady Stanton – doch Marx und Engels ließen diese Dokumentation der wirtschaftlichen Unterdrückung von Frauen unberücksichtigt. Als eine andere US-amerikanische Feministin, Victoria Woodhall, 1860 gegen die Diskriminierung weiblicher Arbeiterinnen in der entstehenden Arbeiterbewegung protestierte, empfahl Marx, die Gewerkschaft solle die Fraktion ausschließen, welche die Frauenfrage über die Arbeiterfrage stelle.[4]

Für Marx und Engels zählten nur die Klassenunterschiede. Anstatt also einen systematischen Ansatz zu wählen, der die Gesamtheit der Menschen betrachtet, lag ihr Fokus auf den Männern der Arbeiterklasse, über die sie in ihren revolutionären Traktaten leidenschaftlich schrieben. Das, was sie als »Frauenfrage« bezeichneten, sollte warten, bis das kapitalistische System zerstört war.

Da Marx und Engels alles, was Frauen betraf, als zweitrangig betrachteten, schenkten sie auch der stereotypisch mit Frauen assoziierten Fürsorge und Care-Arbeit wenig Aufmerksamkeit und erkannten daher auch nicht, wie stark die Wirtschaft, die sie doch menschlicher machen wollten, durch die

Abwertung von Fürsorge und Care-Arbeit entmenschlicht wurde. Obwohl sie sich für wirtschaftliche Gerechtigkeit einsetzten, waren sie blind dafür, dass der für Männer und Frauen verwendete Doppelstandard nicht nur auf Frauen negative Auswirkungen hatte, sondern auf das gesamte Gesellschafts- und Wirtschaftssystem.

Allerdings ist ihre Blindheit gegenüber diesem Doppelstandard kein Einzelfall, sondern so verbreitet, dass sie die Weltsicht der meisten von uns trübte und trübt.

3.2 Geschichten, mit denen wir leben und sterben

Unser Leben wird von Geschichten bestimmt: Sie sagen uns, ob etwas natürlich oder unnatürlich, möglich oder unmöglich, wertvoll oder wertlos ist. Wir verinnerlichen diese Geschichten, lange bevor unsere kritischen Fähigkeiten und unsere Gehirne sich vollständig entwickelt haben. Deshalb neigen wir dazu, die darin enthaltenen Botschaften als unabänderliche Wahrheiten zu akzeptieren – und eine der Hauptbotschaften dieser überlieferten Geschichten ist die Abwertung von einer Hälfte der Menschheit und allem, was mit ihr assoziiert wird.

Ich wuchs in Zeiten auf, in denen der Glaube an die Unterlegenheit der Frau gegenüber dem Mann in den USA noch fest verankert war. Noch in den 1950ern reagierten die Leute auf die Geburt eines Mädchens mit dem Spruch: »Hoffentlich wird es das nächste Mal ein Junge.«

Die überlieferte Angewohnheit, Männerfragen über Frauenfragen zu stellen, ist so tief verwurzelt, dass selbst Menschen, die sich für ihre egalitären Prinzipien rühmen, bei allem, was Frauen anbelangt, oft noch denken, dass es sich dabei »nur um Frauenfragen« handele. Dabei käme selbstverständlich niemand auf den Gedanken, irgendetwas, das die männliche Hälfte der Menschheit anbelangt, als »einfach nur Männerfragen« abzutun.

In diesem Zusammenhang erinnere ich mich noch lebhaft an ein Gespräch mit einem bekannten Menschenrechtsaktivisten, den ich davon zu überzeugen versuchte, dass Frauenrechte Menschenrechte sind. Nachdem er sich meinen leidenschaftlichen Vortrag unter höflichem, zustimmendem Nicken angehört hatte, erklärte er mir, dass er sein Engagement nicht auf Frauenrechte würde ausweiten können, weil er bereits völlig mit so lebenswichtigen Fragen wie politischer Folter und politischem Mord beschäftigt sei. Als ich ihn darauf hinwies, dass es auch bei Frauenrechten um Leben und Tod ginge – die Gewalt gegen Frauen fordert jährlich Hunderttausende Todesopfer – beharrte er darauf, dass es sich dabei lediglich um »Frauenfragen« handele, derer man sich annehmen könne, wenn »wichtigere Probleme« gelöst seien.

Hier muss hinzugefügt werden, dass nicht nur Männer, sondern auch viele Frauen mit zweierlei Maß messen, wenn es um Geschlechterfragen geht: So entscheiden sich viele Frauen in den USA bei politischen Wahlen lieber für männliche als für weibliche Kandidaten – und in anderen Gegenden der Welt hat dieser Gender-Bias sehr viel extremere Auswirkungen:

In zahlreichen Ländern werden Frauen und Mädchen traditionell, rechtlich und politisch immer noch offen diskriminiert. So sind Frauen in vielen Ländern Afrikas, Südostasiens und des Nahen Ostens nicht berechtigt, Land zu besitzen oder sich als Unternehmerinnen selbstständig zu machen. In manchen Ländern dürfen sie sich nicht einmal frei bewegen. Oft kommt es in diesen Gegenden auch vor, dass Eltern ihren Töchtern den Zugang zu Bildung verwehren oder sie, was Nahrung oder Gesundheitsfürsorge anbelangt, gegenüber den Söhnen benachteiligen.[5]

Dieser Doppelstandard bei der Ernährung, der oft von Müttern auf die eigenen Töchter angewandt wird, hat direkte Auswirkungen auf die weibliche Sterberate. Laut dem Wirtschaftswissenschaftler und Nobelpreisträger Amartya Sen starben in Indien im Jahr 1990 ein Viertel der indischen Mädchen, bevor sie ihr fünfzehntes Lebensjahr erreicht hatten.[6] Auch in anderen Ländern der Welt liegt die Sterblichkeitsrate von Mädchen deutlich höher als die von Jungen. Laut einem 1991 veröffentlichten UN-Sonderbericht über Frauen starben in Pakistan pro Jahr von 1000 Personen im Alter von zwei bis fünf Jahren 54,4 Mädchen und 36,9 Jungen. In Haiti waren es 61,2 Mädchen im Vergleich zu 47,8 Jungen, in Thailand 26,8 im Vergleich zu 17,3 und in Syrien 14,6 im Vergleich zu 9,3.[7]

Dadurch, dass wir diese Fragen als »Frauenfragen« abtun, werden wir blind für das Offensichtliche: Wenn Frauen und Mädchen weniger zu essen bekommen, leiden nicht nur Mädchen, sondern *auch* Jungen darunter. Es ist allgemein bekannt, dass Kinder von unterernährten Frauen oft in schlechtem Gesundheitszustand und mit unterentwickeltem Gehirn zur Welt kommen. Wenn Frauen und Mädchen in Hinblick auf Ernährung und Gesundheitsfürsorge benachteiligt werden, dann werden *alle* Kinder – egal ob männlich oder weiblich – ihres Geburtsrechts beraubt, nämlich ihres Potenzials für eine optimale Entwicklung.

Die Geschlechterdiskriminierung verursacht nicht nur enormes Leid und Unglück, sondern behindert auch massiv die menschliche und wirtschaftliche Entwicklung. So hat sie direkte Auswirkungen auf die Erwerbsbevölkerung, denn sie beeinträchtigt die Fähigkeit von Kindern – also langfristig auch Erwachsenen –, sich an neue Bedingungen anzupassen und Frustrationstoleranz zu entwickeln. Außerdem begünstigt sie gewalttätige Tendenzen. Diese Konsequenzen der Geschlechterdiskriminierung erschweren es, Lösungen für Probleme wie chronischen Hunger, Armut und bewaffnete Konflikte zu finden und Voraussetzungen für eine menschlichere, glücklichere und friedlichere Welt zu schaffen.

In den meisten Ländern erfährt auch die traditionell von Frauen geleistete Care-Arbeit nur wenig bis keine Unterstützung. So gibt es zum Beispiel nur in wenigen Ländern Beihilfen für Familien mit Kindern. In vielen Ländern wird Care-Arbeit selbst dann nur geringer Wert beigemessen, wenn sie innerhalb der Marktwirtschaft erfolgt – und gar keiner, wenn sie privat in Haushalten geleistet wird.

Betrachtet man diese Faktoren vor dem Hintergrund der traditionellen Diskriminierung von Frauen und Mädchen in Bildung, Gesundheitsfragen, Wirtschaft und sogar Ernährung, wundert es einen nicht, dass Frauen und Kinder weltweit die größte Gruppe im Heer der Armen bilden und hier zu den Ärmsten der Armen gehören.

Solange wir in Wirtschaft und Gesellschaft diesen Gender-Doppelstandard verwenden, ist es unrealistisch zu erwarten, dass sich etwas Grundlegendes an der Armutsrate in der Welt ändert, denn solange Frauen und alles, was mit Frauen assoziiert wird, eine Abwertung erfahren, werden Frauen und Kinder das Heer der Armen in der Welt weiter anwachsen lassen.[8]

Das bedeutet nicht, dass die auf dem Geschlecht basierenden wirtschaftlichen Ungleichheiten gravierender wären als die wirtschaftlichen Ungleichheiten, die auf der Zugehörigkeit zu einer bestimmten Gesellschaftsschicht oder Ethnie oder anderen Faktoren beruhen. Doch wie oben bereits erwähnt, ist das Bild des überlegenen Mannes gegenüber der unterlegenen Frau ein Grundmuster für die Einteilung der Menschheit in »Unter- und Übergeordnete«, das bereits Kinder in dominanzgeprägten Familien verinnerlichen. Und solange Menschen solche mentalen Kategorien in sich tragen, ist es unrealistisch, irgendwelche Änderungen bezüglich des Ingroup-versus-Outgroup-Denkens zu erwarten, das so viel Ungerechtigkeit und Leid verursacht.

Ebenso wenig können wir ernsthaft auf eine allgemein mehr auf Fürsorge basierende Gesellschafts- und Wirtschaftspolitik hoffen, solange die überlebensnotwendige, von Männern und Frauen geleistete Fürsorge und Care-Arbeit weiterhin als »bloße Frauenarbeit« abgewertet wird. Solange Fürsorge gesellschaftlich nicht mehr Anerkennung findet, wird sie auch in der Wirtschaftspolitik und -praxis nicht als wertvoll betrachtet werden.

Hier möchte ich noch einmal darauf hinweisen, dass ich – wenn ich von Fürsorge und Care-Arbeit als »Frauenarbeit« spreche – lediglich herkömmliche Überzeugungen wiedergebe, die wir aus Zeiten übernommen haben, in denen die Geschlechterrollen sehr viel rigider festgelegt waren. Das Ziel ist eine Gesellschaft, in der nicht nur Frauen Fürsorge leisten, sondern eine Gesellschaft, in der Frauen gleiche Berufs- und Erwerbschancen haben wie Männer und sich Frauen und Männer die Care-Arbeit teilen. Anders ausgedrückt: Ziel ist ein Wirtschafts- und Gesellschaftssystem, in dem Frauen nicht länger aus Bereichen ausgeschlossen sind, die traditionell Männern vorbehalten waren, und in dem Fürsorge und Care-Arbeit nicht länger als reine Frauensache oder als etwas für »verweiblichte« Männer betrachtet wird.

Außerdem möchte ich noch einmal betonen, dass die Sichtbarmachung und Anerkennung von Fürsorge allein unsere globalen Probleme nicht lösen wird. Wie wir sehen werden, ist der Wandel von einem Dominanz- zu einem Partnerschaftssystem sehr viel komplexer. Es ist allerdings von entscheidender Bedeutung, dass wir aufhören, die Geschlechter mit zweierlei Maß zu messen, denn nur dann kann ein solcher Wandel stattfinden.

Kurz gesagt: Wenn ich hier über die Abwertung der Frauen und des »Weiblichen« berichte, sollen dadurch nicht die Männer für die gesellschaftlichen und wirtschaftlichen Missstände in unserer Welt verantwortlich gemacht werden. Wir sehen uns hier Traditionen gegenüber, die nicht nur Frauen, sondern auch Männer schädigen – natürlich leiden besonders die Frauen darunter, aber letztendlich sind wir alle davon betroffen.

3.3 Die Entfremdung der Care-Arbeit

Als Marx und Engels den Sozialismus als Alternative zum Kapitalismus forderten, schrieben sie auch über die *Entfremdung der Arbeit.*[9] Sie erklärten, dass die Abwertung und Ausbeutung der Industrie- und Landwirtschaftsarbeiter die Wurzel der wirtschaftlichen Ungerechtigkeit darstelle. Bei meiner Forderung nach einer Wirtschaftsform, die über Kapitalismus und Sozialismus hinausgeht, verweise ich auf die Entfremdung der Care-Arbeit und benenne die Abwertung und Ausbeutung dieser grundlegenden Arbeit als Hauptfaktor für wirtschaftliche Ungerechtigkeit.[10]

Die Abwertung und Ausbeutung von Care-Arbeit gehen auf Zeiten zurück, in denen der weibliche Körper und die weibliche Arbeitskraft als männliches Eigentum galten.[11] Infolgedessen waren Frauen und alles, was mit ihnen assoziiert wurde, in der Wirtschaftstheorie im Grunde genommen unsichtbar und der Fokus der Wirtschaftsdenker lag auf den Transaktionen zwischen Männern.

Sowohl Adam Smith als auch später Marx ordneten die von Frauen in Haushalten geleistete Care-Arbeit eher dem zweitrangigen Bereich der Reproduktion als dem Produktionsbereich zu und räumten dieser »Frauenarbeit« in ihren umfangreichen Werken nur minimalen Platz ein. Das Versäumnis, die stereotypisch als weiblich betrachtete Care-Arbeit in Wirtschaftstheorien und -modellen sichtbar zu machen, hat bis heute noch direkten negativen Einfluss auf wirtschaftliche Kennzahlen und Praktiken sowie die Wirtschaftspolitik.

Manche werden nun sagen, dass Care-Arbeit sehr wohl wertgeschätzt wird und dabei auf die Blumen und Süßigkeiten zu Muttertag und die traditionelle Anerkennung der mütterlichen Arbeit verweisen. Doch in der Realität erfährt Mutterschaft keine Wertschätzung. Wäre es nämlich so, dann läge in den USA die Armutsrate älterer Frauen – von denen die Mehrheit Mütter sind – nicht deutlich höher als die älterer Männer.[12] Dasselbe lässt sich für den deutschen Kontext feststellen.[13] Und Frauen und Kinder würden dann auch nicht die Mehrheit der Armen in der Welt stellen.

3.4 Wirtschaftskennzahlen, die Fürsorge und Care-Arbeit berücksichtigen

Das Problem ist also nicht wissenschaftlicher oder technischer Natur. Es besteht vielmehr in der uns überlieferten, tief verwurzelten Dominanzkultur, die mit zweierlei Maß misst und in der Fürsorge und Care-Arbeit wenig bis gar nichts gelten – unabhängig davon, ob es sich um Fürsorge gegenüber anderen Menschen oder gegenüber unserer Mitwelt handelt.

Manche Menschen denken, es sei unmöglich, die in Haushalten und anderen Wirtschaftsbereichen unbezahlt geleistete Care-Arbeit bei der wirtschaftlichen Bewertung mit zu berücksichtigen, da sie jenseits des Marktes stattfindet. Aber obwohl sich tatsächlich nicht alle Aspekte der Care-Arbeit in Geldwert erfassen lassen, ist es angesichts der Faktenlage schlichtweg falsch zu sagen, der wirtschaftliche Wert dieser Arbeit könne überhaupt nicht gemessen werden.

Bereits in den 1930ern zeigte die Wirtschaftswissenschaftlerin Margaret Reid, wie man die unbezahlte Arbeit in den Haushalten statistisch erfassen kann.[14] Und wie Marilyn Waring in ihrem grundlegenden Werk *If Women Counted* darlegt, waren bis zu den 1980ern bereits mehrere Methoden entwickelt worden, um die jenseits des Marktes geleistete Arbeit quantitativ zu erfassen.[15]

Anfang der 1990er stellte die Organisation für wirtschaftliche Zusammenarbeit und Entwicklung (OECD) drei Methoden vor, mit denen die außerhalb des Marktes in den Haushalten geleistete Arbeit und Produktion gemessen werden kann.[16] Ein Ansatz war die Opportunitätskostenmethode. Diese basierte auf den entgangenen Gehaltsmöglichkeiten einer Frau, die sich – anstatt einer Erwerbstätigkeit nachzugehen – um ihre Kinder oder Eltern kümmert, Subsistenzwirtschaft betreibt oder andere unbezahlte Arbeit verrichtet. Dem zweiten Ansatz lag ein weltweiter Vergleich zugrunde, der auf dem marktüblichen Gehalt einer angestellten Hauswirtschafterin basierte (was meines Erachtens eine unzulängliche Methode ist, da der Hausarbeit auf dem Markt ein so geringer Wert beigemessen wird). Der dritte Ansatz bediente sich der Ersatzkostenmethode, die den Wert der Haushaltstätigkeiten misst, indem sie eine Kombination der marktüblichen Gehälter in Gastronomie, Pflege, Gartenbau und anderen Berufen zugrunde legt. Diese Methode wurde 2012 für den *Australian Report* verwendet, der zeigte, dass die (immer noch hauptsächlich von Frauen geleistete) Care-Arbeit in Haushalten gut 50 Prozent des australischen BIP ausmachen würde – wenn sie denn bei dessen Berechnung berücksichtigt würde.[17]

Zusätzlich zu diesen inputbasierten Methoden, die den Wert der Hausarbeit am Input wie zum Beispiel den Arbeitsstunden messen, hat das Internationale Forschungs- und Ausbildungsinstitut zur Förderung der Frau (INSTRAW) der Vereinten Nationen auch eine andere, outputbasierte Methode vorgeschlagen. Bei dieser Methode wird die Produktivität der Haushalte anhand des Marktwerts der von diesen zur Verfügung gestellten Produkten und Dienstleistungen gemessen. Als Grundlage dienen zum Beispiel die Preise für Mahlzeiten in einem Restaurant, professionelle Schülerhilfe und so weiter.

Bereits 1985 wurde auf der Internationalen Weltfrauenkonferenz in Nairobi gefordert, dass die von Frauen unentgeltlich geleistete Arbeit in allen volkswirtschaftlichen Gesamtrechnungen berücksichtigt werden müsse. Diese Forderung wurde auf der UN-Frauenkonferenz im Jahr 1995 in Peking wieder aufgegriffen und verstärkt, was auch im UN-Bericht über die menschliche Entwicklung von 1995 seinen Ausdruck fand – dieser beschäftigte sich schwerpunktmäßig mit Frauen und mahnte die Berücksichtigung der von Frauen unentgeltlich geleisteten Arbeit in den volkswirtschaftlichen Gesamtrechnungen an.

In dem UN-Bericht wird der Wert dieser von Frauen unentgeltlich geleisteten Arbeit auf atemberaubende 11 Billionen US-Dollar pro Jahr geschätzt. Außerdem wird darauf hingewiesen, dass »die Politik den ›unsichtbaren‹ Beitrag von Frauen nicht mehr wird ignorieren können, wenn die volkswirtschaftlichen Gesamtrechnungen diesen vollständig wiedergeben«. Weiter steht in dem Bericht, dass »Frauen mehr Stunden als Männer arbeiten und sich in den meisten Gesellschaften wahrscheinlich als die Hauptversorgenden oder zumindest als ebenbürtige Versorgenden herausstellen würden, wenn ihre unbezahlte Arbeit angemessen bewertet würde.«[18]

Auf Druck von Frauenorganisationen und der UN-Weltfrauenkonferenz empfahlen die Vereinten Nationen 1993 deutliche Änderungen bei der Erstellung der volkswirtschaftlichen Gesamtrechnung: In einem neuen Berechnungssystem sollte die in Haushalten geleistete Arbeit in einem »Satellitenkonto« miteinbezogen werden. Das sind wichtige Schritte auf dem Weg zu einer realistischeren internationalen Wirtschaftsbewertung, denn daran zeigt sich, dass es im Grunde genommen eine politische Frage und keine Frage statistischer Möglichkeiten ist, ob unbezahlte Care-Arbeit in Haushalten in die volkswirtschaftliche Gesamtrechnung einbezogen wird oder nicht.

In Kapitel 9 werde ich neue Kennzahlen vorstellen, die vom Center for Partnership Studies entwickelt wurden. Es handelt sich dabei um wirtschaftliche Kennzahlen, die den sozialen Wohlstand messen und den wirtschaftlichen Wert von Care-Arbeit sowohl in der Marktwirtschaft als auch in den anderen Wirtschaftssektoren sichtbar machen. Die von dem Zentrum bereits 1996 durchgeführte Studie *Women, Men, and the Global Quality of Life* verglich anhand von Statistiken aus 89 Ländern Kennzahlen zum Status von Frauen mit Kennzahlen zur Lebensqualität und zeigte, dass der Status von Frauen aussagekräftige Rückschlüsse auf die allgemeine Lebensqualität eines Landes erlaubt.[19]

»Im UN-Bericht über die menschliche Entwicklung von 1995 wird der Wert der von Frauen unentgeltlich geleisteten Arbeit auf atemberaubende 11 Billionen US-Dollar pro Jahr geschätzt. Außerdem weist der Bericht darauf hin, dass »die Politik den unsichtbaren Beitrag von Frauen nicht mehr wird ignorieren können, wenn die volkswirtschaftlichen Gesamtrechnungen diesen vollständig wiedergeben«.

Der Zusammenhang zwischen dem Status von Frauen und der allgemeinen Lebensqualität in einer Gesellschaft wurde auch durch andere Studien bestätigt, unter anderem durch die *World Values Survey*, die umfangreichste internationale Umfrage zum Thema Wertvorstellungen und deren Wechselspiel mit Wirtschaftsentwicklung und politscher Struktur.[20] Auch Ronald Inglehart, Pippa Norris und Christian Wetzel beziehen sich in »Gender Equality and Democracy« auf die Ergebnisse des *World Survey 2000* und stellen fest, dass (zusammen mit anderen gesellschaftlichen Veränderungen, die mit einem höheren Status von Frauen einhergehen) eine »Feminisierung des Führungsstils« in engem Zusammenhang mit der Verbreitung demokratischer Institutionen sowie mit einem Wandel der traditionellen autoritären Kindererziehung steht, was wiederum mit zunehmendem gegenseitigem Vertrauen, weniger Abhängigkeit von äußeren Autoritäten und einem wachsenden subjektiven Wohlbefinden sowie einem höheren Lebensstandard verbunden ist.[21]

Werden in einer Gesellschaft Fürsorge und Care-Arbeit jedoch abgewertet, weil sie mit der »untergeordneten« weiblichen Hälfte unserer Spezies assoziiert werden, dann zeigt sich dort ein allgemein geringeres Maß an Fürsorge in Politik und Praxis. Dabei erfährt nicht nur »Frauenarbeit« wie die Pflege von Kindern, Alten und Kranken weniger Unterstützung, sondern Politik und

Praxis weisen auch Defizite in den Bereichen Umweltschutz, Demokratie und Gerechtigkeit auf.

Dieser Mangel an Fürsorge kommt uns wirtschaftlich teuer zu stehen: Hohe Kosten für das Strafvollzugssystem und die Polizeikräfte sowie enorme Unternehmenseinbußen durch Produktivitätsverluste sind lediglich der am deutlichsten erkennbare Preis, den wir gesellschaftlich, wirtschaftlich und menschlich für den Mangel an Fürsorge zahlen. Und dennoch versagen die aktuellen wirtschaftlichen Kennzahlen nicht nur, wenn es darum geht, diese Verluste zu berücksichtigen, sondern sie unterschlagen auch die enormen Gewinne, die eine Gesellschaft durch die von Männern und Frauen geleistete Fürsorge und Care-Arbeit erhält. Und solange Politiker dies nicht begreifen, werden sie eine verzerrte Wahrnehmung dessen haben, was wirtschaftlich produktiv ist.

Eigentlich bräuchten wir keine Statistiken, um zu zeigen, dass Care-Arbeit die wertvollste, elementarste und menschlichste Tätigkeit ist. Ohne Fürsorge sterben wir, mit Fürsorge überleben wir nicht nur, sondern können auch unser Potenzial voll entfalten. Aber was nicht gemessen wird, fließt nicht in die Bewertung mit ein, und solange etwas nicht bewertet wird, wird ihm auch kein Wert beigemessen. Wenn Fürsorge und Care-Arbeit wirklich Wertschätzung erfahren, wird dies ein großer Beitrag zum menschlichen Glück und zur menschlichen Erfüllung sein sowie ein Grundstein für eine reichere, gerechtere und nachhaltigere Zukunft.

Kapitel 4
Zusammenhänge verstehen

Als ich in Europa geboren wurde, fand dort gerade ein massiver Rückfall in ein autoritäres Dominanzsystem statt: Die Nationalsozialisten übernahmen zunächst die Macht in Deutschland und dann in meinem Heimatland Österreich. Damals war ich noch zu klein, um zu verstehen, was da geschah – aber als in Österreich die nationalsozialistische Regierung an die Macht kam, änderte sich mein Leben radikal. Angst wurde unser ständiger Begleiter. In der berüchtigten Kristallnacht, der Nacht vom 9. auf den 10. November 1938, deren Name auf all das Glas anspielt, das damals in den jüdischen Wohnungen, Häusern, Läden und Synagogen zerstört wurde, fiel eine Nazibande in unser Haus ein und nahm meinen Vater mit. Wie durch ein Wunder gelang es meiner Mutter später, seine Freilassung zu erwirken und wir flohen aus Wien. Ansonsten wären wir im Holocaust ermordet worden – ein Schicksal, das sechs Millionen europäischer Juden ereilte, unter anderem meine Großeltern und die meisten meiner Tanten, Onkel, Cousins und Cousinen, wie ich nach dem Grauen des Zweiten Weltkriegs erfahren musste.

Diese frühe Kindheitserfahrung hat mich stark geprägt. Mein Leben lang habe ich nach Antworten auf die Frage gesucht, wie solche Dinge geschehen können – und wie wir sicherstellen können, dass so etwas nie wieder geschieht. Diese Suche führte letztendlich zu meiner langjährigen disziplin- und kulturübergreifenden Geschichtsforschung, die in der Entdeckung der neuen gesellschaftswissenschaftlichen Kategorien des Partnerschafts- und des Dominanzsystems mündete.

4.1 Neue gesellschaftliche und wirtschaftliche Rahmenbedingungen

Herkömmliche gesellschaftswissenschaftliche Kategorien wie Kapitalismus vs. Sozialismus, Ost vs. West und industrialisiert vs. prä- bzw. postindustriell stammen aus Zeiten, in denen der Gender-Doppelstandard, den wir oben untersucht haben, allgemein akzeptiert wurde. Deswegen sind diese Kategorien blind für den Einfluss der konstruierten Geschlechterrollen und -beziehungen auf das gesamte Gesellschaftssystem. Darüber hinaus blenden sie auch die frühen Kindheitsbeziehungen aus – obwohl diese grundlegenden Einfluss darauf haben, welche Art von Gesellschaft die Menschen akzeptieren und aufrechterhalten.[1]

Im Gegensatz dazu berücksichtigen die Kategorien des Partnerschafts- und des Dominanzsystems die *gesamte* Menschheit – nämlich sowohl die männliche als auch die weibliche Hälfte – und die *Gesamtheit* unserer Lebensbereiche – sowohl den öffentlichen Bereich, der vor nicht allzu langer Zeit noch als »Männerwelt« galt, als auch den privaten Bereich der Familie und anderer enger Beziehungen, auf den Frauen und Kinder traditionell beschränkt waren. Aus diesem umfassenderen Blickwinkel lassen sich Muster erkennen, die zuvor nicht erkennbar waren. Diese Muster – die nur sichtbar werden, wenn wir das vollständige Spektrum der Rollen und Beziehungen, die eine Gesellschaft ausmachen, berücksichtigen – bilden die Struktur eines Partnerschafts- bzw. Dominanzsystems.

Der Ausrichtungsgrad einer bestimmten Gesellschaft auf eines dieser beiden Systeme spielt eine entscheidende Rolle dabei, welche menschlichen Wesenszüge und Verhaltensweisen aus unserem großen Repertoire gestärkt bzw. eingeschränkt werden. In einem Partnerschaftssystem kann sich unser Potenzial an Bewusstheit, Fürsorge und Kreativität entfalten, während diese Fähigkeiten im Dominanzsystem eher eingeschränkt werden und es stattdessen einen Mangel an Empathie sowie Grausamkeit und Zerstörungswut hervorruft – ja, sogar auf diesen Eigenschaften beruht.

Im Menschen sind alle diese Eigenschaften und Verhaltensweisen biologisch angelegt. Es kann sein, dass manche Menschen eine genetische Disposition für die eine oder andere dieser Eigenschaften oder Verhaltensweisen haben.[2] Doch Psychologie und Neurowissenschaft haben gezeigt, dass die Lebenserfahrung eines Menschen – besonders die Erfahrungen, Beobachtungen und Beziehungen in der frühen Kindheit – einen entscheidenden Einfluss darauf haben, ob diese Disposition eingeschränkt wird oder zum Ausdruck kommt. Und aus der Anthropologie und der Soziologie wissen wir, dass die Lebenserfahrung, die Wahrnehmung und die Beziehungen der Menschen zum großen Teil von der Kultur geprägt werden, in der sie leben.

Wie sehr sich eine Kultur oder Subkultur nach dem einen oder anderen Ende des Partnerschafts-Dominanzkontinuums ausrichtet, führt zu unterschiedlichen Lebenserfahrungen und fördert unterschiedliche Arten von Beziehungen. Dominanzgeprägte Strukturen fördern Beziehungen, die auf autoritären, dominanzgeprägten Hierarchien beruhen und letztlich durch Angst und Zwang aufrechterhalten werden. Partnerschaftliche Strukturen begünstigen dagegen Beziehungen, die auf gegenseitigem Respekt, gegenseitiger Verantwortlichkeit und beidseitigem Gewinn basieren. Aus diesem Grund ist es wichtig, dass wir die Strukturen von Partnerschafts- und Dominanzsystemen verstehen, wenn wir die Beziehungen zu uns selbst, zu anderen und zur Natur positiv verändern wollen.

4.2 Dominanzgeprägte Strukturen

Zu den Gesellschaften des 20. Jahrhunderts, die sich durch besondere Brutalität, Gewalttätigkeit und Unterdrückung auszeichneten, gehörten das technisch hoch entwickelte, westliche und rechtsgerichtete Hitler-Deutschland, die säkulare, linksgerichtete UdSSR Stalins, der religiöse, östliche Iran Khomeinis und das ebenfalls religiöse und östliche Afghanistan der Taliban ebenso wie Idi Amins stammesgesellschaftliches Uganda. Die Unterschiede zwischen diesen Gesellschaften sind offensichtlich – und doch haben sie alle eine Gemeinsamkeit: Sie basieren auf stark dominanzgeprägten Strukturen – unter anderem auf hierarchischen Wirtschaftsinstitutionen und -praktiken, die eher von Rücksichtslosigkeit als von Werten der Fürsorge gekennzeichnet sind.

Das erste grundlegende Element dominanzgeprägter Strukturen ist eine autoritäre, durch physische, psychologische und wirtschaftliche Kontrolle aufrechterhaltene Hierarchie in sämtlichen gesellschaftlichen Institutionen, angefangen von den Familien bis hin zu Staat und Wirtschaft.

Als zweites Grundelement kann ein hohes Maß an Missbrauch und Gewalt betrachtet werden. In gewissem Maße gibt es Missbrauch und Gewalt in jeder Gesellschaft, doch in Dominanzsystemen werden sie institutionalisiert und idealisiert – angefangen von der Gewalt gegen Ehefrauen und Kinder bis hin zu Pogromen, Lynchmorden und ständigen Kriegshandlungen. Damit werden die autoritären, dominanzgeprägten Hierarchien aufrechterhalten – Mann über Frau, Mensch über Mensch, Menschen hellerer Hautfarbe über Menschen dunklerer Hautfarbe, Religion über Religion und Land über Land.

Ein drittes Grundelement des Dominanzsystems besteht in der dogmatischen Überordnung einer Hälfte der Menschheit über die andere.[3] Als Hitler an die Macht kam, lautete die Parole des Nationalsozialismus, die Frau solle wieder zurück an den Herd[4] – und das war auch der Schlachtruf im Iran unter Khomeini und im Afghanistan der Taliban. Auch Stalin verfolgte eine Politik, in der frühere Schritte, die Lenin politisch auf dem Weg zu einer Gleichberechtigung von Frau und Mann unternommen hatte, wieder zurückgenommen wurden.[5] Und in Idi Amins Uganda hatten Frauen eine derart untergeordnete Position, dass in ländlichen Gegenden noch bis in die 1980er erwartet wurde, dass sie niederknieten, wenn sie mit einem Mann sprachen.[6]

Unsere Spezies in Über- und Untergeordnete einzuteilen ist ein zentrales Element ungerechter, despotischer und gewalttätiger Kulturen und Gesellschaften und führt dazu, dass die Menschen in diesen Kulturen es bereits als Kinder verinnerlichen, *sämtliche* Unterschiede mit einer Über- und Unterordnung gleichzusetzen – unabhängig davon, ob sich die Unterschiede auf die Hautfarbe, die Religion oder die Ethnie beziehen.

Die hierarchische Betrachtungsweise unserer Spezies zeigt sich auch in einem verzerrten Wertesystem. Zusammen mit der Überordnung des Mannes über die Frau geht auch eine Überordnung von »harten« oder »männlichen« Eigenschaften und Verhaltensweisen über als »weich« oder »weiblich« geltende Eigenschaften einher. So werden »heldenhafte« Gewalt und »mannhafter« Eroberungsdrang in Form von Rüstungsausgaben höher bewertet als Fürsorge, Gewaltlosigkeit und Care-Arbeit. Diese »weiblichen« Werte und Tätigkeiten werden Frauen und »verweiblichten« Männern zugeschrieben und erhalten nur wenig politische Unterstützung.

Und das bildet wiederum die Grundlage für das vierte Grundelement eines Dominanzsystems, nämlich Überzeugungen und Geschichten, die Dominanz und Gewalt als unausweichlich, ja sogar als moralisch geboten rechtfertigen. In dominanzgeprägten Kulturen und Subkulturen wird gelehrt, dass es ehrenhaft und moralisch geboten sei, Angehörige von Nachbarvölkern zu töten, Frauen zu steinigen, »minderwertige« Menschen zu versklaven und Kinder durch Schläge gefügig zu machen. Krieg wird nicht nur in religiösen, sondern auch in säkularen Dominanzkulturen als »heilig« betrachtet. In der Hitlerjugend lernten die Kinder, dass das Töten von Feinden und die Reinerhaltung der Rasse eine heilige Mission seien – was an die unmenschlichen Terroranschläge unserer Tage erinnert, die unter Berufung auf Gott gerechtfertigt werden.

Sämtliche gesellschaftlichen und wirtschaftlichen Institutionen in Dominanzsystemen werden von diesen vier Grundelementen geprägt: einer autoritären, hierarchischen Struktur, einem hohen Maß an Missbrauch und Gewalt, einer Überordnung der Männer über die Frauen sowie Überzeugungen, die Dominanz und Gewalt als unausweichlich und moralisch geboten rechtfertigen.

4.3 Dominanzgeprägte Wirtschaftssysteme

Dominanzgeprägte Wirtschaftssysteme basieren auf dominanzgeprägten Hierarchien. Wirtschaftliche Regeln sowie Wirtschaftspolitik und -praxis begünstigen diejenigen, die sich am oberen Ende der Hierarchie befinden, und schenken denen am unteren Ende nur wenig bis gar keine Beachtung, da diese als von Natur aus untergeordnet betrachtet werden – oder man annimmt, dass sie verdienterweise in dieser Position sind, weil sie nicht hart genug gearbeitet haben, um ihre Situation zu verbessern.

Die Top-Down-Hierarchien in den Wirtschaftsinstitutionen von Dominanzsystemen werden durch dominanzgeprägte Strukturen aufrechterhalten, die bewirken, dass sich die wirtschaftliche Kontrolle in den Händen derjenigen konzentriert, die sich am oberen Hierarchieende befinden. Dabei beruhen diese Strukturen nicht allein auf den für die Wirtschaft geltenden Gesetzen und Regeln, sondern entstehen vielmehr auf der Grundlage sämtlicher Gesetze, Regelungen, Überzeugungen, Gewohnheiten und Normen in der entsprechenden Gesellschaft und werden von diesen getragen.

Wie wir gesehen haben, wirken sämtliche Institutionen wie Familie, Bildung, Religion und Regierung mit den Wirtschaftsinstitutionen zusammen und halten so den grundlegenden Charakter einer Gesellschaft aufrecht, wobei – wie wir ebenfalls festgestellt haben – die in der frühen Kindheit verinnerlichten kulturellen Normen sowie die Geschlechterbeziehungen von besonderer Bedeutung sind, da die Menschen dadurch schon früh verinnerlichen, welche Arten von Beziehungen, Gesellschaftsstrukturen und Verhaltensweisen als normal und wünschenswert gelten.

Ausgehend von dem Doppelstandard für Männer- bzw. Frauenarbeit stützt sich ein dominanzgeprägtes Wirtschaftssystem auf die Abwertung und die Ausbeutung der überlebensnotwendigen Beiträge von Frauen und »Mutter Natur«. Und auch wenn Männer gewisse Vorteile aus diesem Gender-Doppelstandard ziehen, werden diese Vorteile bei weitem von den Nachteilen überwogen. Der Preis, den Männer in Dominanzsystemen zahlen müssen, ist hoch – angefangen von der Kontrolle durch diejenigen, die in der Hierarchie über ihnen stehen, bis hin zu den Verstümmelungen und Verletzungen in den ständigen Kriegen.

Wenn Kindern beigebracht wird, dass die eine Hälfte unserer Spezies dazu ausersehen ist, bedient zu werden, und die andere Hälfte zu dienen, verinnerlichen sie ein Modell der wirtschaftlichen Ungleichheit, das sie dann sämtlichen Beziehungen zugrunde legen und so unbewusst Unterordnung und wirtschaftliche Ausbeutung untergeordneter Outgroups durch übergeordnete Ingroups zu akzeptieren lernen.

In feudalistischen und monarchischen Zeiten war diese sich gegenseitig verstärkende Wechselwirkung zwischen der Geschlechterhierarchie und einem ungerechten Gesellschafts- und Wirtschaftssystem ganz offensichtlich. In diesen strikt männlich dominierten Zeiten lebten Kaiser, Könige und Adlige im Luxus, während die Frauen und Männer, die von morgens bis abends für diese Höherstehenden arbeiteten und deren Tische und Truhen füllten, kaum genug zum Überleben hatten.

Immer wenn in späteren Zeiten wieder Dogmen über die Unterlegenheit der Frau auftauchten, wurde diese Wechselwirkung erneut deutlich, denn das waren typischerweise Zeiten, in denen die wirtschaftliche Kluft zwischen den oberen und unteren Gesellschaftsschichten sich vertiefte. In der Zeit der »Räuberbarone«, also in der Frühzeit des Industriekapitalismus, als Arbeitskräfte oft gnadenlos ausgebeutet wurden, begegneten Sozialdarwinisten feministischen Forderungen beispielsweise mit dem Argument, dass die Frau dem Mann von Natur aus unterlegen sei. Und in heutiger Zeit, in der sich die wirtschaftlichen Unterschiede erneut verschärfen und angesichts von Obdachlosigkeit und Hunger dennoch Führungskräften Jahresgehälter von mehreren Millionen Dollar gezahlt werden, behaupten manche Soziobiologen und Evolutionspsychologen, die Herrschaft des Mannes über die Frau sei ein evolutionärer Imperativ.

Ich will hier noch einmal betonen, dass wirtschaftliche Ungleichheit kein Alleinstellungsmerkmal des unregulierten Kapitalismus ist, sondern vielmehr ein generelles Merkmal von dominanzgeprägten Wirtschaftssystemen. In der ehemaligen kommunistischen Sowjetunion aßen die am oberen Hierarchieende Kaviar und lebten in luxuriösen Appartements oder Landvillen, während sich die meisten Familien in überfüllten Wohnungen zusammendrängten und Frauen stundenlang für lebensnotwendige Güter anstehen mussten.

Ein weiteres Merkmal dominanzgeprägter Wirtschaftssysteme ist die Korruption. Nicht umsonst heißt es, dass Macht korrumpiert. Und obwohl dies durchaus nicht unausweichlich der Fall sein müsste, ist Korruption Dominanzsystemen inhärent, was bedeutet, dass rücksichtslos auf Kosten anderer (vor allem derjenigen, die in der Hackordnung niedriger stehen) eigene Gewinne oder Gewinne für die eigene Gruppe eingefahren werden. Diese unehrenhafte Praxis in Unternehmen und Regierungen hat eine lange Tradition und erst mit dem Wandel hin zu einem Partnerschaftssystem konnten Konzepte wie Transparenz in Unternehmen und Politik allmählich Fuß fassen.[7]

In stark dominanzgeprägten Kulturen ist die Bestechung auf sämtlichen Regierungsebenen – vom niederrangigsten lokalen Amtsträger bis zum obersten Staatsbeamten – oft noch eine akzeptierte Praxis. In den USA bestimmen großzügige Spender oft noch die Gesetzgebung zu ihren Gunsten – und zu Lasten der Steuerzahler. Und es ist durchaus üblich, dass wissenschaftliche Studien von Pharmaunternehmen oder anderen Unternehmen finanziert werden, die ein eigennütziges Interesse an bestimmten Studienergebnissen haben. Häufig kommt es auch vor, dass sich – wie die Beispiele von Enron, WorldCom oder Tyco zeigen – Unternehmensfunktionäre mithilfe kreativer Buchhaltung auf Kosten von Angestellten und Aktionären bereichern. Dies geschieht nicht deswegen, weil der Mensch von Natur aus schlecht ist, wie manche behaupten, aber es sind auch nicht nur einfach ein paar faule Äpfel, die andere in Unternehmen und Regierungen anstecken. Vielmehr ist Korruption traditionell tief in dominanzgeprägten Hierarchien verwurzelt, in denen Fürsorge und Mitgefühl systematisch verhindert werden. Dies ist nur eine von vielen Arten, wie das Marktgeschehen in dominanzgeprägten Wirtschaftssystemen negativ beeinflusst wird. In stark dominanzgeprägten Gesellschaften wird das Marktgeschehen nämlich weniger durch Angebot und Nachfrage bestimmt, sondern dahingehend verzerrt, dass die am oberen Hierarchieende auf Kosten der Menschen am unteren Ende Gewinne erzielen.

Ein weiteres Kennzeichen streng dominanzgeprägter Regime sind unverhohlene Enteignungen. Stalin ließ Millionen von selbstständigen Bauern (Kulaken) von seinem Regime ermorden und eignete sich dann ihr Land an. Khomeini konfiszierte das Eigentum der Kurden und der Bahai – seine fundamentalistische Regierung terrorisierte die Angehörigen dieser Outgroups solange, bis sie flohen, bzw. ermordete sie einfach im Namen Gottes und der Sittlichkeit. Im Nationalsozialismus wurde der beschlagnahmte Besitz einer weiteren geschmähten Outgroup, nämlich der jüdischen Bevölkerung, zum Wiederaufbau der deutschen Wirtschaft verwendet. Die Nationalsozialisten beschlagnahmten die Häuser, Kunstgegenstände und Bankkonten jüdischer Familien – auch die meiner Eltern. NSDAP-Mitglieder wurden mit der Beute aus diesen legalisierten bewaffneten Raubüberfällen belohnt. Jüdische Frauen, Männer und Kinder wurden in Konzentrationslagern zusammengetrieben und ermordet – oder mussten wie meine Eltern fliehen.

All dies geschah im Namen von Rassenreinhaltung oder Gott, dem Vorwand, das Übel des Privateigentums ausmerzen zu wollen und anderen Parolen zur Rechtfertigung von Gefühlskälte, Brutalität und Gier. Sie dienen alle dazu, eine grundlegende Wahrheit zu verschleiern, nämlich dass es unmenschlich und moralisch nicht zu rechtfertigen ist, andere zu verletzen und zu unterdrücken.

Tatsächlich wird das Dominanzsystem durch Verdrängung aufrechterhalten. Es schränkt das Bewusstsein dermaßen ein, dass der Schaden, den man sich oder anderen zufügt, nur mit Mühe wahrgenommen werden kann. Dieses fehlende Bewusstsein ist notwendig, um die Ingroup-versus-Outgroup-Hierarchie überhaupt aufrechterhalten zu können.

Selbst in Gesellschaften, die auf dem Partnerschafts-Dominanz-Kontinuum weiter vom Dominanzende entfernt sind als die hier beschriebenen, können ähnliche Dynamiken beobachtet werden, wenn auch in weniger offensichtlicher und brutaler Form. In jüngerer Zeit hat in den USA eine Rückentwicklung hin zu einem Dominanzsystem stattgefunden: Die politische und wirtschaftliche Macht konzentriert sich wieder am oberen Hierarchieende und es gibt massive Investitionen, mit denen das patriarchalische Familienmodell wieder eingeführt werden soll. Auch die Außenbeziehungen der USA sind weiterhin von Gewalt geprägt und die Fremdenfeindlichkeit im Land steigt an. Bereits eingeführte Maßnahmen für eine bessere soziale Absicherung werden wieder aufgehoben und stattdessen treten Regelungen, Maßnahmen und Praktiken in Kraft, welche die mächtigen Ingroups begünstigen, während sie den abgehängten Outgroups nur wenig bis gar keine Beachtung schenken.

Natürlich haben die führenden Politikerinnen und Politiker in den USA den Besitz der »untergeordneten« Outgroups nicht konfisziert und direkt an ihre Clique weitergereicht – sie haben das elegant durch die Verteilung von Steuereinnahmen von unten nach oben gelöst, indem sie mittelmäßigen Unternehmen unter ihrer Patronage lukrative Aufträge zuschanzten und gleichzeitig Sozialleistungen für die Bedürftigen strichen. Auf dem Weg zurück in ein Dominanzsystem wurden Hilfen für sozialschwache Kinder und Familien gekürzt, während Steuereinnahmen in Form von freihändig vergebenen Aufträgen und Steuersenkungen an Großunternehmen und andere wichtige Parteispender weitergereicht wurden. Außerdem wurden bereits eingeführte Umwelt- und Verbraucherschutzmaßnahmen aufgehoben bzw. nicht durchgesetzt und auch die offensichtlichsten Verstöße gegen das Anti-Kartell-Gesetz geflissentlich übersehen.

Diese Entwicklungen geschehen nicht zufällig – sie sind Dominanzsystemen inhärent. In einer Gesellschaft, die sich vornehmlich an diesem System orientiert, kann es keine gerechte Wirtschaftspolitik geben. Ein nachhaltiges, auf Fürsorge basierendes Wirtschaftssystem kann nur dann gelingen, wenn eine Gesellschaft sich stärker zum Partnerschaftsende des Kontinuums hinbewegt.

4.4 Partnerschaftliche Strukturen

Kulturen, die auf das Partnerschaftsende des Partnerschafts-Dominanz-Kontinuums ausgerichtet sind, gehen über die konventionellen Kategorien wie religiös oder säkular, Ost oder West, industrialisiert oder prä- bzw. postindustriell hinaus. Solche Kulturen finden sich in Stammesgesellschaften wie zum Beispiel bei den Teduray auf den Philippinen (untersucht von Stuart Schlegel, einem Anthropologen der University of California) ebenso wie in Agrargesellschaften wie zum Beispiel bei den Minangkabau auf Sumatra (untersucht von Peggy Reeves Sanday, einer Anthropologin der University of Pennsylvania).

Es kann sich dabei aber auch um technisch hoch entwickelte Gesellschaften wie in Schweden, Norwegen oder Finnland handeln. Tatsächlich lassen sich heute in vielen Ländern Entwicklungen hin zu einem Partnerschaftssystem beobachten.

Das erste und grundlegendste Element eines Partnerschaftssystems sind demokratische und egalitäre Strukturen *sowohl* in Familien *als auch* in der Gesellschaft insgesamt. Das bedeutet jedoch nicht, dass eine Ausrichtung auf ein Partnerschaftssystem mit dem völligen Fehlen von Hierarchien oder Führung einhergeht. Auch in Partnerschaftssystemen tragen Eltern, Lehrende oder Führungskräfte die Verantwortung für ihre Kinder, Schüler oder Angestellten. Der grundlegende Unterschied besteht darin, dass es sich hierbei nicht um auf Kontrolle und Angst beruhende Hierarchien handelt, die ich als *dominanzgeprägte Hierarchien* bezeichne, sondern um *funktionelle Hierarchien*, in denen Eltern, Lehrende und Führungskräfte begeistern, unterstützen und stärken, anstatt andere zu schwächen – dieses Thema wird im Weiteren noch ausführlicher behandelt.

Das zweite Grundelement eines Partnerschaftssystems besteht darin, dass Missbrauch und Gewalt kulturell nicht akzeptiert sind, was zu mehr Vertrauen und gegenseitigem Respekt führt. Zwar treten auch in diesen Systemen Missbrauch und Gewalt auf, aber da diese nicht notwendig sind, um die autoritären, dominanzgeprägten Hierarchien aufrechtzuerhalten, werden sie nicht institutionalisiert oder idealisiert, sondern missbilligt und sanktioniert.

Gleichberechtigung und Partnerschaftlichkeit zwischen Frauen und Männern bilden das dritte Grundelement – was dazu führt, dass Eigenschaften und Verhaltensweisen wie Friedfertigkeit und Fürsorge, die in Dominanzsystemen als weibisch abgewertet werden, für Männer wie Frauen als *gleichermaßen* wünschenswert gelten und in der Wirtschafts- und Gesellschaftspolitik Wertschätzung erfahren.

Diese Wertschätzung ist grundlegend für ein Wirtschaftssystem, das auf gegenseitigem Respekt, gegenseitiger Verantwortlichkeit und beidseitigem Vorteil beruht. Das bedeutet keineswegs, dass in Partnerschaftssystemen völlige wirtschaftliche Gleichheit herrscht – es gibt jedoch keine große Kluft zwischen Reich und Arm. Da Fürsorge und Care-Arbeit in partnerschaftlichen Gesellschaften keine Abwertung erfahren, können darüber hinaus wirtschaftliche Handlungsweisen von einem Ethos der Fürsorge gegenüber uns selbst, gegenüber anderen und gegenüber unserer Mitwelt geleitet werden.

Und damit kommen wir zum vierten Grundelement des Partnerschaftssystems: Den Überzeugungen und Geschichten, die eine ausgewogenere und positivere Sichtweise der menschlichen Natur ermöglichen. Auch in Partnerschaftssystemen werden Grausamkeit, Gewalt und Unterdrückung als potenziell menschlich erkannt – doch hält man diese Phänomene nicht für unausweichlich, geschweige denn für moralisch gerechtfertigt. Stattdessen fördern die kulturellen Werte und Überzeugungen in Partnerschaftssystemen Beziehungen, die von Mitgefühl und gegenseitigem Respekt getragen werden – und innerhalb dieser Systeme greift man generell eher auf positive als auf negative menschliche Motivationen zurück.

Natürlich sind auch Gesellschaften, die stark zum partnerschaftlichen Ende des Partnerschafts-Dominanz-Kontinuums tendieren, keineswegs perfekt, aber ihre Überzeugungen und Institutionen – von Familie und Bildung bis hin zu Politik und Wirtschaft – fördern den Respekt vor den Menschenrechten und unserem natürlichen Umfeld. Es handelt sich dabei um demokratische Kulturen, in denen keine große Kluft zwischen Arm und Reich herrscht. Fürsorglichkeit und Friedfertigkeit gelten für Männer wie für Frauen als gleichermaßen wünschenswert und werden gesellschaftlich und wirtschaftlich gefördert.

4.5 Antriebskräfte in der Gesellschaft

Das Vermeiden von Schmerzen und das Herbeiführen von Wohlbefinden sind zwei Grundmotivationen des Menschen, mit denen sowohl Partnerschafts- als auch Dominanzsysteme arbeiten – wenn auch mit sehr unterschiedlichen Schwerpunkten.

Die Hauptantriebskraft in Dominanzsystemen ist die Angst vor Schmerzen – sei es durch Bestrafung durch Übergeordnete oder durch den Verlust von Macht und Status. Aus diesem Grund basieren zahlreiche frühere Theorien zu einer effektiven Arbeitsplatzgestaltung auf der Vorstellung, dass Angestellte umso härter arbeiten, je mehr Druck auf sie ausgeübt wird.

Mittlerweile haben die meisten Fachleute der Unternehmensführung jedoch erkannt, dass Menschen sehr viel bessere Leistungen zeigen, wenn sie angstfrei arbeiten können und sich sicher und anerkannt fühlen. Sie haben festgestellt, dass es nicht nur zu gesteigerter Produktivität und einer stärkeren

Unternehmensbindung führt, wenn diese Prinzipien am Arbeitsplatz gelten, sondern dass auch Kreativität, Risikobereitschaft und Innovation zunehmen – etwas, das Gifford und Libba Pinchot als »Intrapreneurship« bezeichnen.[8] Immer mehr erfolgreiche Unternehmen erkennen, dass Wertschätzung und Fürsorge das Wohlbefinden der Menschen steigern und sie dadurch am besten zu durchgehend herausragender Leistung motiviert werden können.

In den USA (in denen es weder eine staatlich finanzierte Gesundheitsfürsorge noch Elternzeit oder Zuschüsse zur Kinderbetreuung gibt) konnte flächendeckend festgestellt werden, dass es sich für Unternehmen auszahlt, wenn sie sich um ihre Mitarbeiter und deren Familien kümmern. So bemerkt Katharine Stevens in ihrem Resümee über die wirtschaftlichen Vorteile guter Kinderbetreuung und Bildung, dass sich in den USA bezahlbare und zuverlässige Kinderbetreuungsangebote für Angestellte langfristig durch geringere Fehlzeiten, niedrigere Mitarbeiterfluktuation und gesteigerte Produktivität auszahlen.[9] In einer anderen Studie wurde festgestellt, dass diejenigen Unternehmen, die auf den Ranglisten von *Working Mothers* und *Fortune* als »beste Arbeitgeber« zu finden sind, höhere Renditen für ihre Aktionäre vorweisen können. Dabei handelt es sich um Unternehmen, die sich gute Gesundheitsvorsorge, Kinderbetreuungsangebote, flexible Arbeitszeiten und andere Leistungen für ihre Mitarbeiter und deren Familien auf die Fahnen geschrieben haben.[10]

Außerdem haben Studien gezeigt, dass eine positive Firmenkultur, in der Angestellte gehört werden und gute Leistungen erhalten, die Arbeitszufriedenheit und damit die Produktivität steigert. So ist die Arbeitsmoral in Unternehmen hoch, die zum Beispiel Fortbildungen finanzieren, Mitgliedschaften in Fitnessstudios anbieten und ihre Angestellten in die Auswahl neuer Mitarbeiter miteinbeziehen.[11] Kurz gesagt: Wenn Beschäftigte sich weniger unter Druck und stärker wertgeschätzt fühlen und sich bei ihrer Arbeit und an ihrem Arbeitsplatz wohlfühlen, sind sie am produktivsten.

Dieser Wandel, vornehmlich auf positive Motivatoren anstatt auf negative Motivatoren wie Angst und Schmerz zu setzen, vollzog sich allerdings nicht in einem Vakuum, sondern ist Teil eines Wandels der Gesellschaft insgesamt. Dabei handelt es sich um den Übergang von einem Dominanzsystem zu einem Partnerschaftssystem, der – wie wir im Folgenden sehen werden – nicht nur in Unternehmen stattfindet, sondern in sämtlichen Institutionen und Beziehungen.

4.6 Partnerschaftliche Strukturen, Werte und Beziehungen

Eine demokratische und egalitäre Familien- und Gesellschaftsstruktur; ein niedriges Maß an Missbrauch und Gewalt; ein gleichberechtigtes und partnerschaftliches Verhältnis zwischen Männern und Frauen sowie Überzeugungen und Geschichten, die Beziehungen fördern, die auf gegenseitigem Respekt, gegenseitiger Verantwortlichkeit und beidseitigem Gewinn basieren – das sind die vier Grundelemente, die sämtliche gesellschaftlichen und wirtschaftlichen Institutionen und Beziehungen in einem Partnerschaftssystem prägen.

Wenn wir niedrigkomplexe Gesellschaften wie zum Beispiel die der Teduray betrachten, wird das Zusammenspiel dieser Elemente deutlicher. In einem Telefongespräch mit dem Anthropologen Stuart Schlegel erfuhr ich zum ersten Mal von dieser Stammesgesellschaft, die er, wie er mir erzählte, viele Jahre lang auf den Philippinen erforscht hatte. »Ich habe sie immer als grundlegend egalitär beschrieben«, meinte er, »nachdem ich nun Ihre Arbeiten gelesen habe, würde ich die im Wald lebenden Teduray ganz eindeutig als eine Partnerschaftsgesellschaft identifizieren.«

In seinem Buch *Wisdom from a Rainforest* berichtet Schlegel, dass bei den Teduray »alle Menschen – Frauen wie Männer, Erwachsene wie Kinder, die weisesten Schamanen wie die einfachsten Korbflechter – in der Gesellschaft als gleichwertig betrachtet wurden und das gleiche Ansehen erfuhren.«[12] Diese Wertschätzung, die jedem Einzelnen entgegengebracht wurde, spiegelte sich in allen Bereichen des Lebens und Arbeitens wider. So schreibt Schlegel:

»Obwohl die Frauen die Expertinnen für Schwangerschaft und Geburt waren, kümmerten sich Männern wie Frauen gleichermaßen um die kleinen Kinder, trugen sie herum und beteiligten sich an ihrer Erziehung. Ebenso war die – durchaus wahrgenommene – größere Stärke der Männer in keiner Weise ein Anlass dafür, die Überlegenheit des einen Geschlechts über das andere anzunehmen oder irgendeine Form gesellschaftlicher Unterdrückung, organisierter Kriegshandlungen oder Anhäufung von Besitz zu begründen. Unkrautjäten, Bäume fällen, Korbflechten, das Jagen wilder Schweine, Gebären oder sich als Vater um die Kinder kümmern – all das waren tatsächlich nur unterschiedliche, aber gleichwertige Tätigkeiten.

Die familiären und gesellschaftlichen Strukturen waren egalitär und die Beziehungen innerhalb der Gesellschaft waren friedlich und frei jeglicher

Rangordnung. Entscheidungen wurden in der Regel partizipatorisch gefällt und weiche, stereotypisch weibliche Tugenden wertgeschätzt. Das Wohl der Gemeinschaft war der Hauptmotivator für jegliche Tätigkeit und die Natur und der menschliche Körper erfuhren großen Respekt. Beim Einsatz von Technik lag der Schwerpunkt auf der Verbesserung und Erhaltung des Lebens.«[13]

Natürlich herrschte auch bei den Teduray nicht immer nur Frieden. In diesem Zusammenhang schreibt Schlegel: »Gelegentlich kam es vor, dass sie Gewalt anwendeten, um Probleme zu lösen, obwohl ihre Überzeugungen und Institutionen allesamt darin übereinstimmten, dass Gewalt immer falsch sei.«[14] Allerdings gab es in ihrer Kultur ausgeklügelte Mechanismen zur Vermeidung von Fehden: Weise Rechtsprecher von beiden Seiten versuchten, eine Einigung auszuhandeln. Dabei konnten Männer wie Frauen gleichermaßen die Rolle der Rechtsprechenden übernehmen.

Auch die Agrargesellschaft der Minangkabau mit ihren über zwei Millionen Angehörigen ist ein anschauliches Beispiel dafür, wie sich die vier Grundelemente des Partnerschaftssystems gegenseitig verstärken. Die Anthropologin Peggy Reeves Sanday, die über mehr als zwanzig Jahre hinweg immer wieder eine Zeitlang in dem Minangkabau-Dorf Belubus lebte, berichtet, dass die Gesellschafts- und Familienstrukturen in dieser Kultur auf gegenseitigem Respekt und gegenseitiger Fürsorge basieren anstatt auf dominanzgeprägten Rangordnungen und Unterwerfung.[15] Die Ausrichtung der Minangkabau auf das Partnerschaftssystem zeigt sich darin, dass bei ihnen weder Frauen noch Männer dominieren. Die Gesellschafts- und Familienstrukturen sind eher egalitär und Gewalt ist weder institutionalisiert, noch wird sie idealisiert.

Das fängt damit an, dass bei den Minangkabau wie bei den Teduray in der Kindererziehung keine Gewalt angewandt wird. »Kinder werden weder autoritär noch mittels Strafe erzogen«, schreibt Sanday und weiter: »Kinder werden nicht geschlagen und ich habe niemals gehört, dass eine Mutter ihr Kind anschreit… man geht davon aus, dass sie früher oder später lernen werden, sich wie ordentliche Minangkabau zu benehmen.«[16]

Obwohl Frauen und Männer bei den Minangkabau gleichwertig sind, wird die Abstammung des Kindes über die Mutter festgelegt. Bei der Vererbung männlichen Besitzes ist eine Verwandtschaftsbeziehung nicht von Bedeutung. Das könnte aus soziobiologischer Sicht zu der Annahme verleiten, dass bei den Minangkabau Väter im Leben der Kinder keine Rolle spielen, aber das tun sie durchaus. Allerdings besteht die Beziehung zwischen Vater und Kind nicht in Bezug auf die Vererbung von Land und Haus: Sie ist eher emotionaler als materieller Natur. Nago Besar, ein älterer Minangkabau, erklärt: »Wenn die biologische Vaterschaft im Vordergrund steht, wird die Aufmerksamkeit vom Wohl des Kindes abgelenkt.«[17]

Damit widersprechen die Minangkabau auch der berühmten Aussage von Claude Lévi-Strauss, nach der Männer Frauen austauschen, um soziale Verbindungen zwischen Familien und Gruppen herzustellen. Bei den Minangkabau werden die sozialen Verbindungen zwischen den Clans dadurch gefestigt, dass Mütter ihre Söhne in anderen Clans verheiraten. Anders als Tauschehen in dominanzgeprägten Kulturen werden diese Verbindungen nicht durch irgendeine Art von Aussteuer oder Mitgift bekräftigt. Im Einklang mit der partnerschaftlichen Ausrichtung der Kultur ist dieser Austausch ein gegenseitiger und sowohl die Familie der Braut als auch die des Bräutigams leisten einen Beitrag zum Ausrichten des Hochzeitsfests.

Natürlich ist das Leben der Minangkabau ebenso wie in anderen partnerschaftlich geprägten Kulturen nicht perfekt. Aber in dieser Kultur wird von Frauen wie Männern gleichermaßen erwartet, dass sie sich um die Kinder kümmern. So merkt Sanday an, dass Minangkabau von der Natur vor allem gelernt haben, dass in einer Gesellschaft Fürsorge (und nicht Herrschaft) am wichtigsten ist. Daraus ergibt sich, dass die gesellschaftlichen Institutionen Schwache schützen und Fürsorge begünstigen. Außerdem greifen die Minangkabau ebenso wie die Teduray auf Mediation zurück, um Gewalt zu verhindern und ein friedliches Zusammenleben zu fördern.

Die Minangkabau betrachten Fürsorge als Grundprinzip der Natur. So schreibt die Anthropologin Peggy Sanday: »Anders als Darwin im 19. Jahrhundert betrachten die Minangkabau männliche Dominanz und Wettbewerb – die wir als grundlegend für die menschliche Gesellschaft und die Evolution halten – als zweitrangig. Für sie steht die mütterliche Fürsorge an erster Stelle, die sie als notwendig für das Allgemeinwohl und eine gesunde Gesellschaft erkennen. […] So wie junge Pflanzen der Pflege bedürfen, benötigen auch Kinder Fürsorge, damit sie gedeihen und als Erwachsene ihr volles Potenzial und ihre Stärken entfalten können. Das bedeutet, dass eine Kultur vor allem darauf ausgerichtet sein muss, die Schwachen zu stärken und keine rohe Gewalt anzuwenden.«[18]

Diese für partnerschaftlich geprägte Kulturen charakteristische Orientierung an den lebenserhaltenden Kräften der Natur ist heute integraler Bestandteil der Umweltbewegung. Sie steht in krassem Gegensatz zu der naturfeindlichen Haltung, von der die einst so vergötterte »Eroberung der Natur« inspiriert war. Eine Haltung, die uns vor dem Hintergrund unserer aktuellen technologischen Entwicklung in eine evolutionäre Sackgasse führen könnte.

4.7 Partnerismus in Nordeuropa

Nun ließe sich anhand der Beispiele vermuten, dass Partnerismus zwar in weniger technisch fortgeschrittenen Gesellschaften wie denen der Teduray oder der Minangkabau möglich ist, komplexe Industriegesellschaften jedoch eine dominanzgeprägte Organisation benötigen. Doch die technisch hoch entwickelten Industrienationen in Nordeuropa sind gerade wegen ihrer partnerschaftlichen Prägung so außerordentlich erfolgreich.

Nordische Länder wie Schweden, Norwegen und Finnland haben ihre Gesellschaften mit demokratischer Politik und Wirtschaft geschaffen. Dort gibt es die für dominanzgeprägte Länder typische Kluft zwischen Arm und Reich nur in geringerem Umfang. Natürlich sind auch diese Länder keine idealen Gesellschaften, aber es ist ihnen gelungen, einen allgemein hohen Lebensstandard für alle, mehr Gleichberechtigung und ein niedriges Maß an Gewalt in der Gesellschaft zu erreichen. Studien haben gezeigt, dass die meisten Angestellten in den Ländern des Nordens zufriedener und glücklicher sind als Menschen in den USA – obwohl das BIP dort höher ist.[19]

Zu Beginn des 20. Jahrhunderts herrschte in den nordischen Ländern extreme Armut – der Lebensstandard war ebenso niedrig wie die Lebenserwartung. Hungersnöte führten zu Massenauswanderungen in die USA und andere Länder. Heute belegen diese Länder jedoch Spitzenplätze in den jährlichen UN-Berichten über die menschliche Entwicklung, in denen die Lebensqualität gemessen wird, und auf der Volkswirtschaften-Rangliste des Weltwirtschaftsforums, den jährlich erscheinenden *Global Competitiveness Reports*, befinden sie sich im oberen Drittel.[20]

Der wirtschaftliche Erfolg der nordischen Länder wurde zuweilen auf ihre relativ kleine und homogene Bevölkerung zurückgeführt. Aber in kleineren und sogar noch homogeneren Gesellschaften wie zum Beispiel manchen ölreichen Ländern des Nahen Ostens, in denen ein absoluter Konformitätszwang hinsichtlich der Zugehörigkeit zu einer religiösen Sekte und einer Bevölkerungsgruppe bzw. einem König herrscht, gibt es eine große Kluft zwischen Arm und Reich sowie andere typische Ungleichheiten dominanzgeprägter Systeme. Die Länder des Nordens sind auch keine sozialistischen Nationen – dort herrscht eine ausgesprochen gesunde Marktwirtschaft. Um zu verstehen, wie es den nordischen Ländern gelang, sich aus der Armut zu befreien und ein blühendes, soziales und gerechtes Wirtschaftssystem zu entwickeln, müssen wir andere Faktoren in Betracht ziehen.

Der Erfolg der nordischen Länder beruht darauf, dass sie partnerschaftliche Strukturen entwickelt haben, zu deren Grundelementen, wie wir gesehen haben, eine demokratischere und egalitärere Familien- und Gesellschaftsstruktur, eine niedrigere Gewaltrate und auch deutlich mehr Gleichberechtigung zwischen Frauen und Männern gehören.

In Schweden, Norwegen, Island, Dänemark und Finnland können Frauen politische Führungspositionen übernehmen – und tun dies auch. Tatsächlich haben Frauen in diesen Länder die höchsten politischen Ämter inne und ungefähr 40 Prozent der Parlamentsabgeordneten sind weiblich – das ist mehr als in irgendeinem anderen Land der Welt.

Wie bei den Teduray und den Minangkabau hat der höhere Status der Frauen auch in den nordischen Ländern enormen Einfluss darauf, wie Männer ihre Männlichkeit definieren. Je höher der Status der Frau, umso höher der Status von Fürsorglichkeit, Friedfertigkeit und anderen Eigenschaften, die in dominanzgeprägten Systemen als unmännlich gelten, weil sie mit den untergeordneten Frauen assoziiert werden. In partnerschaftlich geprägten Kulturen können auch Männer solche Eigenschaften und Tätigkeiten an sich selbst sowie innerhalb der Gesellschaft wertschätzen, weil Frauen eben nicht mehr als untergeordnet betrachtet werden.[21]

Mit dem höheren Status der Frauen im Norden gehen auch Maßnahmen einher, die mit Frauen assoziierte Werte und Tätigkeiten unterstützen. Diese stärker partnerschaftlich geprägten Länder waren Pioniere einer auf Fürsorge basierenden Politik zum Beispiel in Form staatlich subventionierter Kinderbetreuung, allgemeiner Gesundheitsfürsorge oder bezahlter Elternzeit. Damit machten sie das Leben für Familien einfacher und glücklicher und sorgten in der Folge auch für entspanntere und produktivere Arbeitskräfte. Tatsächlich bezeichnen diese Länder sich selbst als Gesellschaften, die auf Fürsorge basieren.

Auf ihrem Weg zu partnerschaftlichen Strukturen zeigten sich die nordischen Länder auch als Pioniere bei der Gesetzgebung, die Gewalt gegen

Kinder in Familien verbietet. Außerdem spielten sie eine Vorreiterrolle bei der gewaltfreien Konfliktlösung und riefen bereits die ersten Friedensforschungsprojekte ins Leben, als es im Rest der Welt noch nichts anderes gab als Kriegsakademien. Darüber hinaus gibt es dort auch eine starke Männerbewegung, die sich gegen Männergewalt gegen Frauen engagiert.[22]

Die Länder des Nordens sind auch Wegbereiter für umweltfreundliche industrielle Lösungen wie sie zum Beispiel durch die schwedische Non-Profit-Organisation Natural Step entwickelt werden. Und die nordischen Länder waren die ersten, die Gesetze gegen an Kinder gerichtete Werbung erließen, um dem ungezügelten Materialismus entgegenzuwirken, von dem die meisten Industrienationen befallen sind. Vor diesem Hintergrund überrascht es nicht, dass diese Länder auch einen größeren Anteil ihres Bruttosozialprodukts in internationale Entwicklungsprojekte investieren als andere entwickelte Länder, zum Beispiel in Projekte für eine gerechte wirtschaftliche Entwicklung, Umweltschutz und Menschenrechte.

Außerdem entwickelten die nordischen Länder nicht nur als erste eine stärker auf Partnerschaft ausgelegte Wirtschaftsordnung: Schweden und Norwegen waren auch Pioniere der Wirtschaftsdemokratie. Sie führten Studien durch, die zeigten, dass partizipatorische Strukturen – zum Beispiel Miteinbeziehung der Beschäftigten bei so grundlegenden Fragen wie der Organisation der Arbeitsprozesse oder der Zahl der Arbeitsstunden – äußerst effektiv sein können.

Darüber hinaus blicken die Länder des Nordens auf eine lange Genossenschaftsgeschichte zurück, also auf eine Tradition demokratisch geleiteter, genossenschaftlicher Unternehmen, die sich das Wohl der Gemeinschaft, in der sie tätig sind, als Leitprinzip auf die Fahnen geschrieben haben. Diese Genossenschaften spielen immer noch eine wichtige Rolle im Wirtschaftsleben des Nordens. COPAC (das Komitee zur Förderung und Entwicklung von Kooperativen, das sich in Zusammenarbeit mit den Vereinten Nationen darum bemüht, die nachhaltige Entwicklung von Genossenschaften zu fördern und zu koordinieren) berichtete 1997, dass in Finnland 79 Prozent der landwirtschaftlichen und 31 Prozent der forstwirtschaftlichen Produktion aus Genossenschaften stammen. Im gleichen Jahr lag der Anteil der schwedischen Versicherungsgenossenschaft Folksam an Wohngebäudeversicherungen bei 48,9 Prozent und an Unfall- und Gruppenlebensversicherungen bei 50 Prozent.[23] 2018 waren 90 Prozent der erwachsenen Finnen Mitglied in mindestens einer Genossenschaft.[24] Die finnischen Genossenschaften sind auch massiv an Projekten zu erneuerbaren Energien beteiligt und spielen eine Schlüsselrolle beim Übergang zu einem nachhaltigen Wirtschaften.[25]

4.8 Die Schaffung gesellschaftlicher und wirtschaftlicher Institutionen

Was wir hier beobachten, sind keine zufälligen, voneinander unabhängigen Entwicklungen, sondern rühren sämtlich daher, dass die Länder Nordeuropas eher partnerschaftlich als dominanzgeprägt sind. Dabei sind weder die Teduray, noch die Minangkabau oder die nordischen Länder »rein« partnerschaftliche Gesellschaften. Tatsächlich gibt es in der Praxis weder reine Dominanz- noch reine Partnerschaftssysteme. Der Unterschied zwischen den Systemen liegt darin, in welchem Ausmaß sie partnerschaftlich oder dominanzgeprägt sind. In partnerschaftlich geprägten Systemen sind die gesellschaftlichen Institutionen – von den Familien bis zu den Regierungen – auf gegenseitigen Respekt, gegenseitige Verantwortlichkeit und beidseitigen Gewinn ausgerichtet und nicht auf eine Machtkonzentration zugunsten der Übergeordneten. Außerdem werden partnerschaftliche Strukturen durch entsprechende gesellschaftliche Normen aufrechterhalten, also durch das, was in der jeweiligen Gesellschaft als normal und wünschenswert betrachtet wird.

An dieser Stelle möchte ich noch einmal betonen, dass partnerschaftlich geprägte Familien von grundlegender Bedeutung dafür sind, ob die Institutionen in einer Gesellschaft autoritär und ungerecht oder aber demokratisch und gerecht sind. Natürlich sind die Strukturen in partnerschaftlich geprägten Familien nicht vollständig demokratisch, da zum Beispiel kleine Kinder kein gleichberechtigtes Mitspracherecht bei allen Entscheidungen in der Familie haben können. Eltern müssen wichtige Entscheidungen für ihre Kinder treffen, die Kinder anleiten und ihnen zeigen, wo ihre Grenzen liegen und was von ihnen erwartet wird – denn das ist es, was Kinder brauchen. Allerdings wird Kindern in partnerschaftlich geprägten Familienstrukturen von Anfang an Respekt entgegengebracht und die Bezugspersonen gehen auf die Bedürfnisse und Wünsche der Kinder ein. Mit zunehmendem Alter werden die Kinder ermutigt, selbstständig zu denken und eigene Entscheidungen zu treffen, die wann immer möglich auch berücksichtigt werden. Es wird keine körperliche Gewalt eingesetzt und faires, fürsorgliches Verhalten wird vorgelebt und belohnt. Außerdem wird in partnerschaftlichen Familienstrukturen auch die Gleichberechtigung von Frau und Mann vorgelebt, anstelle von Ungleichheit und Autoritarismus wie es in den patriarchalischen Familien in traditionellen, dominanzgeprägten Gesellschaften der Fall ist. In partnerschaftlichen Familienmodellen werden Fürsorge und Care-Arbeit nicht als weich oder weiblich, sondern als integraler Bestandteil der menschlichen – also der weiblichen wie der männlichen – Identität betrachtet.

Wenn die in Familien geltenden Regeln und Normen Wertschätzung für Partizipation, Empathie, Fairness und Fürsorge widerspiegeln und entsprechendes Verhalten unterstützen, werden sich Menschen dies auch zum Vorbild für Beziehungsstrukturen in anderen Institutionen nehmen. Partnerschaftliche Familienstrukturen haben also grundlegenden Einfluss auf die Schaffung einer gerechteren und demokratischeren Wirtschafts- und Gesellschaftsstruktur, wobei auch Wirtschaft und Gesellschaft wiederum Einfluss auf die Familienstrukturen haben.

Denn wie bereits betont, bilden alle gesellschaftlichen Institutionen – angefangen von Familie, Bildung und Religion bis hin zu Politik und Wirtschaft – ein sich gegenseitig stützendes, interaktives Ganzes. Das heißt, dass sie in ihrem Zusammenspiel den grundlegenden Charakter einer Gesellschaft formen und aufrechterhalten.

Und die wirtschaftlichen Institutionen sowie die Wirtschaftspolitik und -praxis in einer Gesellschaft spielen – wie ebenfalls bereits betont wurde – eine besonders wichtige Rolle in diesem Wechselwirkungsprozess. In einem auf Top-Down-Rankings basierenden System sorgen die wirtschaftlichen Institutionen dafür, dass sich die Kontrolle über die Ressourcen in den Händen derjenigen konzentriert, die in diesem Ranking oben stehen. Das heißt, die wirtschaftlichen Institutionen sind so beschaffen, dass sie die wirtschaftliche Macht in den Händen einiger weniger konzentrieren und diesen Zustand aufrechterhalten und verfestigen. Und diese Macht dient wiederum dazu, den gesetzlichen Rahmen, die Regierungspolitik und die Spielregeln der Wirtschaft ebenso wie die öffentliche Kommunikation so zu beeinflussen, dass sie diese Machtkonzentration unterstützen. Aus diesem Grund ist es von entscheidender Bedeutung, die aktuelle Entwicklung zu stärker partnerschaftlich geprägten Strukturen, Regeln und Werten in der Wirtschaft zu beschleunigen.

In diesem Zusammenhang möchte ich nochmals auf eines der Hindernisse auf dem Weg zu partnerschaftlichen Wirtschaftsstrukturen hinweisen: den Irrglauben, dass nur dominanzgeprägte Strukturen wirtschaftlich effizient seien. Wie gezeigt wurde, erweisen sich partnerschaftliche Strukturen nicht nur als wirtschaftlich effizient, sondern bieten zusätzlich enorme menschliche und wirtschaftliche Vorteile. So machen zum Beispiel Genossenschaften einen großen Teil der EU-Wirtschaft und einen wachsenden Anteil an der Weltwirtschaft aus.[26] Dieser Erfolg ist unter anderem darin begründet, dass es in diesen partnerschaftlichen Strukturen gelingt, die Verantwortung gegenüber Gesellschaft und Mitwelt, Vorteile für die lokalen Kommunen sowie unternehmerisches Handeln mit Gewinnbeteiligungen und einem partizipativen Führungsstil zu verbinden.[27] Allerdings ist das Prinzip der Partnerschaftlichkeit nicht auf Genossenschaften beschränkt: Jede Art von Unternehmen kann gesellschafts- und umweltverantwortlich handeln, einen partizipativen Führungsstil pflegen und sich zur Rechenschaft gegenüber allen Stakeholdern verpflichten.

Auch die verbreitete Annahme, dass gut funktionierende partizipative Strukturen völlig hierarchiefrei seien, ist ein Irrglaube. Natürlich sind partnerschaftliche Gesellschafts- und Wirtschaftsstrukturen flacher als dominanzgeprägte und weisen sehr viel mehr Demokratie und Beteiligung in der Entscheidungsfindung auf – aber es gibt immer noch Regierungsverantwortliche, Manager in den Unternehmen, Eltern in den Familien und Lehrkräfte in den Schulen. Tatsächlich gibt es in partnerschaftlichen Institutionen sogar mehr Führungskräfte, da sich die Macht nicht in den oberen Rängen konzentriert und die Ideen aller Gruppenmitglieder wertgeschätzt werden.

Aus diesem Grund gibt es auch in partnerschaftlichen Gesellschafts- und Wirtschaftsstrukturen immer noch Hierarchien, doch dabei handelt es sich – wie bereits beschrieben – um *funktionelle Hierarchien* und nicht um *dominanzgeprägte.* In dominanzgeprägten Hierarchien muss den Anweisungen von Führungskräften widerspruchslos Folge geleistet werden, in funktionellen Hierarchien ziehen Führungskräfte dagegen eher andere Meinungen bei einer Entscheidungsfindung heran und berücksichtigen diese. In manchen Fällen werden Entscheidungen in partnerschaftlichen Strukturen dann gemeinsam getroffen, in anderen Fällen treffen Führungskräfte die Entscheidung, nachdem sie alle mit ihnen geteilten Meinungen und Informationen ausgewertet haben. In beiden Fällen wurden die Beteiligungen und diejenigen, die sich beteiligt haben, wahrgenommen und wertgeschätzt.

Der Unterschied zwischen partnerschaftlich und dominanzgeprägten Institutionen besteht auch nicht darin, dass die einen auf Zusammenarbeit und die anderen auf Wettbewerb beruhen, sondern darin, dass Macht, Zusammenarbeit und Wettbewerb je nach Ausmaß der partnerschaftlichen oder dominanzgeprägten Ausrichtung sehr unterschiedlich strukturiert sind.

In diesem Zusammenhang möchte ich auf Netzwerke hinweisen, die viele von uns (darunter auch ich) wegen ihres dezentralen Aufbaus als eine sich neu entwickelnde partnerschaftliche Sozialstruktur gepriesen haben.[28] Und tatsächlich bieten Netzwerke mehr Möglichkeiten zur demokratischen Beteiligung, da sie (anders als traditionelle, dominanzgeprägte Organisationsformen) Menschen durch freiwillige, auf Gegenseitigkeit beruhende, horizontale Kommunikations- und Austauschstrukturen verbinden. Leider ist mittlerweile jedoch klar geworden, dass auch Netzwerke effektiv zur Ausübung von Dominanz und Zerstörung genutzt werden können.

Die Netzwerkidee entstand in den 1960ern und ist heute noch verbreitet. Netzwerke dienen oft als Medium aktivistischer Bewegungen für ein mehr auf Fürsorge basierendes, gewaltfreieres und stärker partnerschaftlich orientiertes System wie zum Beispiel Bewegungen für Umweltschutz, Frauen- und Kinderrechte oder wirtschaftliche Gerechtigkeit. Allerdings wurden und werden Netzwerke auch zunehmend von Terrororganisationen, kriminellen Drogenkartellen und anderen genutzt, die uns in eine gewalttätigere, autoritärere und männerdominierte Lebenswelt zurückdrängen.

Das Netzwerkphänomen hat also durchaus seine Schattenseiten. David Ronfeldt und John Arquilla schreiben in »Networks, Netwars, and the Fight for the Future«, dass Netzwerke in unserer komplexen Welt als Organisationsform zunehmend an Bedeutung gewinnen und vergleichsweise neue Informationstechnologien wie das Internet diesen Trend noch verstärken werden, weil sie eine Ausweitung von Netzwerken mit nur geringem finanziellen Aufwand ermöglichen.[29] Die eigentliche Frage ist jedoch nicht, ob Netzwerke funktionsfähige Sozialstrukturen sind (denn das sind sie zweifellos), sondern ob sie zur Erreichung partnerschaftlicher oder aber dominanzgeprägter Ziele eingesetzt werden.

Dies führt uns zurück zu den Faktoren, die das Wesen von partnerschaftlichen oder dominanzgeprägten Institutionen bestimmen. Gesellschaftliche und wirtschaftliche Institutionen sind – anders als physische Konstrukte wie Häuser oder andere Gebäude – immaterieller Art. Sie bestehen aus den Überzeugungen, Gewohnheiten, Normen, Gesetzen, Regeln und sogar der Sprache einer spezifischen Kultur und verleihen gesellschaftlichen und wirtschaftlichen Institutionen ihren spezifischen Charakter. So gibt es in einer dominanzgeprägten Sprache nur zwei Begriffe, um die Beziehung zwischen Männern und Frauen zu beschreiben: Patriarchat oder Matriarchat – und damit lediglich Bezeichnungen für zwei Varianten dominanzgeprägter Strukturen. Im konventionellen Sprachgebrauch gibt es keine Bezeichnung für eine partnerschaftliche Variante dieser Beziehung.[30]

Da partnerschaftliche oder dominanzgeprägte Wirtschafts- und Gesellschaftsgebilde im größeren kulturellen Kontext eine so bedeutende Rolle spielen, reicht es nicht aus, sie einfach nur anhand ihrer Form zu unterscheiden. Wir müssen auch ihre Leitwerte berücksichtigen, die in die Kultur oder Subkultur eingebettet sind, zu der diese Gebilde gehören. In den folgenden Kapiteln werden wir die Wirtschaft weiterhin im Rahmen ihrer größeren gesellschaftlichen Matrix untersuchen und dabei Wechselwirkungen zwischen verschiedenen Faktoren betrachten wie auch den direkten Einfluss, den diese auf unser Glück, unsere Lebensqualität und unser natürliches Umfeld haben.

Kapitel 5
Ökonomie der Unterwerfung

Manche betrachten den Kapitalismus als Ungeheuer, das nach Ungerechtigkeit und Ausbeutung verlangt, um seinen unersättlichen Hunger zu stillen. Sie machen den Kapitalismus für all unsere Probleme verantwortlich und verweisen dabei auf umweltzerstörende Unternehmen, die das Wohl ihrer Mitarbeiter ebenso missachten, wie das Wohl der Kommunen, in denen sie tätig sind – und sogar das Wohl ihrer Anteilseigner. Eigentlich ist jedoch nicht der Kapitalismus das Ungeheuer, sondern die ihm zugrunde liegenden dominanzgeprägten Überzeugungen, Strukturen und Gewohnheiten, die wir aus früheren Zeiten übernommen haben.

Die Praktiken des Raubtierkapitalismus haben unbestreitbar enormen Schaden angerichtet – doch lange bevor die Milliardärsgarde des Kapitalismus riesige Vermögen anhäufte, horteten ägyptische Pharaoninnen und Pharaonen sowie die chinesischen Kaiser die Reichtürmer ihrer Länder. In Indien forderten die Herrscher Gold und Silber als Tribut, während die unteren Kasten in abgrundtiefem Elend hausten. Und während die Kriegsfürsten im Nahen Osten brandschatzten, plünderten und ihre Leute in Angst und Schrecken versetzten, metzelten die Feudalherren in Europa ihre Nachbarn nieder und unterdrückten ihre Untertanen. In all diesen präkapitalistischen Gesellschaften war es unvorstellbar, dass das gemeine Volk den Privilegierten gleichwertig sein könne. Wirtschaftliche Ausbeutung galt als normal und naturgegeben – genauso wie das Elend der Massen, denen gesagt wurde, dass ihre einzige Hoffnung ein gutes Leben nach dem Tod sei.

Das war jedoch nicht immer so. Es gibt Hinweise auf frühere Kulturen, in denen mehr Gleichheit herrschte, zum Beispiel die minoische Kultur auf Kreta, deren Blütezeit bis ungefähr 1400 v. Chr. andauerte. Die Liebe zur Schönheit, die Architektur, ein Hang zur Kunst und andere zivilisatorische Merkmale des antiken Griechenlands stammen aus dieser technisch hoch entwickelten prähistorischen Kultur. Die minoische Handwerkskunst und der Handel der Minoer waren zu ihrer Zeit von großer Bedeutung, was sich im Reichtum und dem allgemein hohen Lebensstandard dieser Gesellschaft widerspiegelte.

Zwar war die Gesellschaft des minoischen Kretas keine Idealgesellschaft, doch sie war tendenziell eher partnerschaftlich geprägt. Anders als in späteren Zivilisationen gab es in der minoischen Gesellschaft auf Kreta keine Sklavenhaltung, es gibt auch keine Hinweise auf Kriegshandlungen zwischen den unterschiedlichen Stadtstaaten auf der Insel und das Leben scheint von einem harmonischen Geist der freudigen und gleichwertigen Teilhabe von Männern und Frauen durchdrungen gewesen zu sein.[1] Der hohe Status der Frauen ist noch heute auf minoischen Fresken zu erkennen. So zeigt zum Beispiel das »Prozessionsfresko« in Knossos eine Hohepriesterin, der von Priesterinnen und Priestern Früchte und Wein dargeboten werden. Und auch die Liebe zur Natur findet in der wunderbaren minoischen Kunst Ausdruck. So schreibt der griechische Archäologe Nicolas Platon: »Das ganze Leben war durchdrungen von einem brennenden Glauben an die Gottheit Natur, die Quelle jeglicher Schöpfung und Harmonie.«[2]

Doch die Minoer mussten den Mykenern weichen, über die in Homers Epen berichtet wird. Die Mykener bewahrten zwar einen Teil des minoischen Erbes, doch lebten sie bereits in einer Kriegergesellschaft, in der Reichtum sehr viel mehr durch Eroberung als durch Handel erworben wurde. Auf die mykenische Herrschaft folgte eine Phase blutiger Konflikte und kulturellen Verfalls – das waren die Jahrhunderte, die von Historikern als »Dunkles Zeitalter Griechenlands« bezeichnet werden. Als sich dann in Athen und anderen griechischen Stadtstaaten der Antike wieder europäische Zivilisationen entwickelten, waren diese ganz anderer Natur als die minoische und andere frühe Kulturen, die eher partnerschaftlich geprägt gewesen waren.

5.1 Unser grausames wirtschaftliches Erbe

Uns wurde beigebracht, das Erbe der griechischen Antike zu idealisieren – und diese alte westliche Kultur weist sicherlich wundervolle Aspekte auf, die wir wertschätzen sollten. Allerdings hatte diese so hoch gepriesene Kultur auch ihre Schattenseiten, die deutlich werden, wenn wir die athenische Wirtschaft betrachten.

In Athen basierte die Wirtschaft zu einem großen Teil auf den Haushalten – und in diesen Haushalten herrschten autoritäre, dominanzgeprägte Hierarchien. Kinder galten in Athen als Eigentum der männlichen Haushaltsvorstände. Diese entschieden, ob ein Neugeborenes leben oder sterben sollte. Ein gesunder Junge hatte gute Überlebenschancen – bei einem Mädchen konnte es jedoch vorkommen, dass es aus den Armen seiner Mutter gerissen und zum Tode verurteilt wurde. Es war zwar verboten, Kinder einfach umzubringen, auch wenn dies letztlich das gnädigere Vorgehen gewesen wäre. Stattdessen galt es als akzeptiert, ungewollte Säuglinge auszusetzen. Das Kind verhungerte dann langsam, erfror oder wurde dem Heer der jungen Sklavenprostituierten zugefügt.

Auch wenn es in etlichen Büchern über das antike Griechenland nicht erwähnt wird: Die berühmte Demokratie in Athen basierte auf einer Sklavenhaltergesellschaft. Nur freie Männer, die Eigentum besaßen, konnten wählen oder ein Amt übernehmen. Der Rest der Bevölkerung – die weiblichen und männlichen Sklaven ebenso wie Frauen, die nicht den Status von Sklavinnen besaßen, hatten keinerlei politische und kaum bürgerliche Rechte.

Zwar gibt es Berichte über einzelne Sklaven und Sklavinnen, die ein gewisses Maß an Freiheit und Respekt genossen, doch die meisten von ihnen hatten ein schweres Leben. So berichtet der griechische Schriftsteller Demosthenes, dass es in Athen eine öffentliche Folterkammer für die gewohnheitsmäßige Folter von Sklaven bei Gerichtsverhandlungen gab, weil die Zeugenaussage eines Sklaven nur dann vor Gericht zulässig war, wenn sie unter Folter gemacht wurde. Die Bedingungen, unter denen Sklaven in Minen oder in den Häusern und auf den Feldern ihrer Herren arbeiteten, waren so schlecht, dass sie oft innerhalb weniger Jahre starben. Auch an den Rudern der berühmten athenischen Kriegsschiffe, den Trieren, saßen Sklaven und sahen einem frühen Tod entgegen, wenn das Schiff in Sturm oder Kampf sank. Haussklaven wurde oft etwas angelegt, das die Athener als »Schluckschutz« bezeichneten – dabei handelte es sich um eine Vorrichtung aus Holz, mit der die Kiefer so fixiert wurden, dass Sklaven, die sich um die Lebensmittel kümmern mussten, nicht davon essen konnten.[3]

Es gibt auch Berichte über einzelne Frauen, die Dichterinnen, Philosophinnen oder sogar politische Beraterinnen waren, wie zum Beispiel über Aspasia, die Gefährtin des berühmten Perikles, der während des Goldenen Zeitalters Griechenlands über Athen herrschte. Doch auch dies waren Ausnahmefälle. So weist die Altphilologin Eva Keuls darauf hin, dass Frauen in Athen noch nicht einmal Bürger zweiter Klasse waren. »Frauen genossen ebenso wenig wie Sklaven irgendeinen Rechtsschutz«, schreibt Keuls, »denn sie galten als Eigentum des Mannes.«[4] Wenn eine Frau von ihrem Vater Eigentum erbte, hatte sie kein Anrecht darauf, dieses zu nutzen – die Verfügungsgewalt lag bei ihrem Vormund. Tatsächlich waren »achtbare« freie Frauen keineswegs frei, sondern auf den Frauenbereich, den *Gynaikeion* beschränkt.

In Athen gab es sogar die *gynaikonomoi*, eine Art Sittenpolizei für Frauen, die laut Aristoteles dazu diente, die Bewegungsfreiheit von Frauen einzuschränken, um ihre »Unbeflecktheit zu schützen«. Mädchen wurden oft schon im Kindesalter verheiratet und hatten keinen Zugang zu Bildung. Auch war es »freien« Frauen selbst in ihren eigenen Häusern nicht erlaubt, nach eigenen Willen mit Männern gesellschaftlich zu verkehren.

Es scheint, als ob Männer »achtbare« Frauen vor allem als Haushälterinnen und Gebärerinnen von Söhnen betrachteten. Sexuelle Beziehungen hatten sie oft mit Prostituierten oder in homosexuellen Verbindungen zwischen älteren Männern und männlichen Jugendlichen. Wie für dominanzgeprägte Gesellschaften üblich, wurde auch in Hinblick auf die Sexualität mit zweierlei Maß gemessen. Männer genossen vollständige sexuelle Freiheit, die sie in vielfältiger Weise auslebten. Dazu gehörte auch die Veranstaltung der berühmten griechischen Symposien bei denen es sich – ganz anders als bei der aktuellen Verwendung des Begriffs in der Wissenschaftswelt – um Orgien handelte, die von den athenischen Männern in den *andrones*, den Männerbereichen im vorderen Teil der Häuser, abgehalten wurden.

Oft mussten Sklavinnen im Kindesalter den Männern als Prostituierte dienen und wurden dabei, wie Keuls schreibt, »automatisch den unvorstellbaren Grausamkeiten dieser Institution unterworfen, zu der Missbrauch durch ihre Besitzer, Folter, willkürliche Hinrichtung und jederzeit möglicher Verkauf an den Meistbietenden gehörten.«[5] Selbst die Prostituierten, die keine Sklavinnen waren, standen unter strenger Kontrolle. So berichtet Aristoteles, dass die Kontrolle der Preise für Prostitution in Athen ein wichtiges Thema war. Außerdem gab es Gesetze, die sicherstellten, dass »weibliche Flöten-, Harfen- oder Kitharaspielerinnen nicht mehr als zwei Drachmen für ihre Dienste verlangen dürfen.«[6] Das heißt, dass in den ohnehin nur wenigen Berufen, die Frauen offenstanden, die Einkommensmöglichkeiten stark eingeschränkt waren.

Zusammenfassend lässt sich sagen, dass nur eine kleine Minderheit der athenischen Bevölkerung die Wohltaten ihrer berühmten Demokratie genießen konnten. Die Mehrheit – also die männlichen und weiblichen Sklaven sowie auch die »freien« Frauen – waren im Grunde genommen lebendige Verfügungsmasse der freien Männer.[7]

Obwohl also griechische Philosophen wie Sokrates oder Platon zum Teil partnerschaftliche Werte vertraten, war die antike Kultur, aus der ein Großteil unserer Werte stammt, vornehmlich dominanzgeprägt. Das gilt auch für die jüdisch-christliche Tradition, die ebenfalls einen bedeutenden Einfluss auf die westliche Kultur hat. Zwar stehen Friedfertigkeit, Fürsorge und Mitgefühl im Zentrum jüdisch-christlicher Werte, aber viele der biblischen Traditionen gingen aus brutalen Stammesgesellschaften hervor und die Auswirkungen dieser dominanzgeprägten griechischen und jüdisch-christlichen Traditionen sind in unseren heutigen westlichen Wirtschaftssystemen noch spürbar.

5.2 Unmenschliche und ineffiziente Wirtschaft

Zu diesen Traditionen gehört die Top-Down-Kontrolle in der Wirtschaft. In dominanzgeprägten Stammesgesellschaften besaßen die Anführer mehr Frauen, Vieh und Land als andere Männer. Manchen dieser Anführer gelang es durch Raubzüge bzw. später durch Eroberungskriege, den Großteil der Produktivkräfte, also Produktionsmittel und Ressourcen, inklusive der Arbeitskraft der eroberten Völker, unter ihre Kontrolle zu bekommen. Da diese Männer ihren Reichtum an ihre Söhne und diese wiederum an die ihren vererbten, vertiefte sich die Kluft zwischen den oberen und den unteren Schichten.

In Europa wurde die Oberschicht als »Adel« bezeichnet. Diese Adligen waren Nachfahren der kriegerischen Könige, die sich mithilfe des Schwerts riesige Gebiete angeeignet hatten. Sie erließen Gesetze, die ihre Herrschaft verfestigten und ihnen buchstäblich das Recht dazu gaben, sich die Körper ihrer Untertanen anzueignen und auszubeuten.

In den altertümlichen westlichen Sklavenhaltergesellschaften wurden – ebenso wie in den prä-abolitionistischen Südstaaten der USA – völlig legal, die Körper von Frauen und Männern (und auch Kindern), ge- und verkauft, so wie wir heute Lebensmittel, Möbel und Kleider kaufen. Da sie als Eigentum galten, mussten Sklaven jeden Dienst (auch sexueller Art) leisten, der von ihnen erwartet wurde. Sie genossen wenig bis keinen Rechtsschutz und wenn sie flohen, drohten ihnen schmerzhafte Strafen oder der Hungertod. Und Frauen standen, auch wenn sie keine Sklaven waren, unter strikter männlicher Kontrolle – erst als Töchter und dann als Ehefrauen.[8]

Im mittelalterlichen Feudalismus konnten sich die herrschenden Eliten weiterhin rechtmäßig der körperlichen Arbeitskraft ihrer männlichen und weiblichen Leibeigenen bedienen. Die Leibeigenen lebten auf dem Grund und Boden ihres Feudalherren und leisteten Kriegsdienst für ihn. In manchen Fällen hatte ein Gutsbesitzer das von Historikern als *droit du seigneur* oder *ius prima noctis* bezeichnete Anrecht, die Braut seines Leibeigenen zu entjungfern.[9]

Auch die zur herrschenden Feudalelite gehörenden Frauen bildeten eine Untergruppe mit wenig wirtschaftlichen Möglichkeiten oder gesetzlich garantierten Rechten. Da Frauen nach dem Gesetz immer noch als Eigentum ihrer Männer galten, konnten sie nur dann wirklich Macht ausüben, wenn ihre Männer in den Krieg gezogen waren – so wie während der Kreuzzüge Eleonore von Aquitanien und ihre Tochter Marie.

Nach dem englischen Common Law, das auch in den Kolonien in Amerika angewandt wurde, konnte eine Frau nicht selbst klagen oder angeklagt werden. Wenn sie fahrlässig verletzt wurde, konnte ihr Ehemann vor Gericht Wiedergutmachung für die Dienstleistungen fordern, die sie ihm wegen der Verletzung nicht erbringen konnte – sie selbst hatte jedoch keinen Anspruch auf eine Wiedergutmachung für ihre Verletzungen.[10]

Diese rechtliche Entmündigung von Frauen im Kapitalismus setzte sich selbst im Westen bis weit ins 19. Jahrhundert und teilweise ins 20. Jahrhundert fort. Frauen besaßen weiterhin nicht einmal die grundlegendsten politischen und bürgerlichen Rechte oder Eigentumsrechte. Sie hatten kein Wahlrecht, kein Recht, Eigentum zu besitzen, und auch keinen Zugang zu höherer Bildung oder zu Berufen wie dem Arztberuf oder Berufen im juristischen Bereich.

Im »Kapitalismus der Räuberbarone« des 19. und frühen 20. Jahrhunderts wurden Frauen, Männer und Kinder oft gezwungen, für einen Hungerlohn unter betriebsunsicheren und unhygienischen Verhältnissen rund um die Uhr zu arbeiten – und besaßen dabei keinen oder fast keinen rechtlichen Schutz. Die Alternative zu dieser Arbeit war der Hungertod. Aufstände der Arbeitenden oder ihre Versuche, sich zu organisieren, wurden mit Gewalt beantwortet.

Nach den kommunistischen Revolutionen im 20. Jahrhundert änderte sich kaum etwas an der Top-Down-Kontrolle in der Wirtschaft. In der ehemaligen Sowjetunion setzte die »Diktatur des Proletariats« auf Gewalt und die Angst vor Schmerzen und umriss mit scharfer Linienführung die Handlungsoptionen der meisten Männer und Frauen. Deren Arbeitskraft war – ebenso wie die übrigen wirtschaftlichen Ressourcen des Landes – im Grunde genommen das Eigentum des Staates, der wiederum von einer kleinen Männerelite von oben nach unten regiert wurde. Die unbezahlten, überlebensnotwendigen Arbeiten der Frauen wie die Pflege der Kinder, der Kranken und Alten galten immer noch als etwas, auf das Männer einen Anspruch hatten. Frauen mussten eine dreifache Last tragen: zu Hause kochen, putzen und für die Kinder sorgen, vor den Geschäften stundenlang für knappe, lebensnotwendige Güter anstehen und in den Betrieben zusätzlich zu diesen Haushaltsarbeiten einer Erwerbstätigkeit nachgehen, für die sie im Allgemeinen weniger Geld erhielten als die Männer.

Im Laufe unserer Geschichte hatte häufig eine Elite die Kontrolle über die Produktionsmittel – auch über die menschliche Arbeitskraft.

Heute ist es – zumindest theoretisch – in den meisten Ländern illegal, den Körper einer Person zu besitzen oder sich ihre Dienstleistungen anzueignen. Dennoch erweisen sich die dominanzgeprägten Wirtschaftstraditionen als extrem änderungsresistent. In manchen Teilen Asiens, Afrikas und des Nahen Ostens werden Menschen – darunter auch Kinder – immer noch ganz offen als Sklaven missbraucht und auch der Menschenhandel in der globalen Prostitutionsindustrie ist im Wesentlichen nichts anderes als die Versklavung von Frauen und Kindern. In Lateinamerika sind zahlreiche Angehörige der indigenen Bevölkerung prinzipiell immer noch Leibeigene der Grundbesitzer. In zahlreichen Ländern herrschen in Landwirtschaft und Industrie immer noch unmenschliche Arbeitsbedingungen. Und es gibt immer noch Kinder, vor allem Mädchen, denen der Zugang zu Bildung verwehrt wird und die von morgens bis abends arbeiten müssen.

Selbst in »fortschrittlicheren« Ländern wird von Frauen im Allgemeinen immer noch erwartet, dass sie für wenig oder kein Geld Care-Arbeit leisten –

ohne dass sie dadurch Rentenansprüche erwerben oder in die Gesundheitsfürsorge oder die Sozialversicherung eingebunden wären. Dominanzgeprägte Hierarchien in Unternehmen und Regierungen werden oft immer noch als natürlich und als notwendig für wirtschaftliche Effizienz betrachtet. All das ist ein Erbe aus stärker von Dominanz geprägten Zeiten.

Als unsere modernen Arbeitsplätze entstanden, wurden sie so gestaltet, dass sie den Anforderungen der damaligen dominanzgeprägten Gesellschaftsordnung entsprachen. Es war die Aufgabe einer Führungskraft – sei es eines Vorarbeiters oder eines Top-Managers, die ihm Untergebenen zu kontrollieren. Monopolstellungen und der Kampf jedes gegen jeden waren an der Norm. Frauen wurden in schlecht bezahlte, statusniedrige Jobs verwiesen, Fürsorge oder Mitgefühl galten als nebensächlich bzw. bedeutungslos.

Natürlich gab es auch damals Beziehungen, die vornehmlich auf Vertrauen und Fürsorge basierten – sonst hätten die Menschen kaum funktionieren können – aber auch wenn diese informellen Beziehungen viel Lobpreis erfuhren, war das, was letztendlich zählte, die Position eines Menschen in den formellen, vertikalen Strukturen. Zwar gab es Industrielle und Führungskräfte, die für ihre Fürsorglichkeit und ihr Mitgefühl berühmt waren, doch das war eine seltene Ausnahme in der weitverbreiten Norm.

Am gewerblichen Arbeitsplatz zählten stereotyp männliche, »harte« Eigenschaften. Der Sicherheit, der Gesundheit und den anderen Bedürfnissen der Angestellten wurde nur wenig Beachtung geschenkt. Angestellte galten als kleine Rädchen im Industriegetriebe. Und anders als bei funktionellen Hierarchien wurden – wie für dominanzgeprägte Hierarchien typisch – Verantwortlichkeit und Respekt nur von unten nach oben erbracht und Anweisungen wurden ausgeführt, ohne sie zu hinterfragen.[11]

Diese unausgewogene, auf Angst basierende, institutionell gefühlskalte und viel zu oft von Missbrauch und Entmenschlichung geprägte Art der Unternehmungsführung forderte enorme menschliche Kosten. Doch es hieß – und das war auch die allgemeine Überzeugung – dass dies eine notwendige Voraussetzung für wirtschaftliche Produktivität sei. Selbst heute gibt es noch Menschen, die davon überzeugt sind, dass dominanzgeprägte Unternehmensstrukturen und eine entsprechende Unternehmenskultur eine notwendige Voraussetzung für wirtschaftliche Effizienz seien. Dabei treiben diese einst so hochgehaltenen Überzeugungen und Institutionen

Produktivität und Kreativität keineswegs an, sondern stellen ein Hindernis für sie dar.[12]

Viele aktuelle Studien zeigen, dass ein dominanzgeprägtes System die Ressource »Beziehungen« in einem Unternehmen schwächt – eine Ressource, die besonders in der postindustriellen Wirtschaft entscheidend für den Unternehmenserfolg ist.[13] Es wurde mittlerweile auch empirisch widerlegt, dass »weiche« Gefühle und Verhaltensweisen die Produktivität behindern. Im Gegenteil: Wie wir gesehen haben, belegen Studien, dass – in den Worten von Professorin Jane Dutton (University of Michigan) ausgedrückt – Menschen dann vollständig zum Leben erwachen, wenn man sich um sie kümmert, eine Erkenntnis, die selbstverständlich auch für die Unternehmensproduktivität und die wirtschaftliche Entwicklung von Bedeutung ist.

5.3 Die Verstetigung von Hunger und Armut

Ein Grundelement dominanzgeprägter Systeme ist die Unterordnung von Frauen und allem, was stereotypisch als weiblich gilt. Im Laufe der letzten Jahrzehnte wurde die Beendigung von chronischem Hunger und Armut zum erklärten Ziel der internationalen Entwicklungspolitik. Dabei blenden jedoch sowohl Regierungsverantwortliche als auch die Medien niederschmetternde Zahlen gerne aus: Der Anteil der Frauen an den 1,3 Milliarden Menschen, die weltweit in absoluter Armut leben, beträgt 70 Prozent.[14] Aus diesem Grund wies die ehemalige Vorsitzende des Hunger Projekts, Joan Holmes, darauf hin, dass unsere Veränderungen bei der traditionellen Frauendiskriminierung ansetzen müssen, wenn wir realistische Maßnahmen gegen den Hunger treffen wollen.[15] Doch in dominanzgeprägten Gesellschaften leiden nicht nur Frauen: Auch Männer sind davon betroffen, besonders diejenigen, die sich am unteren Ende der Dominanzpyramide befinden.

Nach unserer Flucht aus Wien im Jahr 1939 wuchs ich in Kuba auf und lernte dort, was Armut für Männer, Frauen und Kinder bedeutet. Da meine Eltern ihren gesamten Besitz hatten zurücklassen müssen, wurden wir aus unserem Wiener Leben im Wohlstand in ein Leben in widerlich stinkenden, baufälligen Hotels und Pensionen katapultiert. Und selbst als meine Eltern in Havanna ein kleines Unternehmen aufgebaut hatten und es uns wieder besser ging, wurde ich immer noch Zeuge davon, wie um mich herum Menschen im Elend lebten, während die kubanischen Eliten – darunter auch die korrupten Amtsträger wie der ehemalige Präsident Fulgencio Batista – ein opulentes Luxusdasein führten. Ich sah Menschen, die zusammengepfercht in einem einzigen Raum in einer kakerlakenverseuchten Bruchbude hausten, obdachlose Kinder, die in den Straßen bettelten, und Männer, die sich bei ihrer Arbeit in den Docks von Havanna durch das schwere Lastentragen den Rücken ruinierten. Ich sah aber auch, dass die Frauen die schwerste Last trugen, die von morgens bis abends als Dienstmädchen, Näherinnen oder Bettlerinnen schufteten und manchmal als Prostituierte in dem damals berüchtigten Rotlichtviertel Havannas endeten, um sich und ihre Kinder vor dem Hungertod zu bewahren.

Das ist auch heute noch das Schicksal von Millionen Frauen in Entwicklungsländern. Frauen arbeiten mehr Stunden als Männer und verrichten oft Schwerstarbeit wie beispielsweise viele Frauen in Afrika beim Tragen riesiger Wassergefäße oder schwerer Brennholzlasten – und dennoch gehören auch in Afrika Familien mit weiblichem Haushaltsvorstand zu den Ärmsten der Armen.

Weltweit verdienen Frauen in der Marktwirtschaft im Durchschnitt zwei Drittel bis zu drei Viertel dessen, was ein Mann für die gleiche Arbeit erhält. Und die meiste Arbeit, die Frauen in den Familien leisten – wie zum Beispiel die Pflege von Kindern, Kranken und Alten, Putzen, Kochen, Brennholz sammeln, Wasser pumpen und tragen oder Subsistenzwirtschaft – gilt als wirtschaftlich unproduktiv und wird daher auch nicht durch die Wirtschaftspolitik unterstützt.

Selbst in den USA befinden sich Familien mit weiblichem Haushaltsvorstand im untersten Drittel der Wirtschaftshierarchie. Eine Folge davon ist, dass eines von sechs Kindern in Armut lebt – und die USA damit die höchste Zahl an in Armut lebenden Kindern in den Industrienationen aufweist.[16] Außerdem liegt nach Angaben des Statistischen Bundesamts der USA der Anteil der von Armut betroffenen Frauen über 65 Jahren deutlich über dem der über 65 Jahre alten Männer.[17]

Dass weltweit Frauen und Kinder überproportional von Armut und Hunger betroffen sind, ist weder Zufall noch unabänderlich, sondern das direkte Ergebnis eines politischen und wirtschaftlichen Systems, das immer noch stark dominanzgeprägt ist. Dass zum Beispiel in den USA ältere Frauen mit sehr viel höherer Wahrscheinlichkeit in Armut leben als ältere Männer, ist vor allem darin begründet, dass es der Regierungs- und Unternehmenspolitik nicht gelingt, ältere Frauen durch gerechte Sozialversicherungs- bzw. Pensionsbezüge abzusichern.

Wenn wir die Zuteilung finanzieller Ressourcen einmal aus einer Genderperspektive betrachten, stellen wir fest, dass Frauen- und Kinderarmut direkt aus den politisch und wirtschaftlich gesetzten Prioritäten resultiert. Genauer gesagt ist diese Armut das Ergebnis ungleich verteilter Regierungsausgaben vor allem in Hinblick auf Unternehmen und Familien, bei denen Männer bevorzugt und Frauen diskriminiert werden – und diese Verteilung wird von der großen Mehrheit der Frauen und Männer immer noch als normal betrachtet.

Dass weltweit Frauen und Kinder überproportional von Armut und Hunger betroffen sind, ist weder Zufall noch unabänderlich, sondern das direkte Ergebnis eines politischen und wirtschaftlichen Systems, das immer noch stark dominanzgeprägt ist.

In ärmeren Ländern tritt dieses Diskriminierungsmuster noch deutlicher zutage. So wird in den meisten afrikanischen und asiatischen Ländern wesentlich mehr für die Bildung von Jungen als von Mädchen ausgegeben – und Gleiches gilt auch in Hinblick auf Gesundheitsfürsorge und öffentliche Dienstleistungen. Außerdem weist der Statistikprofessor Moni Mukherjee auf Folgendes hin: »Ein sehr viel größerer Anteil der Ausgaben für Sicherheit und Öffentliche Ordnung fällt für Männer an als für Frauen, weil letztere weniger zu kriminellen Handlungen neigen als Männer. […] Auch bei den Ausgaben für wirtschaftliche Dienstleistungen geht der Löwenanteil an Männer.«[18] Kurz gesagt: Bereiche, in denen vor allem Männer zu finden sind, haben bei der Ausgabenverteilung Priorität.

Das gleiche Muster ist auch hinsichtlich der Ressourcenverteilung innerhalb von Familien erkennbar. Diese unausgewogenen Verteilungsmuster führen zu einer Verstetigung von Hunger und Armut und verhindern eine wirtschaftliche und menschliche Weiterentwicklung.

5.4 Die Wirtschaft des Privathaushalts

In herkömmlichen Analysen findet Wirtschaft in Privathaushalten im Allgemeinen immer noch keine Berücksichtigung. Privathaushalte werden entweder als produzierende oder aber als konsumierende Einheit betrachtet, nicht als ein Mikrokosmos in einem umfassenderen wirtschaftlichen und politischen System. Aus diesem Grund berücksichtigen die meisten Analysen nicht, welche Ressourcenverteilung innerhalb von Haushalten stattfindet.

In der gängigen Vorstellung ist der männliche Haushaltsvorstand (immer noch) der Hauptversorger – doch dies spiegelt keinesfalls die durch wissenschaftliche Studien dokumentierte Wirklichkeit wider. Denn in vielen der ärmsten Gegenden der Welt sind tatsächlich Frauen und nicht Männer die Hauptversorger, wenn es um Ernährung, Gesundheit und andere lebenswichtige Aspekte im Leben ihrer Familien geht.[19] In zahlreichen Haushalten sind die Frauen sogar die alleinigen Versorger. So sind es zum Beispiel in den meisten afrikanischen Ländern die Frauen, die Subsistenzwirtschaft betreiben und auf diese Weise ihre Familien ernähren. Sie sind entweder alleinerziehend oder ihre Männer sind in die Stadt gezogen, wo sie sich oft eine andere Frau suchen.

In den letzten Jahrzehnten wurden immer wieder Studien zur Verteilung der wirtschaftlichen Ressourcen in Haushalten mit zwei Elternteilen durchgeführt. Diese Studien haben weitere dominanzgeprägte Vorstellungen und Maßnahmen ans Licht gebracht, die sowohl die menschliche als auch die wirtschaftliche Entwicklung behindern. So berichten Judith Bruce und Daisy Dwyer in ihrem Buch *A Home Divided*, dass gesellschaftliche Traditionen recht häufig die Annahme stützen, Männer hätten ein Anrecht darauf, Geld für persönliche Dinge zu verwenden, die sie vermeintlich bräuchten oder verdient hätten, während Einkünfte von Frauen für gemeinsame Ausgaben verwendet würden.[20] Vor diesem Hintergrund berichten Cynthia B. Lloyd und Judith Bruce: »Es liegen beachtliche empirische Belege aus unterschiedlichen Kulturen und Einkommensgruppen vor, nach denen Frauen mit höherer Wahrscheinlichkeit als Männer Geld für Produkte ausgeben, die für das Wohlergehen und die Entwicklung ihrer Kinder von Bedeutung sind.«[21]

Um wie viel höher diese Wahrscheinlichkeit sein kann, zeigte Duncan Thomas 1990 in seinem Bericht »Intra-Household Resource Allocation«. Er hatte damals herausgefunden, dass »in Brasilien ein US-Dollar in den Händen einer brasilianischen Frau die gleichen Auswirkungen auf die Überlebenschancen ihrer Kinder hatte wie 18 US-Dollar in den Händen eines Mannes.«[22] Zu vergleichbaren Ergebnissen waren Bruce und Lloyd in Guatemala gekommen: »Zusätzliche 11,40 US-Dollar pro Monat in den Händen einer Mutter führten bei einem Kind zur gleichen Gewichtszunahme wie zusätzliche 166 US-Dollar, die ein Vater mehr verdiente.« Eine weitere Studie in Indien und Tunesien stellte fest, dass eine Stärkung von Frauen positive Auswirkungen auf die Sicherheit der Lebensmittelversorgung und die Ernährung innerhalb der Haushalte hatte.[23]

Auch in ausgeprägt männlich dominierten Kulturen finden sich selbstverständlich Männer, deren erste Priorität darin besteht, die Bedürfnisse ihrer Familie zu erfüllen. Für gewöhnlich werden in diesen Gesellschaften Männer jedoch so sozialisiert, dass sie davon überzeugt sind, es sei ihr Vorrecht, ihr Gehalt für außerfamiliäre Zwecke zu nutzen – unter anderem für Alkohol, Zigaretten und Glücksspiel. Gleichzeitig verinnerlichen sie, dass Frauen, die sich darüber beschweren, nörglerisch und kontrollierend seien. So wies Anugerah Pekerti (von 1998–2002 Vorsitzende von *World Vision*) Ende der 1990er Jahre darauf hin, dass viele Väter scheinbar kein Problem damit hätten, ihre spontanen eigenen Wünsche über die überlebensnotwendigen Grundbedürfnisse ihrer Kinder zu stellen.[24]

Dennoch gehen die traditionellen Wirtschaftstheorien – seien sie kapitalistischer oder sozialistischer Natur – davon aus, dass der männliche Haushaltvorstand die Mittel, über die er verfügt, zum Wohl aller Familienmitglieder einsetzt. Und von dieser Annahme gehen nicht nur die herkömmlichen Analysen aus, in denen ein Privathaushalt als eine Einheit betrachtet wird – auf diesen Annahmen beruhen auch die Entscheidungen, die dazu geführt haben, dass Männer den Löwenanteil an der Entwicklungshilfe erhalten.

Entwicklungshilfeprogramme stellen immer noch riesige Summen für Großprojekte zur Verfügung, bei denen Frauen nur wenig oder gar kein Mitspracherecht haben – und die den von Armut betroffenen Frauen und Kindern – wenn überhaupt – nur wenige Vorteile bringen. In den Mikrokredit-Projekten, die vor allem für Frauen gedacht sind, werden nur minimale Summen zur Verfügung gestellt. Der Löwenanteil der Bankdarlehen geht an Unternehmen, die von Angehörigen der männlichen Elite geleitet werden, oder an männliche »Familienoberhäupter«.

Ein großer Teil der humanitären Staatshilfe, die von den Industrienationen in die Entwicklungsländer fließt, endet in den Händen der Eliten, die es in ausländischen Bankkonten deponieren, sich damit Villen bauen oder anderweitig daran bereichern. Und selbst wenn die Gelder direkt an die von Armut betroffenen Menschen gehen, wandern sie letztendlich in die Taschen von Männern, die sie für sich selbst und nicht für ihre Familien verwenden. Die Auswirkungen auf die allgemeine Lebensqualität sind offensichtlich.

Wie bereits erwähnt, sind diese Fakten nicht dazu gedacht, Männer für die ökonomischen Missstände in der Welt verantwortlich zu machen. Wir haben es hier mit einem System zu tun, in dem Frauen wie Männer qua Sozialisation zur Akzeptanz der Vorstellung gebracht werden, eine Hälfte unserer Spezies wäre auf die Erde gekommen, um bedient zu werden, und die andere Hälfte, um zu dienen. Gleiches gilt für die Vorstellung, dass Mütter, nicht jedoch Väter ihre Wünsche und Bedürfnisse denen ihrer Familie unterzuordnen hätten.

Dieser wirtschaftliche Doppelstandard gründet auf dem Weltbild, das uns aus dominanzgeprägten Kulturen überliefert wurde und in dem Männer als Übergeordnete und Frauen als Untergeordnete betrachtet werden. Das schadet nicht nur den Frauen, sondern dient auch als Vorlage dafür, jegliche Unterschiede (seien sie in der Hautfarbe, der Religions- oder ethnischen Zugehörigkeit begründet) mit Über- oder Unterlegenheit gleichzusetzen – also mit Dienen oder Bedient-Werden bzw. mit Über- oder Unterordnung.

In einem dominanzgeprägten System ist Partnerschaftlichkeit keine Alternative. Es gibt vermeintlich nur zwei Möglichkeiten: Man ist übergeordnet oder untergeordnet. Die verheerenden Auswirkungen, die dies auf die zwischenmenschlichen Beziehungen hat, sind offensichtlich – und eine weitere negative Folge ist ein ineffizientes Wirtschaftssystem.

5.5 Künstliche Knappheit

Der wahrscheinlich schädlichste Aspekt dominanzgeprägter Politik und Wirtschaft besteht darin, dass sie künstliche Knappheit erzeugen. Durch die andauernde Schaffung von Knappheit halten sich Dominanzsysteme selbst am

Laufen, denn diese künstliche Knappheit erzeugt Angst und Leid, und diese wiederum sind die Hauptantreiber dafür, dass Menschen in dominanzgeprägten Systemen arbeiten.

Selbstverständlich können auch natürliche oder andere Einflüsse zu tatsächlicher Knappheit führen, aber dominanzgeprägte Wirtschaft und Politik schaffen eine dauerhafte künstliche Knappheit, verursacht durch Überkonsum, Verschwendung, Ausbeutung von Mensch und Mitwelt, Rüstungsausgaben sowie fehlende Investitionen in hochwertiges »Humankapital« aufgrund mangelnder Wertschätzung von Fürsorge und Care-Arbeit.

Überkonsum und Verschwendung sind typische Merkmale dominanzgeprägter Kulturen: Seien es die opulenten Feierlichkeiten im alten Rom oder die millionenteuren Partys der Superreichen unserer Tage, die pompösen Paläste von Königen, Kaiserinnen und Diktatoren oder die extravaganten Villen der CEOs von Enron und WorldCom, Imelda Marcos' tausend Paar Schuhe oder die übervollen Bankkonten des Sukarno- oder des Suharto-Clans – das Muster ist immer das gleiche: Die oberen Schichten verschwenden die Ressourcen und die unteren Schichten müssen sich mit den Resten zufriedengeben.

Die Kämpfe um diese Reste bekommen oft einen rassistischen oder aber religiös oder ethnisch motivierten Beigeschmack. Diese schwelenden Vorurteile können dann leicht entfacht werden und sich in Form von Hass und Gewalt ausdrücken. Der jüdischen Bevölkerung werden üble, von Wirtschaftsinteressen geleitete Verschwörungen vorgeworfen und Menschen von dunklerer Hautfarbe oder anderer Religionszugehörigkeit werden als Gruppen verteufelt, die sich unrechtmäßig Ressourcen aneigneten, die eigentlich anderen zustünden.

Diese Sündenbockfindung erfüllt einen doppelten Zweck: Sie entzweit die Menschen in den unteren Schichten, indem sie sie gegeneinander aufhetzt, und sie lenkt Wut und Frustration von denjenigen ab, die durch ihre Politik und ihr Verhalten vornehmlich für die Ressourcenknappheit dieser unteren Schichten verantwortlich sind. All das trägt zur Aufrechterhaltung der Ausbeutung in einem dominanzgeprägten System bei, in dem unzulängliche Gehälter und das Fehlen eines sozialen Sicherheitsnetzes die Überzeugung verfestigen, dass nicht genug für alle da sei.

Diese Mangelmentalität hat sowohl auf die Reichen als auch auf die Armen negative Auswirkungen. Sie führt dazu, dass die oberen Schichten eine gerechtere Verteilung des Reichtums fürchten, weil sie Angst haben, dann selbst ohne etwas dazustehen. Zudem führen diese Angst und das Gefühl des Mangels auch zu wirtschaftlichen Regeln und Bestimmungen, die ausbeuterische Geschäftspraktiken nicht nur erlauben, sondern sogar fördern, weil diese für überlebensnotwendig erachtet werden. So wird Konkurrenz verdrängt, was zu noch mehr Knappheit führt, da die davon betroffenen Menschen die Quelle ihres Lebensunterhalts verlieren.

Ein weiteres typisches Merkmal dominanzgeprägter Systeme, das zu chronischer Knappheit lebensnotwendiger Ressourcen führt, ist der Einsatz dieser Ressourcen für Waffen und Kriegsführung. Die Billionen von US-Dollar, die heute in Dominanz- und Zerstörungstechnologien investiert werden, stehen nicht mehr für Gesundheitsfürsorge, Bildung und andere Sozialausgaben zur Verfügung. Kriegsführung verschärft dieses Problem noch, da im Krieg Ressourcen zerstört werden und Menschen ihr Leben verlieren, was Knappheit und Elend noch verschlimmert.

Der wahrscheinlich schädlichste Aspekt dominanzgeprägter Politik und Wirtschaft besteht darin, dass sie künstliche Knappheit erzeugen.

Laut *World Military & Social Expenditures* könnte man mit den Geldern für eine US-Interkontinentalrakete 50 Millionen Kinder ernähren, 160.000 Schulen bauen oder 340.000 Gesundheitszentren einrichten.[25] Gemäß eines UNICEF-Berichts könnte man für den Preis eines Atom-U-Boots kostengünstige Wasserversorgungs- und Sanitäreinrichtungen für 48 Millionen Menschen in ländlichen Gegenden schaffen – oder für den Preis von elf nicht von Radaren erfassbaren Kampfflugzeugen vier Jahre lang eine Grundschulausbildung von 135 Millionen Kindern finanzieren.[26] Die Ernährungs- und Landwirtschaftsorganisation der Vereinten Nationen schreibt in ihrem Bericht von 2015, dass jährlich zusätzliche 265 Milliarden US-Dollar benötigt werden, um bis 2030 extreme Armut und Hunger in der Welt zu beseitigen – das sind ungefähr 9,5 bis 13 Prozent der weltweiten Militärausgaben des Jahres 2015.[27] 2005 berechneten das *Institute for Policy Studies* (IPS) und das *Foreign Policy in Focus* (FPIF), dass die Militäroperation der USA im Irak die Steuerzahler monatlich 5,6 Milliarden Dollar gekostet hat.[28] Derselbe Kongress, der diese astronomischen Militärausgaben genehmigt hatte, kürzte Investitionen in Gesundheit und Bildung sowie andere Sozialausgaben mit der Begründung, dass nicht ausreichend Gelder zur Verfügung stünden.

In einer dominanzgeprägten Wirtschaft wird beständige Knappheit auch durch unzureichende Investitionen in die physische, geistige und emotionale Entwicklung von Kindern erzeugt. Die immensen Rüstungsausgaben (aus Geldern, die sonst für Investitionen in das »Humankapital« einer Gesellschaft verwendet werden könnten) verhindern die Entwicklung des viel zitierten »hochwertigen Humankapitals« und damit die wirtschaftliche Entwicklung, die uns ermöglichen würde, Knappheit, chronischen Hunger und Armut zu beenden.

Doch in Dominanzsystemen werden nicht nur materielle Ressourcen vergeudet, sondern auch emotionale: Autoritäre Top-Down-Hierarchien bilden – in der Familie ebenso wie im Staat – ein künstliches Bollwerk gegen Vertrauen, Mitgefühl und Fürsorge. Die Kontrolle über Eigentum oder andere Menschen wird zum Ersatz für die Erfüllung der menschlichen Grundbedürfnisse. Das moderne Massenmarketing schlägt aus diesen unerfüllten Bedürfnissen erfolgreich Kapital, indem es die Sehnsucht der Menschen nach Liebe, Sicherheit und Vertrauen instrumentalisiert. In der Werbung für Deodorants bis hin zur Werbung für Diamanten wird Liebe versprochen, während Werbeclips für Softdrinks, Burger und Autos auf Sex mit tollen Frauen hoffen lassen. Werbekampagnen für Versicherungen und Anlagen locken hingegen mit Sicherheit, Vertrauen und sogar mit emotionaler Anteilnahme.

Die nicht wirklich subtile Botschaft dieser Werbekampagnen lautet, dass wir kaufen und konsumieren müssen, wenn wir unser Verlangen nach Liebe, Erfüllung, Sicherheit und Freude stillen wollen. Deswegen kauft die Masse der Armen, von denen die Gänge der 1-Euro-Shops überlaufen, billigen Plunder – und die Reichen sammeln Häuser und Jachten. Und während wir mit dieser verschwenderischen Anhäufung von Dingen unsere Häuser und unseren Planeten zumüllen, sterben die am unteren Ende der dominanzgeprägten Hierarchie weiterhin an Hunger und mangelnder Gesundheitsfürsorge.

Hier kommen wir zu einem weiteren Grund dafür, warum eine dominanzgeprägte Wirtschaft zu künstlicher Knappheit führt: Die Ausbeutung unserer Mitwelt. Kritiker machen häufig die Industrialisierung für unsere zunehmenden Umweltprobleme verantwortlich. Aber Umweltprobleme gibt es nicht nur in einer Industriewirtschaft. Die Ausbeutung unserer Mitwelt ist charakteristisch für Dominanzsysteme und reicht weit zurück – bis hin zu den prähistorischen Herden, die durch Überweidung die Böden auszehrten und so

Knappheit verursachten, was wiederum die Entwicklung dominanzgeprägter Beziehungen vorantrieb.

5.6 Die Eroberung der Natur

Wo heute die Wüste Sahara liegt, erstreckte sich einst üppiges Grünland. In der Zeit von 40.000 bis 23.000 v. Chr. streiften Herden von Elefanten, Hirschantilopen und Giraffen durch Nordafrika. Bodenproben aus der Zeit von 12.000 bis 4000 v. Chr. lassen auf eine Regenmenge von drei- bis vierhundert Millimeter pro Jahr schließen, wo heute nur zehn Millimeter gemessen werden. Unter diesen Klimabedingungen, so Brian Griffith in seinem Werk über die Geschichte der Wüstenbildung und den kulturellen Wandel, war Nordafrika von Flüssen durchzogen und die Landschaft mit ihren Antilopen und Großkatzen kann man sich ähnlich vorstellen wie die der heutigen Nationalparks in Kenia.[29]

Damals war die Sahara noch keine Wüste voll rauer, nackter Felsen und Sanddünen, sondern ein Ort für Jäger und Sammler. Mit der Entwicklung der Landwirtschaft wurde dort auch Ackerbau möglich, doch ab 3000 v. Chr. setzte eine Dürreperiode ein, die mitverantwortlich für die Wüstenbildung in der Region war. Ein Teil der Wüstenbildung in der Region war also das Ergebnis eines allmählichen Klimawandels. Der Geograph James DeMeo hat mithilfe einer riesigen Datenbank die Informationen über diesen in einem Zeitraum von 1000 Jahren erfolgten Klimawandel mit archäologischen Daten korreliert und damit die Veränderungen in dem Gebiet des großen Wüstengürtels nachgezeichnet, das er »Saharasia« nennt und das sich grob gesagt von Nordafrika durch den Nahen Osten bis nach Zentralasien erstreckt.[30] Dabei fand er heraus, wie sich das, was einst ein üppiger Garten gewesen war, Schritt für Schritt in ein unfruchtbares, lebensfeindliches Land verwandelt hatte.

Tatsächlich war der Klimawandel nicht der einzige Grund für diese Entwicklung. So berichtet Griffith zwar, dass das Land derart austrocknete, dass Ackerbau nicht mehr möglich war und selbst Weidehaltung immer schwieriger wurde. Doch als die Dürre fortdauerte und die Vegetation noch spärlicher zu werden begann, wurde der Mensch durch sein Vorgehen selbst zur Ursache der Wüstenbildung. Da die Hirten ihre Ziegen und Schafe das ganze Jahr lang im gleichen Gebiet weiden ließen, wurde das Grasland immer spärlicher. Um mehr Weideflächen zu schaffen, fällten die Menschen Bäume, und mit dem Verschwinden der Bäume und anderer Pflanzen verringerte sich die Regenmenge sogar noch weiter – so wie das auch heute der Fall ist, wenn Bäume in großer Zahl gefällt werden. Und je stärker die Herden das Land überweideten, umso karger wurde es.

Dieser Zyklus der Landausbeutung führte zu immer bedrängender Knappheit, da die lebenserhaltenden Systeme der Natur nach und nach erschöpft wurden. Dabei blieb der Zyklus von Dominanz und Ausbeutung nicht auf die Natur beschränkt: In diesem immer raueren Umfeld wurde dominanzgeprägtes und ausbeuterisches Verhalten zur Regel. Manche Gruppen begannen, sich gegenseitig wegen des Zugangs zu Wasser und Weideplätzen zu bekriegen – und je stärker das Überleben von der brachialen Gewalt der Männer abhing, umso mehr verloren Frauen ihre Macht und ihren Status.

Griffith schreibt in diesem Zusammenhang: »Ursprünglich waren es wahrscheinlich Frauen, die als Erste Schafe und Ziegen zähmten. Vielleicht brachten sie, nachdem Jäger eine Mutterziege getötet hatten, die jungen Zicklein mit nach Hause und beschlossen, die mutterlosen Tiere aufzuziehen. In diesem Fall wäre die Haustierhaltung hauptsächlich in der Verantwortung der Frauen gelegen, so wie das heute in Indien oder China häufig der Fall ist.«[31] Doch auch wenn die Frauen sich zweifellos auch weiterhin um die Haustiere kümmerten und andere wirtschaftlich wertvolle Aufgaben übernahmen, begannen die Männer – als Weideland knapper wurde und die Weiden immer weiter entfernt lagen – eine aktivere und ganz andere Rolle zu spielen. Es war nun nicht mehr nur ihre Aufgabe, mit den Herden immer weiterzuwandern, sondern sie mussten die Herden auch vor Dieben schützen und selbst Tiere stehlen. Mit der Zeit wurde der wirtschaftliche Beitrag der Männer – vor allem aber ihr gewalttätiger Einsatz, mit dem sie diesen Beitrag erbrachten – als vorrangig betrachtet und die Arbeit der Frauen wurde abgewertet.

Griffith weist darauf hin, wie »Knappheit dazu beiträgt, Zwang zu nutzen, um die grundlegenden Bedürfnisse zu stillen.«[32] Und in dem Maß, in dem Zwang allmählich Teil der Kultur wurde, breiteten sich die Plünderungen und Morde von den Wüsten in die fruchtbareren Gebiete aus. Bei seiner Betrachtung des menschlichen Verhaltens und der sozialen Institutionen unter dem geographischen Entwicklungsaspekt gelangt DeMeo zum gleichen

Schluss. Er schreibt, dass historisch betrachtet ein Zusammenhang zwischen einem lebensfeindlichen Umfeld, einer strengen sozialen und sexuellen Unterwerfung von Frauen und der Gleichsetzung von Männlichkeit mit Härte und Kriegslüsternheit besteht.[33] Außerdem legt er Daten vor, die nahelegen, dass die Übergriffe nomadischer Viehhirten auf die umliegenden Gegenden in Zeiten der heftigsten Umweltveränderungen zunahmen.

Bei ihren immer weiteren Wanderungen wuchs das Begehren der Nomadenstämme nach dem Reichtum und der Sicherheit wasserreicher Gegenden.[34] Und so begannen die nomadischen Viehhirten und Plünderer mit Übergriffen auf die fruchtbareren Gebiete – zunächst durch gelegentliche Einfälle und später als Eroberer, die ihre Regeln dort durchsetzten.

Als die nomadischen Herrscher sich im Fruchtbaren Halbmond niederließen, führten sie auch ihre dominanzgeprägten Verhaltensweisen dort ein. Sie betrachten die Frauen aus den eroberten Gebieten als Beute, die sie sich als Konkubinen oder Slavinnen aneignen oder willkürlich vergewaltigen und töten konnten. Wenn die Eindringlinge dann in dem Gebiet sesshaft wurden, wurde die Situation »ihrer« Frauen noch prekärer.

Griffith schreibt: »In der Wüste waren diese Frauen vor allem als ›sexuelle Verfügungsmasse‹ betrachtet worden, aber sie hatten sich wenigstens frei im Land bewegen und arbeiten können. Nun wurden sie zu einer eifersüchtig gehüteten ›sexuellen Verfügungsmasse‹, die vom Rest der Gemeinschaft isoliert wurde.«[35] Schnell wurde die Absonderung der Frauen dieser Warlords mit dem Zweck, ihren Kontakt mit den eroberten Völkern zu vermeiden, zum Ideal für die gesamte Bevölkerung.[36] Frauen mussten sich nun in abgegrenzten und abgesonderten Bereichen aufhalten und durften diese nur verschleiert verlassen, so wie es auch später in Indien der Fall war, nach dem Einfall einer indoarischen, nomadisch geprägten Bevölkerungsgruppe.[37]

Als die Frauen zum Eigentum der Männer wurden, änderten sich auch die Gesetze und Sitten der eroberten Länder radikal. So berichtet Griffith: »Im frühen Sumer waren die Gesetze zu Ehe und Eigentum bis 2371 v. Chr. für Männer und Frauen mehr oder weniger gleich.«[38] Doch ab babylonischer (etwa 1750 v. Chr.) und assyrischer Zeit (etwa 1200 v. Chr.) standen die Frauen unter drakonischer männlicher Kontrolle. Frauen, die ihre Ehemänner bestahlen, drohte Hinrichtung. Frauen, die nicht den obligatorischen Schleier trugen, wurden mit Knüppeln geschlagen. Frauen, die geflohene Ehefrauen bei sich aufnahmen, wurden die Ohren abgeschnitten. Frauen, die ihr Kind abtrieben, wurden gepfählt und so einem quälend langsamen Tod überlassen.

Alles war nun darauf ausgerichtet, Frauen (die »untergeordneten« Menschen) und Gebiete zu erobern und unter Kontrolle zu bringen. Die unterworfenen Völker wurden rücksichtslos ausgebeutet. Das ging so weit, dass sogar die Instandhaltung der Bewässerungssysteme vernachlässigt wurde, auf denen die Ernährung der Bevölkerung beruhte, um weitere Eroberungszüge zu finanzieren, die wie in der früheren nomadischen Zeit die Hauptquelle des Reichtums darstellten.

Durch ihre gewalttätigen Eroberungen bauten die Assyrer ein Reich auf, das von exorbitanten jährlichen Tributen getragen wurde. Wenn die unterworfenen Bauern diese Tribute nicht entrichten konnten, wurden sie hingeschlachtet. Das führte dazu, dass sie das ganze Jahr über Feldfrüchte anbauten und so den Boden auslaugten. Die Herrscher ließen sich dadurch nicht weiter beeindrucken, da sie – wie Griffith schreibt – ihr Reich als Revier betrachteten, aus dem sie sich nach Belieben bedienen konnten. Wenn ein Gebiet vollständig ausgebeutet war, konnten sie einfach das nächste erobern, »wie Nomaden auf der Suche nach immer knapper werdendem Weideland.«[39]

Dieselbe Eroberungsmentalität – in Hinblick auf Natur, Frauen und andere Menschen –charakterisierte auch den späteren Perserkönig Dareios. Während seiner Herrschaft (etwa 500 bis 328 v. Chr.) presste er astronomische Summen aus den Gebieten des Nahen Ostens heraus, um seine Armeen und seinen Hofstaat zu finanzieren. Auch ihn störte es nicht weiter, dass die Menschen, um seinen Forderungen nachkommen zu können, ihrerseits die Natur ausbeuten mussten. Die Bauern hatten keine andere Wahl, denn sie mussten den Wert ihrer halben Ernte als Steuern an den König abführen, damit dieser mehr Söldner anheuern konnte. Das bedeutete, dass sie das ganze Jahr hindurch anbauen mussten, um die jährlichen Erntequoten zu erfüllen. Darüber hinaus wurden auch unter Dareios die Wasserreinhaltungs- und Bewässerungssysteme oft dem Zerfall überlassen, weil Ausgaben für Kriege vorrangig behandelt wurden. In diesem Zusammenhang schreibt Griffith, dass ein sich stets wiederholender Kreislauf entstand: »Die Trockenheit brachte die Warlords hervor, und die Warlords verursachten Trockenheit.«

In diesem Kreislauf befinden wir uns heute noch. Dominanzgeprägte Verhaltensmuster sind weiterhin an der Tagesordnung. Allerdings bedroht dieses Verhalten aufgrund unserer technologischen Entwicklung mittlerweile nicht nur eine Region, sondern unser gesamtes Ökosystem. Wissenschaftler warnen eindringlich, dass wir die Eroberung und Ausbeutung unseres natürlichen Habitats beenden und einen Wandel zum Schutz unserer Mitwelt vollziehen müssen. Ein Bericht nach dem anderen weist warnend darauf hin, dass unser aktueller Kurs nicht beibehalten werden kann.

Bereits 2005 bemerkte das von den Vereinten Nationen finanzierte *Millennium Ecosystems Assessment*, dass in den vergangenen 50 Jahren weltweit 60 Prozent des Weidelands, der Wälder, der Ackerböden, der Flüsse und der Seen durch menschliches Handeln erschöpft worden seien. An diesem Bericht über die Zerstörung unseres natürlichen Habitats wirkten 1360 Wissenschaftler aus 95 Ländern mit, die außerdem darauf hinwiesen, dass innerhalb von nur wenigen Jahrzehnten weltweit ein Fünftel der Korallenriffe sowie ein Drittel der Mangrovenwälder zerstört worden waren.[40]

Auto- und Fabrikabgase sind mit dafür verantwortlich, dass die Temperaturen steigen und das Polareis so schnell schmilzt, dass Grönlands Eisberge mit doppelter Geschwindigkeit in den Ozean gleiten, wie dies vor fünf Jahren noch der Fall war. Eisbären und anderen Spezies wird so die Lebensgrundlage entzogen und dennoch werden weiterhin jährlich über 25 Milliarden Tonnen Kohlendioxid ausgestoßen. Wissenschaftler warnen, dass aufgrund des steigenden Meeresspiegels in nur wenigen Jahrzehnten ganze Küstenstädte von der Landkarte verschwinden könnten.

Wissenschaftler warnen eindringlich, dass wir die Eroberung und Ausbeutung unseres natürlichen Habitats beenden, und einen Wandel zum Schutz unserer Mitwelt vollziehen müssen. Ein Bericht nach dem anderen weist warnend darauf hin, dass unser aktueller Kurs nicht beibehalten werden kann.

In einem weiterer Bericht aus dem Jahr 2005 dokumentieren Wissenschaftler der britischen Royal Society, dass unsere Ozeane versauern, und warnen davor, dass Kohlenstoffdioxidausstöße der Industrie im Meerwasser schädliche Auswirkungen haben: Aus CO_2 und Wasser wird Kohlensäure gebildet, die für kalkskelettbildende Organismen schädlich ist. Durch diese Schäden verlieren Meereslebewesen und dadurch wiederum Menschen ihre Nahrungsgrundlage.[41]

Tatsächlich vergeht fast kein Tag, an dem keine weitere Studie erscheint, die uns den Wahnsinn unseres aktuellen Kurses aufzeigt. Doch die alten, auf

Dominanz und Ausbeutung ausgerichteten Gewohnheiten und Überzeugungen sind so tief in unseren Wirtschaftsmodellen und in unserer Wirtschaftspolitik und -praxis verwurzelt, dass viele diesen Warnungen keine Beachtung schenken.

Es scheint so, als würde es keinen kümmern – zumindest keinen, der in der Lage wäre, diesen irrationalen Kurs zu verändern. Großkonzerne und die von ihnen kontrollierten Regierungen zerstören weiterhin die Regenwälder der Erde, verschmutzen Luft und Wasser und erzeugen künstliche Knappheit, indem sie die Ressourcen in Waffen und Kriege investieren. Die Ausbeutung der Natur dauert unvermindert an – und durch die mittlerweile immer wirkmächtigeren Technologien werden innerhalb weniger Jahre, mitunter sogar weniger Monate oder Tage, schreckliche Schäden verursacht.

Doch das ist kein unausweichliches Schicksal. Wir können das ändern.

Kapitel 6
Ökonomie der Partnerschaft

Unsere Ideen und Geschichten sind die Entwürfe unserer Zukunft – und diese Ideen und Geschichten entstehen natürlich nicht in einem Vakuum, sondern zu bestimmten Zeiten an bestimmten Orten. Im 18. Jahrhundert gewann eine machtvolle Idee an Einfluss: Die Menschen begannen daran zu glauben, dass die menschliche Sehnsucht nach einem besseren Leben auf dieser Erde verwirklicht werden kann.

Wie die überlieferte Geschichtsschreibung – im Osten wie im Westen – zeigt, lebte stets der Großteil der Bevölkerung in Armut und akzeptierte diese Armut, wie ihr beigebracht worden war, als unausweichliches Schicksal. Niemand Geringeres als Aristoteles hatte erklärt, dass jeder Mensch in seine Rolle im Leben hineingeboren werde: Sklaven waren zum Sklaventum bestimmt, das Schicksal der Frauen war die Unterordnung unter den Mann. In diesem Zusammenhang schreibt er, »vieles ist gleich von seiner Entstehung an derart geschieden, daß das eine zum Herrschen, das andere zum Dienen bestimmt erscheint.«[1] Später lehrte die Kirche des Christentums, dass das Leiden Gottes Strafe für unsere verdorbene, selbstsüchtige Art sei. Und was die Armut anbelangt, so sagt Jesus im Matthäus-Evangelium: »Denn die Armen habt ihr immer bei euch«.[2]

Doch als in Europa die Industrielle Revolution in Fahrt kam, schien die Möglichkeit einer Weltveränderung in greifbare Nähe gerückt. Tatsächlich änderte sich die Welt in immer schnellerem Tempo und herkömmliche Arbeits- und Lebensweisen wurden durch neue ersetzt. Mitte des 18. Jahrhunderts wurde die Vision eines Fortschritts durch menschliche Erfindungen auch auf die Wirtschaft übertragen: Wenn die Menschen die Produktion durch Erfindungen verbessern konnten, warum nicht auch das Wirtschaftssystem? Könnte die Wirtschaft nicht allen ein besseres Leben bieten, wenn wir nur verstünden, wie wirtschaftliche Systeme funktionierten? Diese Infragestellung der wirtschaftlichen Strukturen führte zur Entstehung von zwei Wirtschaftstheorien: Bei der ersten handelte es sich um das, was wir heute *Kapitalismus* nennen. Die zweite wird von ihren Befürwortern als *Sozialismus* bezeichnet.

Es heißt oft, dass alle Theorie grau sei und keine wirklichen praktischen Auswirkungen habe. Doch nichts könnte weiter von der Wahrheit entfernt sein: Tatsächlich hat wohl kaum etwas die moderne Geschichte derart tiefgreifend beeinflusst wie diese beiden Wirtschaftstheorien. Jede dieser Theorien erzählt eine jeweils andere Geschichte darüber, wie Wirtschaftssysteme funktionieren und wie sie verbessert werden können. Und diese Geschichten haben nicht nur die Wirtschaftspolitik und die Wirtschaftspraktiken verändert, sondern auch die Art und Weise, wie die Menschen denken und leben.[3] Um uns weiterzuentwickeln, müssen wir diese Theorien und den zeitlichen Kontext ihrer Entstehung begreifen. Vor allem müssen wir aber auch die auf einer dominanzgeprägten Denkweise basierenden Prämissen erkennen, die in diese Theorien miteingebunden sind. Diese nachzuvollziehen ist eine Grundvoraussetzung, wenn wir eine neue Wirtschaftstheorie entwickeln wollen – eine, die tatsächlich funktioniert und zu einem besseren Leben für alle führt.

6.1 Die kapitalistische Sichtweise

Die »Bibel« der kapitalistischen Lehre wurde von dem 1923 in Schottland geborenen Adam Smith verfasst – einem brillanten und geselligen Exzentriker. Er war zwar nie verheiratet, hatte aber einen großen Kreis von Freunden, Kollegen und Bewunderern, zu dem einige der berühmtesten Personen im damaligen Großbritannien gehörten. Beruflich reüssierte er auf vielerlei Weise – sei es als Professor in Oxford oder als ausgesprochen gut bezahlter Begleiter eines Aristokratensohns bei dessen Reisen durch Europa. Mit dem Schreiben begann Smith erst 1759. Sein erstes, heute fast vergessenes Buch trug den Titel: *The Theory of Moral Sentiments* (dt.: *Theorie der ethischen Gefühle*). 1776, im Gründungsjahr der USA, veröffentlichte er dann sein berühmtes *Inquiry into the Nature and Cases of the Wealth of Nations* (dt.: *Untersuchung über Wesen und Ursachen des Reichtums der Völker*), besser bekannt als *The Wealth of Nations* [dt.: *Der Wohlstand der Nationen*].[4]

Smith blickte optimistisch in die Zukunft. Er akzeptierte vom Grundsatz her die dominanzgeprägte Denkweise, nach der Menschen von Natur aus egoistisch seien. Seiner Meinung nach konnte dieser Egoismus jedoch zum Allgemeinwohl beitragen – wenn man die Regelung von Produktion und Handel einfach nur vollständig und ohne staatliche Einmischung dem Markt überließ.

Das bedeutet keineswegs, dass Smith Egoismus als einzige menschliche Motivation betrachtete – auch wenn ihm genau diese Haltung oft zugeschrieben wird. In seinem zuvor erschienenen Werk *Die Theorie der ethischen Gefühle* schreibt er vielmehr, dass Menschen aus »Gefühlen« für andere heraus handeln können und dies auch tun – und er war überzeugt davon, dass Altruismus in Familien eine wichtige Motivation ist (vor allem für Frauen).

Es heißt oft, Smith sei ein »Gegner der staatlichen Einmischung« gewesen. Doch seine scharfe Kritik an staatlicher Wirtschaftskontrolle bekommt eine ganz andere Bedeutung, wenn man sie in ihrem historischen Kontext betrachtet.

Smith schrieb in einer Zeit massiver sozialer und wirtschaftlicher Umwälzungen. Der Adel hatte sich den Großteil der Allmenden angeeignet, so dass nun große Teile der bäuerlichen Bevölkerung verarmt und besitzlos durchs Land zogen. Es gab auch schon Anzeichen dessen, was sich mit der Industrialisierung im 19. Jahrhundert voll entfalten sollte: An manchen Orten arbeiteten kleine Kinder zwölf Stunden täglich in Minen – genauso wie Frauen (auch schwangere, die zuweilen in den Minenschächten niederkamen). Die Bedingungen in manchen Industriestädten waren auch nicht viel besser: Kinder mussten rund um die Uhr, zwölf bis vierzehn Stunden am Stück an den Maschinen stehen.[5] Doch der Staat – der vollständig in den Händen der Grundbesitzer- und Händlerklasse lag – unternahm nichts, um daran etwas zu ändern. Stattdessen verschärfte er die Situation noch durch kurzsichtige Maßnahmen, die einzig und allein darauf ausgerichtet waren, die wirtschaftlichen Interessen der Machthabenden zu bedienen.

Adam Smith behauptete weder, dass der Staat keine Rolle spielt, noch setzte er sich für eine Privatisierung von staatlichen Dienstleistungen ein.

Mit seiner Ablehnung gegenüber staatlicher Einmischung stellte Smith indirekt die Kontrolle der Oberklasse über die Wirtschaft infrage. Es hätte ihn schockiert, wenn er erfahren hätte, dass seine Wirtschaftstheorie einmal zur Rechtfertigung von Raublust und Gier genutzt werden würde – Verhaltensweisen, die er streng verurteilte. Er griff die »bloße Habgier« der aufstrebenden Händlerklasse scharf an und schrieb, dass diese »weder Potentaten der

Menschheit sind, noch eigentlich sein sollten«.[6] Außerdem schrieb er, dass »ganz sicher [...] keine Nation blühen und gedeihen [kann], dessen Bevölkerung weithin in Armut und Elend lebt.«[7]

Smith behauptete weder, dass der Staat keine Rolle spiele, noch setzte er sich für eine Privatisierung von staatlichen Dienstleistungen ein. Vielmehr hielt er es für die Aufgabe des Staates, eine »gewissenhafte Justizverwaltung« für alle Bürger einzurichten.[8] Er bemerkte weiter, dass der Staat »öffentliche Anlagen und Einrichtungen« aufbauen und unterhalten müsse, »die, obwohl sie für ein großes Gemeinwesen höchst nützlich sind, ihrer ganzen Natur nach niemals einen Ertrag abwerfen, der hoch genug für eine oder mehrere Privatpersonen sein könnte, um die anfallenden Kosten zu decken, weshalb man von ihnen nicht erwarten kann, daß sie diese Aufgabe übernehmen.«[9] Außerdem warnte er davor, dass die aufstrebenden Industriellen »in der Regel vielmehr daran interessiert sind, die Allgemeinheit zu täuschen, ja, sogar zu mißbrauchen.«[10]

Gleichwohl stand im Zentrum von Smiths Theorie die Überzeugung, dass der Markt – also die Produktion und der Austausch von Gütern zur Gewinnerzielung durch Handelstransaktionen – der wichtigste Motor sei, wenn es um den Aufbau einer besseren Gesellschaft ginge. Er glaubte, dass die Kräfte des Marktes dem Egoismus durch Wettbewerb Einhalt geböten. Die »unsichtbare Hand« des Marktes, so schrieb er, sorge dafür, dass die Marktakteure nicht betrogen würde und der Lebensstandard sich verbessere.[11]

Dieses eine Argument inmitten der neunhundert Seiten von Smiths *Wohlstand der Nationen* wurde zum Grundprinzip des Kapitalismus.

6.2 Die sozialistische Sichtweise

Der Kapitalismus bedeutete in vielerlei Hinsicht einen Schritt von einer eher dominanzgeprägten zu einer mehr partnerschaftlichen Lebensweise. Er gab den Anstoß zu sozial verantwortlicheren Regierungsformen wie konstitutionellen Monarchien oder Republiken und war einer der Hauptfaktoren für die Entwicklung der Mittelschicht. Im Vergleich zu den früheren feudalen und merkantilen Wirtschaftssystemen, in denen Adlige und Könige den Großteil der Wirtschaftsressourcen besessen hatten, war der Kapitalismus mit Sicherheit ein Fortschritt.

Doch der Kapitalismus förderte das individuelle Gewinnstreben und die Gier (Beweggrund Profit). Er beruhte ebenfalls auf Rangordnungen (Klassengesellschaft) und setzte die Tradition der Gewalt fort (koloniale Eroberungen und Kriege). Außerdem versagte auch der Kapitalismus dabei, die Bedeutung der »Frauenarbeit« – also der Care-Arbeit – zu erkennen. Kurz gesagt: Er behielt in diesen und anderen Bereichen markante dominanzgeprägte Elemente bei.

Als im 19. Jahrhundert deutlich wurde, dass der Kapitalismus nicht, wie von Smith vermutet, zu einer dem Allgemeinwohl dienenden Wirtschaft führte, entwickelten Karl Marx und Friedrich Engels eine ganz andere Theorie. Diese wurde als *Wissenschaftlicher Sozialismus* bekannt und stellte so ziemlich alles infrage, woran Smith geglaubt hatte – vor allem seinen Glauben an die Kräfte des Marktes.

Engels wurde 1820 in Deutschland geboren, verbrachte jedoch einen Großteil seines Lebens in England, wo er die Textilfabrik seines Vaters in Manchester leitete. Anders als viele aus seiner Gesellschaftsklasse hatte er Kontakt zu den Armen. Er verliebte sich in eine Arbeiterin und das Verhältnis der beiden dauerte bis zu deren Tod an. Später lebte er mit ihrer Schwester zusammen, die er an ihrem Sterbebett heiratete. Nachdem er die elenden Lebensumstände der Arbeiterklassenfamilien aus erster Hand kennengelernt hatte, veröffentlichte er 1844 *Die Lage der arbeitenden Klasse in England.*[12] Es war eine leidenschaftliche Anklage des kapitalistischen Systems, das Menschen dazu verdammte, von morgens bis abends zu schuften und dennoch in schmutzigen Rattenlöchern zu hausen und kaum genug zu besitzen, um Leib und Seele zusammenzuhalten. Als Engels im Sommer 1844 in Paris den Philosophen Karl Marx besuchte, war er bereits von den egalitären Idealen des Kommunismus überzeugt. Der ursprünglich für ein paar Stunden geplante Besuch dauerte letztlich zehn Tage, die von intensiven Gesprächen und intensiver Zusammenarbeit erfüllt waren. Engels und Marx wurden lebenslange Freunde und Arbeitspartner und mit der Zeit kam es sogar so weit, dass Marx mit seiner Frau Jenny und ihren Kindern vollständig von Engels finanzieller Unterstützung lebte.

Marx war nicht immer arm gewesen – doch seine politischen Überzeugungen, die er zunächst in Zeitungsartikeln und später in seiner monumentalen wirtschaftswissenschaftlichen Abhandlung *Das Kapital* ausdrückte, führten ihn in die Armut. Karl Marx wurde 1818 in einer wohlhabenden, liberalen jüdischen Familie in Deutschland geboren, die später zum Christentum konvertierte, damit Marx' Vater seinen Anwaltsberuf freier ausüben konnte. Marx wurde zum Rechtsstudium an die Universitäten in Bonn und Berlin geschickt. Dort wurde er von Hegels Lehre des Dialektischen Materialismus beeinflusst, nach der jeder historischen Kraft eine Gegenkraft (Antithese) entgegensteht, und deren Aufeinanderstoßen zu einer Synthese führt, die diese Widersprüche aufhebt. Diese Theorie hat Marx stark beeinflusst. Er beschloss, selbst Philosoph zu werden und strebte zunächst eine Position an der Universität an. Allerdings stellt er bald fest, dass er sich nur dann Hoffnung auf eine akademische Laufbahn machen konnte, wenn er sich den reaktionären preußischen Autoritäten unterordnete, weswegen er die Universität mit 23 Jahren verließ und sich im Journalismus versuchte. Er gab eine liberale Zeitung heraus, in der er die autoritäre Regierung kritisierte – was dazu führte, dass er Deutschland verlassen musste. Dieses Muster wiederholte sich sein ganzes Leben hindurch. Er und seine Familie mussten von Ort zu Ort ziehen und konnten nur dank Engels Großzügigkeit überleben. Dieser sah in Marx ein Genie, dem es gelingen würde, Mittel und Wege zu finden, die unterdrückten Massen zu Freiheit und Wohlstand zu führen.

Marx und Engels stellten ihren Wissenschaftlichen Sozialismus dem gegenüber, was sie als *utopischen Sozialismus* abtaten (der zum Beispiel von Denkern wie Robert Owen und Charles Fourier vertreten wurde).[13] Sie beschäftigten sich mit den Zusammenhängen zwischen politischen Prozessen und wirtschaftlichen Variablen und vor allem mit der Wirtschaftspolitik, so wie das auch der britische Philosoph John Stuart Mill in seinem Werk zur politischen Ökonomie[14] getan hatte. Dabei gingen sie jedoch über Mills liberale Wirtschaftsanalyse hinaus und untersuchten auch den Kampf um die Kontrolle über die Produktionsmittel.

Marx und Engels hielten Klassenkämpfe für historisch unvermeidbar und glaubten fest daran, dass auf den Sieg der *Bourgeoisie* über die feudalen, adligen Grundbesitzer, unaufhaltbar der Sieg der Arbeiterklasse bzw. des *Proletariats* folgen würde. Allerdings waren sie nicht nur fest dazu entschlossen, eine neue Wirtschaftstheorie zu entwerfen, sondern auch, deren Umsetzung zu erleben.

Tatsächlich fanden in der Zeit, in der Marx und Engels ihre Theorie der Klassenkämpfe ausarbeiteten, überall in Europa Arbeiteraufstände statt. Doch die zunächst in Frankreich und später in Belgien und Deutschland aufflammenden bewaffneten Revolten wurden sämtlich mit massivem Einsatz von

Gewalt niedergeschlagen. Dennoch waren Marx und Engels überzeugt, dass die Zeit für sie arbeiten würde. So schrieben sie 1848 in ihrem Kommunistischen Manifest:

»Die bürgerlichen Produktions- und Verkehrs-Verhältnisse, die bürgerlichen Eigenthums-Verhältnisse, die moderne bürgerliche Gesellschaft, die so gewaltige Produktions- und Verkehrsmittel hervorgezaubert hat, gleicht dem Hexenmeister, der die unterirdischen Gewalten nicht mehr zu beherrschen vermag, die er herauf beschwor.«[15] »Die Waffen, womit die Bourgeoisie den Feudalismus zu Boden geschlagen hat, richten sich jetzt gegen die Bourgeoisie selbst. Aber die Bourgeoisie hat nicht nur die Waffen geschmiedet, die ihr den Tod bringen; sie hat auch die Männer gezeugt, die diese Waffen führen werden – die modernen Arbeiter, die Proletarier.«[16] »Sie produzirt vor Allem ihre eigenen Todtengräber. Ihr Untergang und der Sieg des Proletariats sind gleich unvermeidlich.«[17]

6.3 Revolution und Rückentwicklung

Tatsächlich wurde der Traum einer kommunistischen Revolution noch zu Marx' und Engels Zeiten verwirklicht – allerdings nicht in einer kapitalistischen Industrienation, wie sie vorausgesagt hatten, sondern in einer semifeudalen Agrargesellschaft, nämlich dem autokratischen Russland der Zaren und Adligen.

Obwohl die sozialistische Politik den Hunger und die bittere Armut der Massen beendete und auch zu enormen Verbesserungen in der Gesundheitsfürsorge und der Bildung führte, kam es weder in der Familie noch in der Gesellschaft zu einer Veränderung der dominanzgeprägten Traditionen. Das, was Marx als Diktatur des Proletariats bezeichnet hatte, entwickelte sich in der Tat zu einem gewalttätigen und despotischen Regime.

Die Wirtschaft wurde zentral verwaltet und zwar in Form eines Top-Down-Staatskapitalismus, in dem die Ressourcen von einer kleinen Gruppe von Männern am oberen Hierarchieende kontrolliert wurden. Die Apparatschiks in der Moskauer Regierung erhielten Privilegien wie Villen am Meer oder opulente Bankette, während die Masse der Menschen in überfüllten Wohnungen lebte und oft nicht einmal die Grundnahrungsmittel kaufen konnte. In den Provinzen wurden die Warlords zu Politoffizieren ernannt und verbreiteten weiterhin Angst und Schrecken unter der Bevölkerung.

Ein Teil des Problems lag in der kommunistischen Theorie selbst begründet. Denn darin wurden nicht nur die Abschaffung von Privatbesitz sowie der Klassenkampf verordnet, sondern auch versäumt, von der dominanzgeprägten Annahme Abstand zu nehmen, der zufolge Gewalt ein Mittel ist, um Macht zu gewinnen – gemäß dem wohlbekannten Motto, dass »der Zweck die Mittel heiligt«. Doch den weitaus größeren Teil des Problems stellte die autoritäre und dominanzgeprägte Kultur dar, die vor Errichtung der Sowjetunion geherrscht hatte.

Die russischen Zaren waren despotische Autokraten in einer vornehmlich feudalen Gesellschaft gewesen und die Leibeigenschaft war erst im 19. Jahrhundert beendet worden. Ähnlich wie bei den befreiten Sklaven in den Südstaaten der USA war die neue Freiheit der Leibeigenen oft trügerisch, denn die Machtstrukturen hatten sich nicht wirklich geändert. Darüber hinaus übernahm die Sowjetunion die strikt männlich dominierte Kultur. Diese Überordnung der einen Hälfte der Menschheit über die andere wurde noch dadurch verstärkt, dass es dort üblich war, seine Ehefrau zu schlagen oder andere Formen der Gewalt auszuüben – eine Steilvorlage für Ungleichheit und Ausbeutung.

Diese Zusammenhänge zwischen der Geschlechterbeziehung, der Politik und der Wirtschaft stellen eine der lehrreichsten Lektionen der modernen Geschichte dar, die durch Stalins brutales autokratisches Regime eindrücklich veranschaulicht wird. Als Stalin an die Macht kam, wich er von dem von Lenin eingeschlagenen Kurs ab, der auf mehr Gleichberechtigung zwischen Männern und Frauen ausgerichtet gewesen war. Gleichzeitig fand in der Sowjetunion eine Rückkehr zu einer (sogar noch extremeren) gewalttätigen und hierarchisch organisierten Wirtschaftslenkung statt. Dabei wurden Millionen von Kleingrundbesitzern ermordet und jeder ausgemerzt, den Stalin als Bedrohung für seine Alleinherrschaft empfand.

In Hinblick auf diesen Rückschritt zu autoritären, dominanzgeprägten Strukturen unterschied sich das totalitäre Regime Stalins in keiner Weise von dem totalitären faschistischen Regime Hitlers. Stalin war genauso davon besessen, alles zu kontrollieren, wie Hitler es war, der – inspiriert von Nietzsches Werken – Ideen wie Gleichheit, Demokratie, Humanismus oder Frauenemanzipation

zipation als »entartet« oder »unmännlich« betrachtete und forderte, dass so, wie die Männer über die Frauen herrschten, auch »rassenreine« Männer über den Rest der Menschheit herrschen sollten.[18]

Die Sowjetunion verbreitete den Sozialismus weltweit mit wirtschaftlicher und militärischer Unterstützung sowie durch Eroberung und Propaganda. Ein paar Jahrzehnte lang war die Hälfte der Welt sozialistisch – unter anderem Osteuropa, Teile Afrikas, China und andere asiatische Länder sowie einige Länder auf dem amerikanischen Kontinent. Nach dem Fall der Berliner Mauer 1989 kollabierte die Sowjetunion und der Kapitalismus wurde zur neuen Wirtschaftsordnung in Russland und Osteuropa. Auch China erlaubte damals die Gründung privater Unternehmen und wurde bald zu einer der wichtigsten kapitalistischen Mächte (wenn auch immer noch unter Kontrolle der Kommunistischen Partei).

Das, was Marx als Diktatur des Proletariats bezeichnet hatte, entwickelte sich in der Tat zu einem gewalttätigen und despotischen Regime.

Im Ideologiewettstreit zwischen Kapitalismus und Sozialismus wurde der Kapitalismus zum Sieger erklärt. Doch während dies zunächst als großer Segen für das Wirtschaftswachstum gepriesen wurde, stellte es sich bald heraus, dass es sich hierbei um einen Pyrrhussieg handelte – zumindest für die große Mehrheit der Weltbevölkerung. Denn während die Aktienmärkte stiegen, die Unternehmensprofite in die Höhe schnellten und die CEO-Gehälter astronomische Summen erreichten, wurden die Bedingungen für den Großteil der Bevölkerung immer schlechter.

2005 erklärten die Vereinten Nationen, dass die Globalisierung des unregulierten Marktes eine der Hauptursachen von Armut sei.[19] Seitdem stagnierte selbst in den wohlhabenden USA das Einkommen der Bevölkerungsmehrheit, während diejenigen am oberen Ende der Hierarchie immer mehr Reichtum anhäuften, sodass sich die Kluft zwischen Arm und Reich eher vertiefte, als geringer zu werden.[20]

6.4 Von Kapitalismus und Sozialismus zum Partnerismus

Sowohl die Theorie von Smith als auch die von Marx und Engels haben grundlegend zu unserem Verständnis von Wirtschaft beigetragen. Aber weil sie aus Gesellschaften stammten, die erst wenige Schritte in Richtung eines Partnerschaftssystems unternommen hatten, gingen sie bei ihren Forschungen nicht tief und in ihren Forderungen nicht weit genug, sondern verfestigten mit ihren Analysen stattdessen den viel zu engen Blick auf die Wirtschaft.

Als Smith die Funktionsweise des Marktes beschrieb, ging er von einem freien Markt aus, auf dem kleine Einheiten interagieren. Er zeichnete ein idealisiertes Bild des Marktes als eines *deus ex machina,* der für Gerechtigkeit und Wohlstand sorgt. Dabei ließ er die Wechselwirkungen zwischen gesellschaftlichen und wirtschaftlichen Institutionen gänzlich außer Acht.

Marx und Engels erkannten zwar, dass es zwischen den Einrichtungen der Wirtschaft und dem größeren gesellschaftlichen Rahmen einen Zusammenhang gab – doch sie dachten, dieser würde einseitig dadurch bestimmt, wer die Produktionsmittel kontrollierte. Darüber hinaus konzentrierte sich Marx bei seiner Analyse der Wirtschaft vornehmlich darauf, die kapitalistische Markwirtschaft zu kritisieren. Tatsächlich führte die von ihm vorgeschlagene Lösung eines Sozialismus, der von oben durch eine »Diktatur des Proletariats« kontrolliert wird, niemals zu der idealen kommunistischen Gesellschaft, die er sich letztendlich vorgestellt hatte.

Weder die Theorien von Marx und Engels noch die von Smith erreichten ihr Ziel – nämlich den Grundstein für eine Wirtschaft zu legen, die allen ein besseres Leben verschafft. Allerdings hätte dieses Ziel in vornehmlich dominanzgeprägten Gesellschaften auch gar nicht erreicht werden können, denn dort halten die gesellschaftlichen und wirtschaftlichen Strukturen ebenso wie die kulturellen Werte die dominanzgeprägten Top-Down-Hierarchien aufrecht und verhindern eine auf Fürsorge basierende Praxis und Politik.

Der freie Markt, den sich Smith vorgestellt hatte, wurde niemals Wirklichkeit. Angesichts so brutaler Geschäftsmänner wie J. P. Morgan und Cornelius Vanderbilt, die rücksichtslos auf Schikane, Bestechung und Gewalt setzten, um Konkurrenz und Gewerkschaften gleichermaßen niederzuwalzen, konnte seine Rechnung nicht aufgehen: Der Wettbewerb konnte die Durchsetzung egoistischer Interessen nicht im Zaum halten.[21] Zudem hatte Smith nicht mit der neuen Superklasse des modernen Geldadels gerechnet, zu dem heutzutage einige wenige Milliardäre gehören, die zusammen mehr Reichtum besitzen als 60 Prozent der Weltbevölkerung.[22]

Auch der Sozialismus wurde nie so verwirklicht, wie Marx und Engels sich das vorgestellt hatten – statt eines egalitären Staates entstand ein System, das von einer rücksichtslosen männlichen Elite gelenkt wurde.

Wie die Geschichte zeigt, reicht es nicht aus, einfach nur diejenigen auszuwechseln, die die Kontrolle über die Produktionsmittel haben. Solange diese Kontrolle innerhalb eines dominanzgeprägten Systems ausgeübt wird, besteht das Ergebnis lediglich darin, dass eine Top-Down-Kontrolle durch eine andere ersetzt wird, so wie es in der Sowjetunion der Fall war, als die Bolschewiken die Kontrolle über Russlands Produktionsmittel übernahmen.[23] Und es reicht auch nicht aus, sich einzig auf die Funktionsweise des Marktes zu konzentrieren. Wenn wir der Unmenschlichkeit und der Vernunftwidrigkeit ein Ende setzen wollen, die so viel Leid und Zerstörung verursachen, müssen wir sowohl alle Bereiche der Wirtschaft als auch das Wechselspiel zwischen der Wirtschaft und dem sie umfassenden Gesellschaftssystem betrachten.

Die einem Wirtschaftssystem zugrunde liegenden gesellschaftlichen Strukturen und Werte werden von diesem in einem beständigen gegenseitigen Austausch sowohl reflektiert als auch verfestigt. Wenn die gesellschaftlichen Strukturen und Werte dominanzgeprägt sind, gilt dies auch für die Wirtschaft. Gleichzeitig gilt jedoch auch – wie Marx und Engels erkannt hatten –, dass die Struktur des Wirtschaftssystems großen Einfluss auf die gesellschaftlichen Strukturen und Werte hat.

Aus diesem Grund benötigen wir dringend ein neues Narrativ dazu, was Wirtschaft ist und was sie sein kann. Das Schlüsselelement eines solchen Narrativs ist eine neue Wirtschaftstheorie und zwar eine, die partnerschaftliche Elemente sowohl aus dem Kapitalismus als auch aus dem Sozialismus enthält, dabei aber über diese beiden Theorien hinausgeht, um sicherzustellen, dass alle menschlichen Bedürfnisse und Potenziale Nahrung erhalten und unsere Mitwelt bewahrt wird.

Ich nenne diese neue Wirtschaftstheorie, die sich gerade herausbildet, eine *Caring Economy des Partnerismus*. Diese Theorie befindet sich derzeit in der Entwicklungsphase und benötigt den Beitrag und die Kreativität von vielen von uns. Tatsächlich ist es so, dass sich ein vollständiges partnerschaftlich geprägtes Wirtschaftsparadigma erst dann ausbilden wird, wenn wir uns noch weiter aus den Fängen der dominanzgeprägten Traditionen lösen können.

Aber es kann – und muss – uns gelingen, Wirtschaft neu zu denken, wenn wir angemessen auf die noch nie dagewesenen globalen Probleme reagieren wollen.

Weder die sozialistische noch die kapitalistische Theorie haben erkannt, was nun, da wir in das postindustrielle Informationszeitalter gelangt sind, offensichtlich wird: Nämlich dass wir für eine gesunde Wirtschaft und Gesellschaft eine Wirtschaftsordnung benötigen, die unsere menschliche Entwicklung optimal unterstützt.[24] Im Gegensatz dazu erkennt der Partnerismus, dass neben einem gesunden Ökosystem die Entwicklung von hoch qualifiziertem »Humankapital« (also von unserem menschlichen Potenzial) der wertvollste Bestandteil einer erfolgreichen Wirtschaft ist. So weist Amartya Sen darauf hin, dass nicht die Höhe des finanziellen Pro-Kopf-Einkommens das ultimative Ziel der Wirtschaftspolitik sein sollte, sondern die Entwicklung des menschlichen Potenzials eines jeden Individuums. Zudem zeigen Erkenntnisse aus Psychologie und Neurowissenschaft, dass die Qualität der Fürsorge, die Kinder erfahren, direkten Einfluss darauf hat, ob sie als Erwachsene ihr Potenzial voll entfalten können.[25]

Sobald wir also den Wert von Fürsorge in der Wirtschaft erkannt haben, werden wir auch erkennen, dass viele Probleme unserer Gesellschaft und unserer Mitwelt das Ergebnis von wirtschaftlichen Regelungen sowie von einer Wirtschaftspolitik und -praxis sind, die Rücksichtslosigkeit (also einen Mangel an Fürsorge) fördern oder sogar zur Notwendigkeit machen. Es ist ein Skandal, dass viele wirtschaftswissenschaftliche Texte Fürsorge nicht einmal erwähnen – und doch auch sehr nachvollziehbar, wenn man die Zeitumstände berücksichtigt, unter denen die beiden Theorien entstanden sind, die unsere moderne Wirtschaft geformt haben. Damals nahmen die meisten Menschen die Überlegenheit der Männer über die Frauen als gegeben an – und damit auch die Abwertung von allem, was als »weiblich«, also »unmännlich« galt – wie zum Beispiel Fürsorge und Care-Arbeit.

So ging Smith zwar davon aus, dass Frauen selbstlos für andere sorgten, gleichzeitig betrachtete er »Frauenarbeit« jedoch als unproduktiv und meinte, Frauen seien Männern von Natur aus unterlegen. Marx und Engels hingegen verurteilten die männliche Dominanz, hatten jedoch ein ambivalentes Verhältnis zu dem, was sie als »Frauenfrage« bezeichneten. Außerdem betrachteten sie die von Frauen in Haushalten geleistete Arbeit nicht als wertvollen Wirtschaftsbeitrag, sondern werteten sie als »reproduktive« (also nicht »produktive«) Arbeit ab. Ohnehin lag ihr Fokus auf der Frage, wer die Produktionsmittel kontrollierte, und so schenkten sie der »Frauenarbeit« in ihren Wirtschaftsanalysen keine große Aufmerksamkeit.

Dazu kommt, dass weder Smith noch Marx in ihren Theorien in irgendeiner Weise die Überlebensnotwendigkeit der Natur berücksichtigten. Für sie war die Natur dazu da, vom Menschen für Nahrung, Unterkunft und Produktionsmittel ausgebeutet zu werden. In diesen Theorien wird also nicht erkannt, dass die Natur und die unentgeltlich in Haushalten und im Non-Profit-Bereich geleisteten Arbeiten überlebensnotwendig sind. So bleiben die Wirtschaftsmodelle, auf denen diese Theorien beruhen, unvollständig, denn sie berücksichtigen nur einen Bruchteil dessen, was für eine funktionierende und nachhaltige Wirtschaft von Bedeutung ist.

Diese Theorien beruhen nicht nur auf einem unvollständigen Modell dessen, was der Mensch zum Überleben braucht, sondern berücksichtigen zudem ausschließlich den materiellen Teil dieser überlebensnotwendigen Bedürfnisse. Das ist vor dem zeitgeschichtlichen Hintergrund ihrer Entstehung vielleicht verständlich – immerhin waren Hunger und Armut damals in Europa weit verbreitet. Doch dies führte dazu, dass die über das Materielle hinausgehenden, aber ebenso überlebensnotwendigen Bedürfnisse von Menschen in diesen Theorien völlig ausgeblendet wurden.

Heute ist klar erkennbar, dass die aktuellen wirtschaftlichen Strukturen sowie die aktuelle Wirtschaftspolitik und -praxis noch nicht einmal die materiellen Bedürfnisse der Menschen angemessen befriedigen können – und noch viel weniger unser Bedürfnis nach Würde, Sinnhaftigkeit, fürsorglichen Beziehungen und Gewaltfreiheit. Um beiden Arten von Bedürfnissen gerecht zu werden, benötigen wir eine Wirtschaftstheorie, die auf einem umfassenderen Verständnis dessen basiert, wie wir uns entwickelt haben und welche Rolle wir auf der Bühne der Evolution spielen.[26] Diese Theorie muss auf der Erkenntnis beruhen, dass im Laufe der Evolution Männer und Frauen gleichermaßen ein großartiges Potenzial für Fürsorge, Kreativität und Bewusstheit entwickelt haben – und dass es in einer Wirtschaftsordnung,

In diesen Theorien wird nicht erkannt, dass die Natur und die unentgeltlich in Haushalten und im Non-Profit-Bereich geleisteten Arbeiten überlebensnotwendig sind, daher bleiben die Wirtschaftsmodelle, auf denen diese Theorien beruhen, unvollständig.

die für alle Menschen unabhängig von ihrem Geschlecht funktionieren soll, Regeln und Praktiken geben muss, die dieses Potenzial zur Entfaltung bringen, anstatt seine Entfaltung zu verhindern. Mit dieser sehr anwendungsorientierten Herangehensweise können wir ein Wirtschaftssystem schaffen, das die Entwicklung und das Ausleben unseres Potenzials unterstützt, das unser volles Menschsein ausmacht, nämlich ebendieses großartige Potenzial für Fürsorge, Bewusstheit und Kreativität.

Darüber hinaus benötigen wir dringend eine Wirtschaftstheorie, die der Politik vor Augen führt, dass sie nicht nur auf der Grundlage kurzfristiger Überlegungen entscheiden darf. Heute gibt es zahlreiche wirtschaftliche Regelungen, die Unternehmen dahingehend unter Druck setzen, kurzfristige Ziele zu verfolgen – zum Beispiel die von der US-Wertpapieraufsichtsbehörde geforderten Quartalsberichte von Unternehmen. Dabei ist es offensichtlich, dass wir langfristige Planungen benötigen, um unser immer stärker gefährdetes Ökosystem zu schützen, und dass wir die Langzeitfolgen unserer technologischen Durchbrüche berücksichtigen müssen – denn wenn wir nicht vorausschauender planen, werden unsere Kinder und Enkelkinder schwer darunter leiden müssen. Außerdem brauchen Gesellschaften eine langfristige Planung, damit sie die notwendigen Investitionen in das für die postindustrielle Wirtschaft nötige »Humankapital« machen können. Investitionen, die von entscheidender Bedeutung für die Schaffung einer gerechteren und weniger gewalttätigen Welt sind – für uns und die uns folgenden Generationen.

Um wirtschaftlichen Tätigkeiten einen angemessenen Wert beimessen zu können, müssen wir also, wie in Kapitel 1 beschrieben, auch deren langfristigen Auswirkungen berücksichtigen. Teilweise geschieht das heute schon: Zum Beispiel werden in den USA mittlerweile die enormen Kosten des aktuellen Strafvollzugssystems mit den Kosten für Kriminalprävention durch gute Fürsorge und Bildung verglichen. Doch wir müssen die langfristigen Auswirkungen sämtlicher Wirtschaftstätigkeit in unseren Wirtschaftstheorien berücksichtigen. Es ist notwendig, sowohl die tatsächlichen Kosten in die Bilanz einzubeziehen (zum Beispiel die Kosten, die durch Kriminalität entstehen und die zur Zeit »externalisiert«, also von der Gesellschaft getragen werden), als auch die Opportunitäts- oder Verzichtskosten (die zum Beispiel dadurch entstehen, dass die kriminelle Person einen Beitrag zur Gesellschaft hätte leisten können, wenn sie zu Beginn ihres Lebens mehr Fürsorge erfahren hätte). Die Betrachtung dieser langfristigen Auswirkungen fehlt bislang in den

Theorien und Berechnungen, mit denen Wirtschaftswissenschaftler den Wert einer Wirtschaftstätigkeit bestimmen.

Außerdem muss in einer partnerschaftlich geprägten Wirtschaftstheorie berücksichtigt werden, was wir heute über sich selbst organisierende Systeme wissen, und dass die wirtschaftlichen Regeln und Strukturen sich wie in einer Feedback-Loop ständig wechselseitig beeinflussen. Wir müssen herausfinden, welche Wirtschaftsstrukturen gleichermaßen effizient wie gerecht sind und welcher Zusammenhang zwischen den Strukturen der Wirtschaftsinstitutionen und den Strukturen anderer Institutionen wie Familien oder Regierungen besteht. Kurz gesagt: Wenn wir eine neue Wirtschaftstheorie für ein System entwickeln wollen, das langfristig und flächendeckend für eine gesunde Wirtschaft, nachhaltigen Umweltschutz und Gerechtigkeit sorgt, müssen wir erkennen, dass dies erst gelingen kann, wenn wir die wirtschaftlichen und sozialen Strukturen ändern, die den rücksichtslosen politischen Entscheidungen, Regeln und Praktiken zugrunde liegen.

Eine partnerschaftlich geprägte Wirtschaftstheorie muss auf der Erkenntnis beruhen, dass im Laufe der Evolution Männer und Frauen gleichermaßen ein großartiges Potenzial für Fürsorge, Kreativität und Bewusstheit entwickelt haben – und dass es in einer Wirtschaftsordnung, die für alle Menschen funktionieren soll, Regeln und Praktiken geben muss, die dieses Potenzial zur Entfaltung bringen, anstatt seine Entfaltung zu verhindern.

6.5 Wirtschaft und Beziehungen

Beziehungen sind von entscheidender Bedeutung, wenn es darum geht, eine neue Theorie und ein neues Narrativ der Wirtschaft zu entwickeln. Wenn wir unseren Blick auf Beziehungen lenken, können wir leichter erkennen, was uns in unserer Entwicklung zurückhält, und was wir brauchen, um voranzukommen. Bei meiner Forschung verwende ich eine Methode, die ich als *Analyse von Beziehungsdynamiken* bezeichne, wobei ich zwei grundlegende Dynamiken untersuche. Zum einen die Dynamik zwischen verschiedenen Teilen eines Gesellschaftssystems, die sich in einem ständig interaktiven, sich selbst organisierenden Prozess befinden, zum anderen die Dynamik zwischen Menschen, die sich innerhalb dieses Systems befinden, sowie zwischen diesen Menschen und ihrer natürlichen Umwelt.

Wie wir bereits gesehen haben, unterscheiden sich diese Beziehungen je nachdem, in welchem Ausmaß eine Kultur oder Subkultur auf ein Ende des Partnerschafts-Dominanz-Kontinuums ausgerichtet ist. In einem Dominanzsystem kontrollieren die Übergeordneten diejenigen, die ihnen untergeordnet sind – sei es in der Familie, in der Politik oder in der Wirtschaft. In einem Partnerschaftssystem werden dagegen Beziehungen gefördert, die auf gegenseitigem Respekt und gegenseitiger Fürsorge beruhen.

Solange eine Kultur vornehmlich dominanzgeprägt ist, werden wir eine ungerechte, ineffiziente und umweltzerstörende Wirtschaftspolitik und -praxis nicht beenden können. Erst wenn wir uns in Richtung eines Partnerschaftssystems entwickeln, können Politik und Praxis sowohl unsere überlebensnotwendigen Grundbedürfnisse als auch unser Bedürfnis nach Gemeinschaft, Kreativität, Sinnhaftigkeit und Fürsorge unterstützen – also uns dabei helfen, unser menschliches Potenzial bestmöglich auszuschöpfen.

Damit wir diesen Wandel vollziehen können, müssen wir in unseren Wirtschaftstheorien und -modellen die Beziehungsdynamiken in allen Lebensbereichen berücksichtigen – also auch in den Lebensbereichen jenseits der Wirtschaft. Wenn wir in unserer Wirtschaftstheorie das gesamte Spektrum an Beziehungsdynamiken berücksichtigen, können wir auf wichtige neue Erkenntnisse aus den Natur- und den Sozialwissenschaften zurückgreifen, die in den herkömmlichen Theorien keine Beachtung fanden.

Wir dürfen nicht länger die wissenschaftlichen Erkenntnisse ignorieren, die zeigen, dass frühkindliche Erfahrungen und Beziehungen eine Schlüsselrolle bei der Entwicklung der Fähigkeiten spielen, die für eine gesunde Wirtschaft notwendig sind. Sowohl die Psychologie als auch die neuen Forschungen auf dem Gebiet der Neurowissenschaft zeigen, wie wichtig diese Beziehungen dafür sind, dass Menschen die Fähigkeiten entwickeln können, die sie benötigen, um effizient zu arbeiten, verantwortungsbewusst als Staatsbürgerinnen und Staatsbürger zu agieren und Erfüllung zu finden.

Wir dürfen auch nicht weiterhin den Zusammenhang zwischen wirtschaftlichem Wohlstand, Gleichberechtigung und dem Status von Frauen ausblenden. Denn wie wir bereits gesehen haben, wurde in statistischen Studien wie *Women, Men, and the Global Quality of Life* gezeigt, dass die Gleichberechtigung bzw. die fehlende Gleichberechtigung von Frauen und Männern entscheidenden Einfluss auf die Lebensqualität in einem Land hat. Und diese Erkenntnisse wurden auch in den WEF-Berichten bestätigt, die zeigen, dass Länder mit dem geringsten Gender Gap wie zum Beispiel Schweden, Finnland und Norwegen auch in den Ranglisten der *Global Competitiveness Reports* des Weltwirtschaftsforums ganz oben stehen.[27]

Diese Studien bieten eine empirische Bestätigung dessen, was einige bekannte Wirtschaftswissenschaftlerinnen und Wirtschaftswissenschaftler schon vor über 100 Jahren intuitiv erkannt haben. So erklärte zum Beispiel Charlotte Perkins Gilman in ihrem berühmten, 1898 erschienenen *Economics and Women*, dass Frauen die gleichen Möglichkeiten wie Männer haben müssen, wenn das Wirtschaftssystem gerechter und produktiver werden soll. Und Thorsten Veblen prangerte in seinem 1899 erschienenen Bestseller *Theorie der feinen Leute (The Theory of the Leisure Class)* die »barbarische Lage der Frauen« an und forderte, dass die Tätigkeiten von Frauen zu dem, was er als »wirtschaftliche Versorgung«[28] bezeichnete, hinzugezählt werden müssten.

Doch diese Ideen wurden nicht in den Kanon der Wirtschaftswissenschaften übernommen, der von Generation zu Generation in Lehrbüchern und Lehrveranstaltungen weitergegeben wurde. Ab der zweiten Hälfte des 20. Jahrhunderts handelten Wirtschaftsvorlesungen in den USA hauptsächlich von Marktproduktion und -konsum sowie dem *Homo oeconomicus*, der rationale, auf Eigeninteresse basierende Entscheidungen trifft. Kam die Sprache doch einmal auf die Privathaushalte, so wurde auf eine weitere haltlose Annahme zurückgegriffen, nämlich dass der Mensch zwar auf dem Markt lediglich von Eigeninteressen angetrieben sei, seiner Familie gegenüber jedoch nur altruistische Motive empfände – und das, obwohl die oben aufgeführten Studien zeigen, dass viele Männer ihre wirtschaftlichen Ressourcen nicht zum Wohl ihrer Familien einsetzen.

Natürlich gab es auch im 20. Jahrhundert Denker, die andere Sichtweisen vertraten, zum Beispiel John Maynard Keynes und John Kenneth Galbraith. Zwar konzentrierten auch sie sich vornehmlich auf die Märkte, aber sie betonten auch die Notwendigkeit staatlicher Eingriffe und waren sehr um das Wohlergehen der Menschen besorgt. Galbraith schrieb darüber hinaus auch, dass Frauen selbst in den Demokratien des Westens »Krypto-Bedienstete« seien.[29] Es gibt sogar Zweige der Wirtschaftswissenschaften wie die Institutionenökonomik oder die Wirtschaftssoziologie, die auf der Erkenntnis basierten, dass die »formalistischen« Analysen ein verfälschtes Bild der Realität zeigen, weil sie den kulturellen Kontext der Wirtschaft nicht berücksichtigen.[30]

Doch in der Mainstream-Wirtschaftswissenschaft lag der Fokus weiterhin vornehmlich, wenn nicht sogar ausschließlich, auf dem Markt. Tatsächlich entwickelte sich die Wirtschaftswissenschaft zu einer Disziplin abstrakter Theoreme und mathematischer Formeln, die oft das nicht berücksichtigten, was für unser Leben eigentlich von Bedeutung ist: unsere Beziehungen zueinander und zu Mutter Natur.[31]

Heute gibt es immer mehr Wirtschaftswissenschaftler, die Wirtschaft von einem weiteren Blickwinkel aus beobachten. Dazu gehören so prominente Personen wie Amartya Sen, Herman Daly, Paul Hawken, David Korten, Paul Krugman, Manfred Max-Neef, Robert Reich, Hernando de Soto oder Joseph Stiglitz, die alle erkannt haben, dass wir uns in der herausforderndsten Phase in der Geschichte unseres Planeten befinden. Sie legen dar, dass die Umwälzungen aufgrund des rapiden technologischen und wirtschaftlichen Wandels, die Eskalation von Gewalt und Terrorismus, die immer breiter werdende Kluft zwischen Arm und Reich, die Ausrottung ganzer Spezies und die massive Bedrohung unseres natürlichen Lebensumfelds ein Wirtschaftssystem nötig machen, das mehr Verantwortung für unsere Mitwelt und mehr Gerechtigkeit aufweist.

Aber auch weniger bekannte Vertreterinnen und Vertreter der Wirtschaftstheorie fordern ein Umdenken, so zum Beispiel Barbara Brandt, Edgar Cahn, Nancy Folbre, Janet Gornick, Mona Harrington, Heidi Hartmann, Hazel Henderson, Duncan Ironmonger, Julie Nelson, Hilkka Pietilä, und Marilyn Waring. Sie haben unser Wirtschaftsverständnis einen entscheidenden Schritt vorangebracht, indem sie die Wirtschaftsbeiträge aus den Privathaushalten und dem Non-Profit-Bereich in die Kalkulation miteinbezogen.[32]

Diese Frauen und Männer gehen von der Prämisse aus, dass eine Wirtschaftstheorie über den Markt hinausgehen oder, genauer gesagt, den Wert von Fürsorge und Care-Arbeit anerkennen muss. So schreibt zum Beispiel Nelson: »Wenn wir weiterhin von der Vorstellung ausgehen, dass Wirtschaft in einem irgendwie gearteten Widerspruch zu Fürsorge und ethischem Verhalten stünde, wird Fürsorge auch weiterhin eine gefährdete und untergeordnete Rolle spielen.«[33]

Dies ist ein zentrales Thema in Folbres Buch *The Invisible Heart*, in dem sie schreibt, dass es uns nicht gelingen wird, ökonomische Zusammenhänge zu verstehen oder zu verändern, solange wir dabei nicht die traditionell von Frauen geleistete Care-Arbeit in den Privathaushalten berücksichtigen.[34] Pietilä schreibt, dass »der größte Einzelbeitrag zum täglichen Wohl der meisten Familien immer noch die unbezahlte Arbeit bzw. Arbeit im nicht monetären Bereich ist.«[35] Außerdem weist sie ebenso wie Folbre darauf hin, dass die aktuellen Wirtschaftsmodelle die Überlebensnotwendigkeit der Natur außer Acht lassen.

Henderson argumentiert ähnlich, wenn sie beanstandet, dass die aktuellen Wirtschaftstheorien (und -kennzahlen) die unbezahlten Arbeitsleistungen in den Privathaushalten und im Non-Profit-Bereich unberücksichtigt ließen. Sie schreibt, dass die Markwirtschaft sich diese Beiträge »kannibalistisch einverleibe« und das gesamte Wirtschaftssystem auf diesen Arbeitsleistungen aufgebaut sei. Dabei kritisiert sie scharf, dass die Wirtschaftskennzahlen, nicht zwischen »gut« und »böse« – das heißt zwischen für Mensch und Mitwelt zu- und abträglichen Aktivitäten – unterschieden. Außerdem betont sie ebenso wie Brandt, Folbre, Harrington, Hartmann, Nelson, Pietilä, Waring und andere feministische Wirtschaftswissenschaftlerinnen immer wieder, welche Bedeutung Fürsorge und Care-Arbeit haben.

6.6 Wie können wir Wirtschaft neu denken?

Das Verständnis, das wir durch diese alternativen Wirtschaftsanalysen gewinnen, ist ein wichtiger Ausgangspunkt für die Entwicklung einer partnerschaftlich geprägten Wirtschaftstheorie. Wie wir zu Beginn dieses Buches gesehen haben, liefert es die Bausteine für ein Wirtschaftsmodell, das alle sechs Sektoren beinhaltet, aus denen ein Wirtschaftssystem tatsächlich besteht, nämlich Privathaushalte, Non-Profit-Bereich, Marktwirtschaft, illegale Schattenwirtschaft, Staatwirtschaft und die aus der Natur schöpfende Ressourcenwirtschaft. Erst wenn wir alle diese Wirtschaftssektoren als solche erkannt haben, können wir eine umfassende Theorie der Ökonomie entwickeln.

Diese Theorie wird kein in einem Zug errichtetes Gedankengebäude sein, sondern sich aus zahlreichen theoretischen Einzelgebilden zusammensetzen.[36] Gerade heutzutage, wo weltweit immer häufiger Strukturen und Regeln gefordert werden, die auf Fürsorge basieren, können wir ausgehend von einer grundlegend revidierten Wirtschaftswissenschaft positive Veränderungen in Wirtschaftspolitik und -praxis unterstützen.

Diese Veränderungen beginnen im ersten Wirtschaftssektor, den Privathaushalten, in denen die für eine funktionierende Wirtschaft unabdingbaren Arbeitskräfte »produziert« und versorgt werden. Wir brauchen neue Wirtschaftskennzahlen, in denen die Care-Arbeit in Privathaushalten berücksichtigt wird, so wie zum Beispiel die Wirtschaftskennzahlen für Sozialen Wohlstand *(Social Wealth Economic Indicators)*. Diese 24 Kennzahlen wurden vom Center for Partnership Studies entwickelt, seitdem regelmäßig erhoben und in einem Sozialen Wohlstandsindex (*Social Wealth Index* – SWI) zusammengefasst, der zeigt, welchen enormen finanziellen Gewinn die Investition in Fürsorgemaßnahmen für Mensch und Mitwelt bedeutet – angefangen von den Investitionen in die von frühester Kindheit an geleistete Fürsorge für Menschen bis hin zu Investitionen in den Umweltschutz.[37]

Diese wirtschaftliche Neuausrichtung muss auch zu neuen staatlichen Maßnahmen führen, die dafür sorgen, dass Essen auf den Tisch kommt und die Miete gezahlt werden kann. Zum Teil gibt es solche Maßnahmen bereits, zum Beispiel in Form von Kindergeld oder bezahlter Elternzeit – Leistungen, die weltweit eingeführt werden sollten. Doch wir brauchen noch sehr viel mehr solcher Maßnahmen, allein schon, weil sie von grundlegender Bedeutung dafür sind, »hoch qualifiziertes Humankapital zu produzieren«, wie derzeit allenthalben verlangt wird.

Im zweiten Wirtschaftssektor, dem Non-Profit-Bereich, kann ehrenamtliche Care-Arbeit ebenfalls durch wirtschaftspolitische Maßnahmen anerkannt werden, beispielsweise durch reduzierte Fahrtkosten oder andere Vergünstigungen für ehrenamtlich geleistete Dienste. Eine weitere Möglichkeit, den wahren Wert dieser essenziellen Arbeit anzuerkennen, sind Tauschsysteme, wie zum Beispiel die von Edgar Kahn erfundene Regionalwährung »Time Dollars«, die es Menschen und kleinen Unternehmen ermöglicht, regional produzierte Güter und Dienstleistungen auszutauschen.

Auch im dritten Wirtschaftssektor, der Marktwirtschaft, müssen neue Wege gefunden werden, um Fürsorge und Care-Arbeit sichtbar zu machen und anzuerkennen. Auch hier gibt es bereits einige Ansätze. So sind zum Beispiel schon seit langem eine bessere Ausbildung und Bezahlung in der Altenpflege, der Kinderbetreuung und anderen Pflegeberufen zentrale Forderungen der »Comparable Worth«-Bewegung, die für Berufsfelder mit ähnlichen Ansprüchen an Fähigkeiten und Ausbildung ein vergleichbares Gehalt fordert.[38]

Eine weitere neue Möglichkeit, Fürsorge auf dem Markt finanziell sichtbar zu machen und anzuerkennen, ist die schnell wachsende sozial verantwortliche Investmentfondsbranche, die es Investoren ermöglicht, Unternehmen zu unterstützen, deren Unternehmenspolitik und -praxis auf Fürsorge basieren. So können Investoren es vermeiden, Aktien von Unternehmen zu kaufen, die keine Rücksicht auf das Wohl ihrer Mitarbeiter und Kunden nehmen, und sich auch allgemein rücksichtslos gegenüber den Konsumenten, der Kommune, in der sie ansässig sind, und unserer natürlichen Mitwelt verhalten.[39]

Außerdem – damit werde ich mich noch ausführlicher am Ende dieses Kapitels befassen – brauchen wir wirtschaftliche Regeln und Strukturen, die Unternehmen einen wirklichen Anreiz bieten, mehr Fürsorge zu zeigen. Leider ist es so, dass sich manche Verantwortliche in Unternehmen durchaus klar darüber sind, welche Gesundheits- und Umweltschäden sie verursachen, sie dieses Wissen jedoch bewusst für sich behalten, solange sie davon ausgehen, dass sie damit durchkommen.[40] Hinter den meisten Fällen dieser Art stehen allerdings keine bewusst böswillig handelnden Personen, sondern die pervertierten Spielregeln der Ökonomie, die sich aus dominanzgeprägten Strukturen heraus entwickelt haben und diese wiederum aufrechterhalten. Diese Regeln können – und müssen – geändert werden.

Gerade heutzutage, wo weltweit immer häufiger Strukturen und Regeln gefordert werden, die auf Fürsorge basieren, können wir ausgehend von einer grundlegend revidierten Wirtschaftswissenschaft positive Veränderungen in Wirtschaftspolitik und -praxis unterstützen.

Das bedeutet nicht, dass wir den Markt durch eine Zentralplanwirtschaft ersetzen müssen, auch wenn sicherlich ein gewisses Maß an zentraler Planung nötig ist. Der Markt behält weiterhin seine wichtige Funktion, da er von grundlegender Bedeutung für eine gesunde Wirtschaft ist – das Problem besteht lediglich darin, dass die Marktbewertungen aktuell oft auf einem pervertierten System kultureller Werte basieren und das, was oft als die Dynamik von Angebot und Nachfrage beschrieben wird, eigentlich auf einer künstlich erzeugten Nachfrage nach ungesunden Produkten beruht.

Außerdem dürfen bei der Preisfindung die Kosten für die Ausbeutung von Mensch und Mitwelt nicht länger externalisiert werden, wenn die Märkte effizient und gerecht funktionieren sollen. Die aktuellen wirtschaftlichen Spielregeln fordern Unternehmen geradezu heraus, ihre Gewinne auf eine Art zu generieren, die Mensch und Mitwelt schädigt.

Diese schädigenden Einflüsse führen uns zum vierten Wirtschaftssektor: Der illegalen Schattenwirtschaft, die Mensch und Mitwelt ebenfalls enormen Schaden zufügt. Da die Globalisierung nicht nur dem legalen, sondern auch dem illegalen Handel den Weg geebnet hat, handelt es sich bei der illegalen Schattenwirtschaft heute um einen mehrere Milliarden schweren Wirtschaftsbereich. Allein von 1992 bis 2002 hat sich der weltweite Umsatz im Drogenhandel geschätzt auf fast 900 Milliarden US-Dollar jährlich verdoppelt. Dazu kommt der Umsatz im Handel mit gefälschten Waren, der sich auf weitere ca. 630 Milliarden US-Dollar im Jahr belaufen dürfte – und weitere 100 Milliarden Dollar aus dem illegalen Waffenhandel mit Terroristen und Guerillagruppen in Afrika, Asien, dem Nahen Osten und Lateinamerika.[41] Am lukrativsten ist jedoch der rasch wachsende Sektor des illegalen Menschenhandels: Jedes Jahr werden Hunderttausende, darunter auch Kinder, im internationalen Sexhandel und für andere Formen der Sklaverei vermarktet. Laut UNICEF wurden allein aus Albanien Hunderttausend Mädchen und Frauen in die Prostitution verkauft – viele von ihnen von den eigenen Familien.[42]

Dies alles ist nur möglich, weil es an Fürsorge mangelt. Und dass die illegale Schattenwirtschaft überhaupt so groß werden konnte, liegt daran, dass Regierungsbeamte auf allen Ebenen bei diesen Aktivitäten oft Komplizen sind – sei es, weil sie sich haben bestechen lassen, sei es, weil sie (wie dies mancherorts der Fall ist) selbst Anteile an Verbrechersyndikaten besitzen.

Hier gelangen wir zum fünften Wirtschaftssektor, nämlich der Staatwirtschaft: Die Regierung ist dafür verantwortlich, mit ihrer Politik die Sicherheit und das Wohlergehen der Bevölkerung zu gewährleisten. Abgesehen von den USA haben die meisten Industriestaaten erkannt, dass sie es nicht dem Markt überlassen dürfen, für die Grundbedürfnisse der Menschen zu sorgen. Es ist wirklich erstaunlich, dass US-Unternehmen nicht auf eine staatliche Gesundheitsfürsorge drängen (denn die Kosten für die Gesundheitsfürsorge sind es, die US-Unternehmen im globalen Wirtschaftswettbewerb benachteiligen), obwohl das aktuelle System in den USA, wie wir in Kapitel 3 gesehen haben, tatsächlich teurer und weniger effektiv ist als das anderer Industriestaaten.

In diesem Zusammenhang weist die Wirtschaftswissenschaftlerin Randy Albelda von der University of Massachusetts darauf hin, dass Unternehmen ihre Angestellten zwar zum Teil, jedoch nicht in jeder Hinsicht unterstützen können und sollen. Es ist Aufgabe des Staates, die entsprechenden Anforderungen an die Unternehmenspolitik und -praxis zu stellen und diese Unternehmensleistungen dann zu ergänzen.[43]

Außerdem müssen sich Politiker allerorten bewusst sein, dass wir Fürsorge und Care-Arbeit unterstützen müssen, um die schwerwiegendsten Probleme bezüglich der Vereinbarkeit von Familien- und Erwerbsarbeit zu lösen – vor allem den Druck, der dadurch entsteht, dass zu wenig Zeit für die Familie bleibt. Die Spannung zwischen Familien- und Erwerbsarbeit führt nicht nur zu Fehlzeiten und geringerer Produktivität, sondern auch dazu, dass Angestellte allgemein unzufriedener und weniger glücklich sind als Angestellte in Ländern, in denen Elternzeit, qualitative Kinderbetreuung, flexible Arbeitszeiten und andere familienfreundliche Regelungen die Norm sind.[44]

Da der Staat entweder direkt oder durch Verträge mit Privatunternehmen öffentliche Dienstleistungen anbietet, sollte er sowohl für Staatsbedienstete als auch für Angestellte in den entsprechenden Unternehmen angemessene Fürsorgestandards durchsetzen. Und natürlich gehört es ebenfalls zu den Aufgaben des Staates, Regeln für eine ethische und verantwortliche Unternehmensführung aufzustellen und durchzusetzen und diesen Standards auch selbst gerecht zu werden.

Aktuell ist es so, dass die US-Regierungspolitik sich für großzügige Wahlkampfspenden mit Milliarden von Steuergeldern revanchiert. Dieser Korruption müssen wir ein Ende setzen und zwar durch eine Finanzreform, die ihren Namen auch verdient, sowie durch weitere Regelungen, die sicherstellen, dass Vertreterinnen und Vertreter der Regierung das Wohl ihres Landes fördern, anstatt ihre politischen Seilschaften noch reicher zu machen.

Korruption in der Politik ist ein wichtiger Grund dafür, warum es der Wirtschaftspolitik nicht gelingt, den sechsten Wirtschaftssektor, die Ressourcenwirtschaft, nachhaltig zu gestalten und so die Natur zu bewahren. Nicht immer wird es als Bestechung bezeichnet, wenn mächtige Unternehmen sich mithilfe von Wahlkampfspenden das Stillschweigen der Politik gegenüber ihren umweltschädlichen Praktiken erkaufen – aber genau das ist es.

Und selbst jetzt, wo klar geworden ist, dass die natürlichen Ressourcen, auf denen unsere gesamte Wirtschaft basiert, bald aufgebraucht sein werden, behaupten immer noch manche in den Wirtschaftswissenschaften, dass eine weitere Kommerzialisierung der Natur unsere Probleme lösen könnte und dass Wasser, Energie und sogar die Erdatmosphäre effizienter verwaltet werden könnten, wenn man sie zu Privateigentum erklären würde.

Wer so argumentiert, ist blind für die allseits zu beobachtende Realität, dass Unternehmen bei ihrer Tätigkeit häufig mit zynischer Rücksichtslosigkeit die Schäden ignorieren, die sie dem für unser Überleben notwendigen Ökosystem zufügen. Inge Kaul, die ehemalige Leiterin des UN-Büros für Entwicklungsstudien, wies in diesem Zusammenhang darauf hin, dass wir internationale Bestimmungen benötigen, die eine gemeinsame nachhaltigere und gerechtere Verwaltung unserer natürlichen Ressourcen ermöglichen.[45] Kaul und andere Wirtschaftswissenschaftler bezeichnen diese Ressourcen als »globale öffentliche Güter« – und um diese globalen öffentlichen Güter zu schützen, benötigen wir wirtschaftliche Kennzahlen, Regeln und Praktiken, die auf der Erkenntnis basieren, dass wir der Fürsorge – auch der Fürsorge gegenüber »Mutter Natur« – wirklichen Wert beimessen müssen.

Tatsächlich läuft alles, was wir bislang herausgefunden haben, auf eine Erkenntnis hinaus: Wir müssen Regeln, Strategien und Strukturen entwickeln, die Fürsorge gegenüber uns selbst, gegenüber anderen und gegenüber unserer Mitwelt fördern und unterstützen.

6.7 Die Struktur wirtschaftlicher Institutionen

Am Ende dieses Kapitels möchte ich ausführlicher auf das wichtige Thema wirtschaftlicher Strukturen eingehen. Denn wenn wir eine Caring Economy schaffen wollen, dürfen wir diese Strukturen nicht außer Acht lassen.

Wie bereits erwähnt, handelt es sich bei Unternehmen, Staaten oder Familien, anders als bei Häusern, Maschinen oder anderen materiellen Objekten, um lebende Gebilde. Diese Gebilde werden nicht durch Mörtel, Schrauben oder Bolzen zusammengehalten, sondern durch Gewohnheiten im Denken und Handeln sowie durch die Narrative und Regeln, von denen diese Gewohnheiten geformt werden.

Der Übergang zu einem Wirtschaftssystem, das den menschlichen Bedürfnissen mehr Beachtung schenkt, verlangt zwar auch Veränderungen der materiellen Strukturen (zum Beispiel mehr Grünflächen in Fabrik- und Büroanlagen oder Betriebskindergärten), doch noch wichtiger sind die Veränderungen lebendiger Strukturen, also der Interaktionsmuster, die unsere Familien, Unternehmen, Staaten und anderen sozialen Institutionen formen. Diese Muster werden vornehmlich von den Gesetzen, Regeln und Überzeugungen geprägt, in deren Rahmen sie entstanden sind – das heißt, sie sind stark davon beeinflusst, in welchem Ausmaß sich eine Gesellschaft an dem dominanzgeprägten bzw. dem partnerschaftlichen Ende des Partnerschafts-Dominanz-Kontinuums orientiert.

Wie wir gesehen haben, sind die Strukturen, die wir aus stärker dominanzgeprägten Zeiten geerbt haben, darauf ausgerichtet, die Kontrolle in der Hand der »Oberen« zu konzentrieren und dort zu halten – und das gilt auch für einige unserer heutigen Wirtschaftsgebilde wie zum Beispiel die derzeit wohl bedeutendste Unternehmensform: die Gesellschaft mit beschränkter Haftung.

Unternehmen, wie wir sie heute kennen, haben sich aus Unternehmenseinheiten heraus entwickelt, die der britischen Krone unterstanden, wie zum Beispiel die britische East India Company oder die Hudson Bay Company, die als Werkzeuge der Unterdrückung und Ausbeutung in den britischen Kolonien dienten. Diese Unternehmen, so der Wirtschaftswissenschaftler David Korten, seien gegründet worden, »um Arbeitskräfte und Ressourcen aus den Kolonialgebieten zu gewinnen und die Märkte dort zu monopolisieren.«[46]

Noch heute ist dieses dominanzgeprägte Erbe bestimmend für die Gestaltung und die Praktiken von Unternehmen. Auch wenn die Könige mittlerweile durch Kapitaleigner ersetzt wurden, sind auch die modernen Unternehmen im Grunde genommen immer noch Einrichtungen, deren einziger Zweck darin besteht, Geld zu generieren und sich ansonsten um möglichst nichts anderes zu scheren – auch nicht um Menschen oder Mitwelt. Zwar beruhen die Regeln für die Gründung und den Betrieb von Unternehmen auf staatlichen Vorgaben, doch auch in diesen Vorgaben werden sie als bloße Instrumente für kurzfristige finanzielle Kapitalgewinne und die Anhäufung von Vermögenswerten definiert.

Diese Vermögenswerte konzentrieren sich heute zunehmend in global tätigen Megaunternehmen, den globalen Lehensherren unserer Zeit. Tatsächlich kontrollieren diese Megaunternehmen mehr Vermögenswerte als viele Staaten – so weist Korten zum Beispiel darauf hin, dass es sich bei 51 Prozent der 100 größten Wirtschaften weltweit nicht etwa um Staaten, sondern um Unternehmen handelt.[47]

Kurz gesagt: Die heutigen Megaunternehmen sind zu Werkzeugen des Dominanzsystems geworden, indem sie die Konzentration der Wirtschaftsmacht weiter konsolidiert haben. Sie kontrollieren die Märkte, was die Vorstellung, unsere Märkte seien frei, zur Farce werden lässt. Ihre wirkmächtigen Werbestrategien formen das Kaufverhalten von Konsumentinnen und Konsumenten und führen dazu, dass die Konzernkassen gefüllt werden. Durch legale und auch durch illegale Unterstützung der Politik nehmen sie Einfluss auf das Regierungshandeln, erhalten massive – durch Steuergelder finanzierte – Subventionen und verhindern erfolgreich Umweltschutz- und Arbeitsrechtsauflagen. Und diese enorme wirtschaftliche und politische Macht üben sie nicht etwa einzeln, sondern gemeinsam aus.

Für diese gemeinsame Machtausübung nutzen die Unternehmensriesen zahlreiche Institutionen wie die Welthandelsorganisation oder den Internationalen Währungsfonds, nach deren Vorgaben die Regeln für den internationalen Handel festgelegt werden. Das führt zu dem Paradox, dass sich die Wirtschaftswissenschaft neoliberaler Ausrichtung zwar jeglicher »sozialistischen« Zentralplanung eisern entgegenstellt, wir uns heute aber einer von Unternehmensinteressen gelenkten Zentralplanung von nie dagewesenem globalem Ausmaß gegenübersehen.[48]

All dies ist von David Korten, Thom Hartmann, Paul Hawkins und vielen anderen gründlich dokumentiert worden. Sie fordern, dass die Unternehmensgesetze und -satzungen geändert werden müssen.[49] Da es sich bei Unternehmen um mit staatlicher Genehmigung geschaffene Konstrukte handelt, ist es möglich (und dringend geboten), rechtliche Veränderungen auf den Weg zu bringen, die eine monopolistische Machtstellung von Unternehmen einschränken und sie stärker zur Rechenschaft verpflichten. Außerdem muss gewährleistet werden, dass unternehmerische Geschäftstätigkeiten nicht darin bestehen, Mensch und Natur auszubeuten, um finanziellen Reichtum anzuhäufen. Ein höheres Maß an verantwortlichem Handeln könnte zum Beispiel dadurch erreicht werden, dass im Aufsichtsrat von Unternehmen verpflichtend auch Angestellte und Fürsprecher der Kommune vertreten sein müssen. Außerdem kann und muss bereits bestehendes Kartellrecht umgesetzt und verschärft werden, um einen freien Markt im Sinne von Adam Smith zu verwirklichen.

Auch in Hinblick auf ein weiteres wichtiges Wirtschaftskonstrukt sind neue Regelungen notwendig, nämlich in Hinblick auf die Börse, die Unternehmen dazu dient, den Kauf und Verkauf ihrer Aktien zu erleichtern. Heute handelt es sich bei vielen dieser Transaktionen lediglich um kurzfristige Spekulationen, um bloße Rechenspiele, die – wie Korten, Jeff Gates und andere betonen – keinerlei reale Werte schaffen.[50] Hazel Henderson bringt dieses Phänomen auf den Punkt, wenn sie sagt, dass wir heute ein »globales Casino« haben, in dem die Spieler ihre Wetten darauf setzen, ob die Aktienkurse steigen oder fallen.

Dies alles kann und muss durch vernünftige Gesetze, Regeln und Vorschriften geändert werden. Nationale und internationale Steuern auf sehr kurzfristige Aktientransaktionen können dazu genutzt werden, dass ungezügelte Finanzspekulationen, die nicht der Schaffung werthaltiger Güter oder Dienstleistungen dienen, weniger attraktiv werden. Zudem müssen nationale und internationale Behörden Regeln einführen, die es Unternehmen nicht länger erlauben, die sozialen und ökologischen Kosten ihrer Praktiken zu externalisieren, das heißt einfach an die Gesellschaft weiterzureichen.

Nachdem die enorme Konzentration von Macht und Reichtum in Unternehmen zu so viel Missbrauch geführt hat, haben manche Ökonomen sogar vorgeschlagen, die großen, börsennotierten Unternehmen zu zerschlagen, da ihrer Struktur eine Dynamik inhärent sei, die Gesellschaft und Umwelt schädige.[51] Andere Vertreterinnen und Vertreter der Wirtschaftswissenschaft haben erklärt, dass wir den Prozess der Globalisierung rückgängig machen und zu kleinen, regionalen Wirtschaftseinheiten zurückkehren müssen, wenn wir ein gerechteres und nachhaltigeres Wirtschaftssystem wollen, da so die Gemeinden wieder mehr Mitspracherecht bei wirtschaftlichen Entscheidungen hätten. Außerdem sei die Wahrscheinlichkeit geringer, dass Personen, die vor Ort Unternehmen betreiben, den Kommunen oder der Umwelt Schaden zufügen, da sie selbst in diesem Umfeld leben müssten.[52]

Korten hat mit Sicherheit recht, wenn er schreibt, dass Großkonzerne bewiesenermaßen die idealen Strukturen aufweisen, um Besitz und Macht in immer weniger Händen zu konzentrieren. Die von diesen Konzernen erzwungenen Globalisierungsregeln haben unter anderem dafür gesorgt, dass sie sich immer weiter den demokratischen Rechenschaftspflichten entziehen konnten – und selbst die nationalen Regierungen keinen Einfluss mehr auf sie haben. In diesem Zusammenhang schreibt Korten: »Heute treibt eine grenzenlose, globale Wirtschaft jede Person, jede Kommune und jedes Unternehmen in einen rücksichtslosen Unterbietungswettbewerb, während Privatunternehmen immer mehr Macht bekommen und die Regierungen darum wetteifern, Arbeitsplätze und Investitionen zu ergattern, indem sie die höchsten Subventionen und die niedrigsten regulatorischen Standards anbieten.«[53] Darüber hinaus führt die immer stärker werdende Anonymisierung in den riesigen Institutionen mit ihren Unternehmens- oder Regierungsbürokratien oft zu sinnfreier Politik und Praxis.

Allerdings stellt man beim Blick in die Geschichte fest, dass auch viele kleinere Gebilde die gleichen Probleme aufweisen: Auch kleine Unternehmen sind nicht immun gegen Wucherpreise oder andere unehrenhafte Praktiken, und auch heute noch beuten kleine Fabriken und Produktionsstätten ihre Angestellten aus und verschmutzen die Umwelt. Tatsächlich ist es so, dass in der heutigen globalen Wirtschaft die in kleinen Produktionsstätten schuftenden Arbeiter mit die brutalste Ausbeutung erfahren. Manche dieser lokalen Produktionsstätten greifen auf Sklavenarbeit zurück, die zuweilen sogar von Kindern geleistet wird, wie zum Beispiel in den indischen und pakistanischen Teppichknüpfereien, in denen Kinder ihr Augenlicht wegen der stundenlangen Knüpfarbeiten verlieren; die Bordelle in Thailand, Indien und Burma, wo Mädchen von zehn oder elf Jahren brutal behandelt und als Sklavinnen gehalten werden, oder die Kamelrennen im Nahen Osten, bei denen kleine Jungen von Händlern aufgekauft und als Jockeys verkauft werden – und dann eine schlimmere Behandlung erfahren als die Kamele.[54] Darüber hinaus herrschen auch in den kleinen und lokalen Subunternehmen, die an die globalen Konzerne liefern, erschreckende Arbeitsbedingungen.[55] Diese unmenschlichen Bedingungen sind keine neuen Erscheinungen, sie wurzeln – im Großen wie im Kleinen – tief in der alten, der dominanzgeprägten Wirtschaft inhärenten Tradition von Ausbeutung und Entmenschlichung.

In diesem Zusammenhang sollte darauf hingewiesen werden, dass Stammesgesellschaften (ganz in der Tradition von Rousseaus Idealbild des »edlen Wilden«) immer noch oft verklärt werden. Aber auch hier erweist sich die Wirklichkeit wieder als sehr viel komplexer. Manche Stammesgesellschaften, wie zum Beispiel die bereits erwähnten Teduray, sind tatsächlich eher friedliebend und gerecht. Es gibt aber auch Stammesgesellschaften, die von Ungleichheit und Gewalt geprägt sind, wie zum Beispiel die der Massai im präkolonialen Afrika: Die Massai waren die Geißel ihrer Nachbarn, die sie regelmäßig überfielen, ermordeten, vergewaltigten und ausplünderten. Darüber hinaus wurden die Frauen bei den Massai auf brutalste Weise rituell gedemütigt, sexuell verstümmelt und wirtschaftlich ausgebeutet.[56]

All dies weist darauf hin, dass ein Übergang zu einer gerechteren und nachhaltigeren Wirtschaftsordnung nicht einfach nur dadurch erreicht werden kann, dass wir Unternehmen verkleinern oder ihren Tätigkeitsbereich lokal begrenzen. Kleinere, lokal agierende Unternehmen ermöglichen zwar mehr menschliche Kontakte, doch für eine Caring Economy sind grundlegendere Veränderungen notwendig. Wir müssen rasch und flächendeckend – sowohl in kleinen als auch in großen Organisationen – zu einem System übergehen, dass keine dominanzgeprägten, sondern partnerschaftliche Beziehungen fördert.

Und damit kommen wir auf das zentrale Thema dieses Buches zurück, nämlich die Notwendigkeit, in allen Institutionen einen Wandel von der Dominanz hin zur Partnerschaftlichkeit zu vollziehen. Und das führt uns wiederum zu der Notwendigkeit, unsere kulturellen Werte so zu ändern, dass die überlebensnotwendige Care-Arbeit sowie »weibliche« Eigenschaften wie Feinfühligkeit und Fürsorglichkeit nicht länger systematisch abgewertet werden (und diese Abwertung ist zwingend notwendig, solange autoritäre, dominanzgeprägte Hierarchien aufrechterhalten werden müssen).

Wenn wir eine Wirtschaftsordnung wollen, in der Mensch und Mitwelt nicht mehr ausgebeutet werden, müssen wir die Strukturen unserer Wirtschaftsinstitutionen ebenso ändern wie die kulturellen Werte, auf denen diese Institutionen beruhen. Vor allem müssen wir aber Wirtschaft neu denken und Themen berücksichtigen, die in früheren Theorien außer Acht gelassen wurden.

Der Aufbau einer Wirtschaftsordnung, die tatsächlich zum Allgemeinwohl beiträgt, wird viel Zeit und den Einsatz vieler Menschen brauchen – ist jedoch unabdingbar. Wie wir im nächsten Kapitel sehen werden, gewinnt der Übergang zu einer Caring Economy umso drängender an Bedeutung, je weiter wir auf unserem Weg ins postindustrielle Zeitalter fortschreiten.

Kapitel 7

Technologien, Arbeit und das postindustrielle Zeitalter

Als der tschechische Schriftsteller Karel Capek 1920 den Begriff Roboter prägte, waren Maschinen, die wie Menschen handeln, arbeiten und denken können, noch reine Fantasie. Heute sind Robotik und andere Automatisierungstechniken Wirklichkeit. In den USA, Japan und anderen Industrienationen ist der Einsatz von Robotern in der Produktion an der Tagesordnung und Millionen von Online-Verkäufen, Bankgeschäften und anderen wirtschaftlichen Transaktionen, aber auch die Beantwortung von Telefonanrufen, das Sammeln und Auswerten militärischer Daten, die Beobachtung des Aktienhandels und Tausende andere Tätigkeiten, die früher ausschließlich von Menschen ausgeübt wurden, laufen automatisiert ab.

7.1 Technologien und die Zukunft der Arbeit

Robotik und andere Automatisierungstechniken haben unsere ökonomische Landschaft bereits in nie dagewesenem Ausmaß verändert. Allein in den USA gingen in der Zeit von 1969 bis 1999 durch den Einsatz von Robotik und Informationstechnologie 50 Prozent der Arbeitsplätze in der Produktion verloren.[1] Über zehn Millionen Arbeitsplätze in Bereichen, in denen körperliche Arbeit oder sich wiederholende Tätigkeiten gefordert waren, fielen dieser massiven Rationalisierungswelle zum Opfer. Und das ist nur ein Aspekt dieser Entwicklung, denn auch im Dienstleistungssektor verloren Millionen durch Automatisierung ihren Job – zum Beispiel Telefonisten und Rezeptionisten – und darüber hinaus waren auch zahlreiche gut bezahlte Arbeitsplätze betroffen. Prognosen zufolge wird sich dieser Verlust von Arbeitsplätzen weiterhin immer schneller fortsetzen, allerdings werden auch neue Arbeitsplätze geschaffen – die jedoch eine wesentlich höhere Qualifikation nötig machen, weswegen zahlreiche Menschen auf der Strecke bleiben werden.[2]

Die Frage ist nun, was mit diesen »überschüssigen« Menschen geschehen soll, die auf dem Weg zu einer immer stärker werdenden Automatisierung durch Robotik, künstliche Intelligenz und andere Techniken zurückgelassen werden. Im Vorausblick auf dieses Problem und das daraus resultierende Massenelend hat der liberale Wirtschaftswissenschaftler Robert Theobald ein garantiertes Jahreseinkommen vorgeschlagen, um den Bedürftigen zu helfen.[3] Aus den gleichen Gründen und um extensiver Gewalt und einem Zusammenbruch der sozialen und wirtschaftlichen Infrastruktur vorzubeugen, forderte der konservative Wirtschaftswissenschaftler Milton Friedman eine negative Einkommensteuer, was für Menschen ohne oder mit nur geringem Einkommen ebenfalls eine staatliche Unterstützung bedeuten würde.[4]

Vorschläge wie ein garantiertes jährliches Mindesteinkommen gewinnen immer mehr Anhänger. Allerdings hätten solche Maßnahmen wieder nur zur Folge, dass Geld weiterhin rationiert würde – darüber hinaus tragen sie weder etwas zur Entfaltung des menschlichen Potenzials bei, noch geben sie den Empfängern die Möglichkeit, einer sinnvollen Tätigkeit nachzugehen und das Gefühl zu haben, etwas Bedeutendes zu leisten. Außerdem sind weder ein garantiertes Jahreseinkommen noch eine negative Einkommensteuer dazu geeignet, positive Verhaltensweisen zu fördern oder schädliches Verhalten zu hemmen. Darüber hinaus ist keine der beiden Maßnahmen eine Antwort auf unmenschliche Wirtschaftspolitik, rücksichtslose Unternehmenspraktiken oder die Gesundheits- und Umweltschäden, die wir verursachen. Kurz gesagt: Diese Maßnahmen würden zwar die Armut etwas lindern und die Wirtschaft am Laufen halten, aber sie würden nichts an den grundlegenden Missständen ändern, die verantwortlich für chronische wirtschaftliche Ungleichheit, Umweltzerstörung und den Verlust menschlichen Potenzials sind.

Eine angemessenere Antwort auf die Herausforderungen der postindustriellen Welt besteht in einer Neudefinition dessen, was wir als produktive Arbeit betrachten. Diese Definition muss die auf dem Markt und auch jenseits des Marktes angesiedelten Aktivitäten (an-)erkennen, die nicht von Maschinen und technischen Geräten bewerkstelligt werden können – unabhängig davon, wie ausgeklügelt diese auch sein mögen. Zu dieser Art von Aktivitäten gehören alle Tätigkeiten, die Kreativität, Flexibilität und Fürsorge erfordern. Wenn uns das gelingt, können wir den aktuellen massiven technologischen Veränderungen positiv entgegensehen, denn die Automatisierung lädt uns ein zu einer Neubestimmung dessen, was wir unter produktiver Arbeit verstehen – und zwar auf eine Weise, die Menschen den Gebrauch der ihnen eigenen, einzigartigen Fähigkeiten abverlangt und damit einer humaneren und prosperierenden Welt angemessen ist.

Ein erster Schritt in diese Richtung besteht darin, die Spielregeln so zu ändern, dass wir die Care-Arbeit für uns selbst, für unsere Kinder und für unsere immer älter werdende Bevölkerung höher bewerten und angemessene Gelder dafür bereitstellen. Diese Gelder sollen sowohl dazu dienen, Menschen für Care-Arbeit in Haushalt und Ehrenamt auszubilden, als auch die Ausübung dieser so grundlegenden menschlichen Arbeit in Privathaushalten und dem Non-Profit-Bereich zu unterstützen. Gemäß diesen neuen Regeln werden die Gelder für Elternzeit, Kinderbetreuung, Bildung und Gesundheitsfürsorge nicht mehr jedes Jahr auf der Ausgabenseite als Staatskosten vermerkt, so wie das heute der Fall ist, sondern gelten als Investitionen in das wichtigste Gut eines Landes, nämlich die »menschliche Infrastruktur«. Und wie bei anderen für das effektive Funktionieren einer Organisation nötigen Investitionen üblich, werden sich auch diese Kosten innerhalb einer Generation amortisieren.

Die Automatisierung lädt ein zu einer Neubestimmung dessen, was wir unter produktiver Arbeit verstehen – und zwar auf eine Weise, die Menschen den Gebrauch der ihnen eigenen, einzigartigen Fähigkeiten abverlangt und damit einer humaneren und prosperierenden Welt angemessen ist.

Dies bildet den Ausgangspunkt dafür, dass der Staat Care-Arbeit in Privathaushalten und im Non-Profit-Bereich finanziell belohnt – unabhängig davon, ob sie für Menschen oder das für unser Überleben notwendige Ökosystem geleistet wird. Außerdem wird mit unseren Steuergeldern auch die Ausbildung für hoch qualifizierte Care-Arbeit im nicht monetären Bereich finanziert werden, die – wie Psychologie und Neurowissenschaft zeigen – grundlegend für eine optimale menschliche Entwicklung ist.

7.2 Gebrauch und Missbrauch von Technologien

Heute können wir überall um uns herum die zerstörerischen Auswirkungen fortschrittlicher Technologien feststellen – insbesondere in Form industrieller Umweltverschmutzung und des Klimawandels. Kein Wunder also, dass manche Menschen den technischen Fortschritt für alle unsere Übel verantwortlich machen, auch wenn er eigentlich nicht das Problem ist. Wie ein bestimmter technologischer Fortschritt eingesetzt wird, ist in keiner Weise festgelegt: Ein und dieselbe technische Entwicklung kann sehr unterschiedlich umgesetzt werden – je nachdem, ob die gesellschaftlichen Strukturen und Überzeugungen auf Dominanz und Ausbeutung ausgerichtet sind oder auf gegenseitigen Vorteil und Fürsorge.

Dass Produktionsanlagen als Fertigungsstraßen konzipiert wurden, die Menschen zum Rädchen im Getriebe werden lassen, ist nicht in diesen Anlagen selbst begründet. Nicht die Erfindung von Maschinen ist die Ursache für diese entmenschlichende Organisationsform, sondern unser dominanzgeprägtes Ethos bzw. unser von diesem Ethos getragenes Wirtschafts- und Gesellschaftssystem. In den Produktionsstätten hätten ebenso Methoden der betrieblichen Mitbestimmung angewandt werden können – wie sie später in den eher partnerschaftlich ausgerichteten Ländern des Nordens wie Norwegen und Schweden entwickelt wurden. Betriebe hätten ebenso in funktionellen Hierarchien organisiert sein können wie in dominanzgeprägten. Wir hätten Produktionsverfahren verwenden können, bei denen die Menschen in Teams arbeiten, ihre Kreativität nutzen und in denen Führungskräfte eher unterstützen als Kontrolle und Zwang ausüben.

Auch Sweatshops, Minen und andere Unternehmen, in denen Männer, Frauen und Kinder praktisch wie Sklaven an gefährlichen Arbeitsplätzen schuften müssen, sind keine zwangsläufigen Folgen der Industrialisierung. Im Gegenteil: Die industriellen Fertigungsweisen und Technologien hätten dazu eingesetzt werden können, Menschen von harter Knochenarbeit und entmenschlichender Tätigkeit zu befreien.

Es ist auch keine unabdingbare Begleiterscheinung der Industrialisierung, dass wir unsere Umwelt immer effizienter ausbeuten. Auch das hat sich aus dem dominanzgeprägten Ethos ergeben, nach dem es das naturgegebene Recht von Männern ist, die Leben spendende und überlebensnotwendige Natur (ebenso wie die Leben spendenden und überlebensnotwendigen Leistungen von Frauen) nach ihren Gutdünken zu nutzen oder auszunutzen.

Die grundlegende Frage besteht also darin, ob unser Wertesystem von Dominanz oder von Partnerschaft geprägt ist. Sie wird mit jedem Tag drängender, an dem die Wissenschaft unvorstellbare Durchbrüche in neuen Bereichen wie der künstlichen Intelligenz, der Biotechnologie und der Nanotechnologie erzielt.

Die Biotechnologie kann uns enorme Vorteile verschaffen: Die Ergebnisse aus dem Humangenomprojekt, der Stammzellenforschung und anderen biotechnischen Forschungsbereichen könnten unsere Gesundheitsfürsorge verbessern und die Lebenserwartung erhöhen. Sie könnten dazu dienen, Heilmethoden für bislang unheilbare Krankheiten wie Parkinson, Alzheimer, AIDS und Krebs zu finden – zusätzlich zu den bereits angewendeten gezielten Behandlungen für spezielle Krebsarten. Chirurgische Eingriffe am Genom von Embryos oder Föten könnten Chromosomenmutationen korrigieren, die zu schrecklichem Leid führen. Und manche halten genetisch behandelte Nutzpflanzen vor allem in Hinblick auf die Entwicklungsländer sogar für die Antwort auf den Hunger in der Welt.

Gleichzeitig werfen diese neuen technologischen Anwendungen jedoch auch sehr bedenkenswerte Fragen auf, wie zum Beispiel hinsichtlich möglicher Gesundheitsrisiken durch den Verzehr von genetisch veränderten Lebensmitteln. Manche Wissenschaftler befürchten, dass mit antibiotischen Genen ausgestattete Nutzpflanzen zu Antibiotikaresistenzen führen können, die letztlich eine Gefahr für Menschen und die von ihnen für den Verzehr gehaltenen Tiere darstellen. Zudem besteht ein ökologisches Risiko, wenn Transgene aus Nutzpflanzen auf ihre wilden Artgenossen übertragen werden oder einfach nur ökologisch angebaute Pflanzen oder herkömmliche Pflanzen auf Nachbarfeldern kontaminieren (was heute bereits der Fall ist). Ein weiteres Problem besteht darin, dass Großkonzerne wie Monsanto landwirtschaftliche Betriebe wegen der Verletzung von Saatgutpatenten anklagen, wie dies zum Beispiel in Kanada der Fall war, wo genetisch manipuliertes Saatgut auf das Feld eines Landwirts geweht wurde, der seinerseits Monsanto wegen der Kontaminierung seines Bodens anklagte.[5] Ganz abgesehen davon besteht die Befürchtung, dass die Genmanipulation von Pflanzen zu unvorhergesehenen Interaktionen innerhalb des Genoms und damit zu unvorhersehbaren Auswirkungen führen kann.[6]

Auch genetische Durchbrüche im Bereich der militärischen Forschung stellen eine Gefahr dar. Im Irak hat Saddam Hussein bereits biologische Waffen gegen die kurdische Bevölkerung eingesetzt, und das James Martin Center for Nonproliferation Studies berichtete, dass ein Dutzend Staaten, darunter Algerien, Kanada, China, Frankreich, Deutschland, der Iran und die USA chemische und biologische Waffen entwickelt haben bzw. gerade entwickeln, wobei sie zum Beispiel auf Anthrax, Botulinum, Pocken und Typhus zurückgreifen.[7] Und etwas ferner in der Zukunft könnte uns Bioterrorismus drohen, bei dem chemische und biologische Waffen von Individuen auf Geheiß einer Regierung oder aus eigener Motivation gegen »feindliche« Zivilisten eingesetzt werden.

Außerdem geistert wie ein Schreckgespenst die Angst vor genetischen Eingriffen als Instrument der Gedanken- und Verhaltenskontrolle umher. Biologische Substanzen könnten vom Militär dazu eingesetzt werden, um Kampftruppen und Zivilisten zu steuern, oder von Diktaturen und Möchtegern-Diktatoren, um das eigene Volk zu kontrollieren.

Dazu kommt, dass sich – wie Jeremy Rifkin in *The Biotech Century* zu Bedenken gibt – die Biotechnik in Zeiten, in denen ethnische Säuberungen und andere politischen Genozide traurige Realität sind, als Eugenik-Instrument geradezu anbietet, um »unerwünschte« Bevölkerungsgruppen auszulöschen. In diesem Zusammenhang weist er darauf hin, dass diese Entwicklung sich bereits im Eugenik-Programm des Nationalsozialismus abgezeichnet hatte, in dessen Rahmen sechs Millionen Juden und mehrere Millionen weitere »unerwünschte« Personen wie Polen oder Zigeuner, sowie Deutsche mit Behinderungen ermordet und vergast wurden. Das aggressive Wiedererstarken rassistischer und neonazistischer Gruppen zeigt, dass Nietzsches und Hitlers Vision eines »Übermenschen« nicht unbedingt der Vergangenheit angehört.[8]

Ein und dieselbe technische Entwicklung kann – je nachdem, ob die gesellschaftlichen Strukturen und Überzeugungen auf Dominanz und Ausbeutung ausgerichtet sind oder auf gegenseitigen Vorteil und Fürsorge – sehr unterschiedlich eingesetzt werden.

In diesem Zusammenhang warnt Rifkin auch vor einem bedenkenlosen Einsatz der viel gepriesenen Gentechnik, denn dieser könne dazu führen, dass wir durch das Eliminieren »falscher« Gene den menschlichen Genpool gefährlich einengen. Mutationen haben bei der Entstehung des Lebens eine wichtige Rolle gespielt und könnten langfristig entscheidende Auswirkungen auf die menschliche Entwicklung haben.

Auch die Nanotechnik, bei der unglaublich winzige Teile auf atomarer und molekularer Ebene zu neuen Gebilden zusammengesetzt werden, wirft schwierige Fragen auf. Ein Nanometer ist ein Milliardstel Meter. Früher galt es als unvorstellbar, mit derart kleinen Teilen zu arbeiten. Heute sind Wissenschaftler genau dazu in der Lage und revolutionieren damit alle Bereiche, angefangen von der Produktion bis hin zur Medizin. So können wir heute zum Beispiel Nanopartikel zu diagnostischen oder therapeutischen Zwecken in den Körper injizieren.

Die Nanotechnik hat bereits zahlreiche Bereiche der Entwicklung und Produktion revolutioniert und wird in Zukunft noch mehr Gebiete erobern – von Impfstoffen über Computer und Autoreifen bis hin zu Gegenständen, die wir uns heute noch nicht einmal vorstellen können. Sogenannte Nanoröhren aus Kohlenstoffatomen oder anderen Atomen könnten Herstellungsweisen, wie wir sie heute kennen, von Grund auf verändern.[9] Zusammen mit der Automatisierung könnten diese technischen Entwicklungen eine Zeit einläuten, in der die Menschen sich frei entfalten und ihr Potenzial nützen können, das sie so einzigartig macht.

Die Nanotechnik könnte sogar auf Knappheit beruhende wirtschaftliche Wertsetzungen verändern: So weisen zum Beispiel Experimente darauf hin, dass es möglich sein könnte, Kohleatome so zu arrangieren, dass daraus Diamanten entstehen. Wenn uns das gelänge, wären Diamanten nicht länger ein knappes Gut, sondern würden den Markt geradezu überschwemmen. Damit würden die Weichen für die Bewertung dessen, was wirklich wichtig ist (wie zum Beispiel die überlebensnotwendigen Leistungen von Privathaushalten, dem Non-Profit-Bereich und der Natur), neu gestellt.

Doch auch wenn uns derart atemberaubende Durchbrüche in den Bereichen der Medizin, des Super-Computings oder der Energiegewinnung und anderswo versprochen werden, birgt Nanotechnik auch enorme Risiken. Niemand weiß, wie sich so kleine, mit dem menschlichen Auge nicht wahrnehmbare Teilchen verhalten – vor allem, wenn die Grundelemente des Nanodesigns, nämlich Atome und kleine Moleküle, den noch nicht wirklich erforschten Gesetzen der Quantenmechanik gehorchen und nicht den uns vertrauteren Newton'schen Gesetzen, die auf größere Objekte anwendbar sind.

Dr. Mark Weisner, Professor an der Duke University, warnt davor, dass sich die nadelförmigen Nanoröhren als das »neue Asbest« erweisen könnten. Andere Stimmen aus der Wissenschaft weisen auf die Gefahr hin, dass sich mit Kohlenstoffnanoröhren und anderen Nanopartikeln nicht nur wunderbar Medikamente, sondern auch Giftstoffe ins Gehirn transportieren lassen, und wieder andere bemängeln das Fehlen von Untersuchungen darüber, ob von Bakterien aufgenommene Nanopartikel in die Nahrungskette gelangen könnten.[10]

7.3 Von Distanz zu Fürsorge

Wie wissenschaftliche Durchbrüche genutzt werden, hängt vornehmlich davon ab, von welchen Wertvorstellungen die Forschung geleitet wird. Heute gilt »distanzierte Objektivität« immer noch als wissenschaftlicher Wert. Oberflächlich betrachtet klingt »distanzierte Objektivität« gut und impliziert Unvoreingenommenheit. Tatsächlich jedoch ist es so, dass jeder von uns – auch jeder Wissenschaftler – sehr viele Vorurteile in sich trägt, die Dominanzsysteme unterstützen. Deswegen werden die vorherrschenden Glaubenssätze und Überzeugungen durch eine »Wertneutralität« – die viele Wissenschaftlerinnen und Wissenschaftler als notwendig für ihre Arbeit betrachten – einfach nur aufrechterhalten und sogar noch verstärkt. Darüber hinaus wird bei näherem Hinsehen erkennbar, dass sich hinter dieser »Distanz« (die damit begründet wird, dass es unangemessen sei, »Subjektivität« in »objektive« Wissenschaft einfließen zu lassen), oft einfach nur eine Unterdrückung »weicher« Eigenschaften wie Mitgefühl oder Fürsorge verbirgt.

Diese Betrachtungsweise der Wissenschaft stammt noch aus stärker dominanzgeprägten Zeiten. So beschreibt der Wissenschaftshistoriker David Noble in seinem Buch *A World Without Women: The Christian Clerical Culture of Western Science*, wie sich die moderne Wissenschaft aus einer christlichen, klerikalen (oft klösterlichen) Kultur herausgebildet hat, die auf einer Weltsicht gründete, in der Frauen und alles, was als »weich« und stereotyp weiblich galt, verachtet wurden. Die Verteufelung der Frauen ging so weit, dass die Kirchenmänner Frauen nicht nur ausschlossen: Die Mönche vermieden sogar peinlichst jeglichen Kontakt zu denjenigen Frauen, die für sie Putzarbeiten erledigten.[11]

Auch wenn die moderne Wissenschaft mit dem religiösen Dogma brach, behielt sie dennoch die Verachtung für Frauen und alles, was mit ihnen zu tun hatte, bei – und das resultierte, wie Noble zeigt, unter anderem auch darin, dass Mitgefühl und Fürsorge in der Wissenschaft unterdrückt wurden und es in der Wissenschaft an ganzheitlichem und vernetztem Denken fehlte.

Die in den letzten Jahrzehnten immer stärker steigende Zahl von Frauen in der Wissenschaft, hat dazu geführt, dass Mitgefühl und andere stereotyp als weiblich betrachtete Eigenschaften bei der wissenschaftlichen Herangehensweise nicht mehr vollständig ausgeschlossen werden. So verwendete Barbara McClintock für ihre Forschungen im Bereich der Pflanzengenetik, für die sie 1983 den Nobelpreis gewann, einen Ansatz, der von Evelyn Fox Keller als ein »Dem-Organismus-Nachfühlen« *(A Feeling for the Organism)* beschrieben wurde. Ein weiteres Beispiel für einen empathischen und ganzheitlichen wissenschaftlichen Ansatz bilden die Arbeiten von Tierforscherinnen wie Jane Goodall, Diane Fossey und Cynthia Moss. Diese Frauen revolutionierten ihr Fachgebiet, indem sie einen empathischen Ansatz mit peinlich genauen Beobachtungen verbanden. Das führte dazu, dass heute immer mehr Wissenschaftler beiderlei Geschlechts auf eine Mischung aus intuitiv-empathischer und objektiver Herangehensweise zurückgreifen.[12]

Viele Wissenschaftler und Wissenschaftlerinnen stehen der Auffassung, Wissenschaft müsse wertneutral sein, ablehnend gegenüber. Und immer mehr drücken ihre Bedenken darüber aus, dass wir die Entwicklung immer wirkmächtigerer Technologien vorantreiben, ohne deren langfristige Auswirkungen auf uns und unseren Planeten zu berücksichtigen.

In seinem Artikel »Why the Future Doesn't Need Us« schrieb der Sun Microsystems-Mitgründer Bill Joy über die Gefahren, die von aus dem Ruder laufenden neuen Technologien ausgehen – und da Joy ein prominenter Pionier der Informationstechnologie ist, sorgte sein Artikel international für Aufmerksamkeit.[13] Joy wies darauf hin, dass die NBC- bzw. Nuklear-, Bio- und Chemie-Technologien des 20. Jahrhunderts enorme Mengen an (oft seltenen) Rohstoffen und technischen Informationen sowie riesigen Industrieanlagen benötigten. Im Gegensatz dazu bräuchten die GNR- bzw. Gen-, Nano- und Roboter-Techniken des 21. Jahrhunderts weder große Industrieanlagen noch seltene Rohstoffe. Und nicht nur das: Manche dieser neuen Technologien können sich sogar selbst replizieren (also neue Versionen ihrer selbst erstellen). Während Atombomben keine weiteren Atombomben generieren und austretende Giftstoffe sich nicht von selbst vermehren, ist es fast unmöglich, die neuen, sich selbst replizierenden GNR-Techniken zu kontrollieren oder rückgängig zu machen, wenn sie einmal in Umlauf gebracht sind. Deswegen warnt Joy vor einer – wie er es nennt – »knowledge-enabled mass destruction (KMD)«, einer durch neues Wissen ermöglichten Massenzerstörung. Er schreibt, dass wir die letzte Generation unserer Spezies sein könnten, wenn wir der zügellosen Entwicklung und Anwendung von GNR-Techniken kein Ende setzten.

Vielleicht ist dieses Katastrophenszenario etwas übertrieben – aber Joy fordert völlig zu Recht, dass wir für die Entwicklungen in Bereichen wie Bio- und Nanotechnik, der Robotik oder anderen neuen wirkmächtigen Technologien dringend Standards benötigen, die auf Werten wie Fürsorge und Verantwortlichkeit basieren.

Das bedeutet nicht, dass wir aufhören sollten zu forschen. Im Gegenteil: Wir müssen weiterhin bedeutende Investitionen sowohl in die theoretische als auch in die angewandte Wissenschaft tätigen. Wissenschaftliche Forschung ist nicht nur wirtschaftlich profitabel, sondern trägt auch zum Wohlergehen der Menschen bei. Sie hat zu eindrucksvollen technischen Anwendungen wie Computerchips, Lasertechnik, dem Internet oder Herztransplantationen geführt. Aber wir brauchen Richtlinien und Regelwerke, um eine ausreichende Risikobewertung sicherzustellen, bevor technische Anwendungen kommerziell genutzt werden.

Aktuell sprechen unsere Wirtschaftsmodelle und Spielregeln allerdings eher gegen eine Risikobewertung, als eine solche zu fördern. Solange wir Wirtschaftsproduktivität nur anhand von kurzfristigen Verkäufen und Gewinnen auf dem Markt messen, werden wir auch eine entsprechende Politik verfolgen und die »Externalitäten« wie Gesundheits- und Umweltschäden oder die enormen gesellschaftlichen und gesamtwirtschaftlichen Kosten weiterhin ignorieren.

Tatsächlich ist die kommerzielle Nutzung der Nanotechnik längst Teil unseres Alltags, obwohl wir noch keine Ahnung von deren langfristigen Auswirkungen haben. Nanopartikel finden sich bereits in Produkten wie Sonnencremes, schmutzabweisenden Kleidungsstücken und Wundverbänden. Dabei weisen viele Wissenschaftler mahnend darauf hin, dass diese und andere Verwendungen von Nanoröhren (zum Beispiel zur Wasserreinigung) im Verkehr sind, ohne dass deren langfristige Auswirkungen wirklich getestet wurden.[14]

Viele von uns betrachten diese Entwicklungen mit großer Sorge – doch auch wenn viel über dieses Thema gesprochen wird, hat es nur sehr wenige Änderungen hinsichtlich der wissenschaftlichen und technischen Spielregeln gegeben.

7.4 Technik neu betrachtet

Um zu gewährleisten, dass die neuen postmodernen Technologieansätze für positive Zwecke genutzt werden, müssen wir unsere Aufmerksamkeit auf die gesellschaftlichen Werte und Institutionen richten, die unsere Vorstellung davon formen, welche Technologien wir entwickeln und vertreiben sollten – und welche nicht. Dabei können wir unsere Definition von Technik bzw. Technologien auf alle Instrumente ausweiten, die wir Menschen nutzen, um unsere Ziele zu erreichen.

Das heißt, wir sprechen hier nicht nur von dem, was der interdisziplinäre Historiker Lewis Mumford als *Technik* bezeichnet, nämlich materielle Artefakte wie Hammer, Staubsauger und Computer. Stattdessen verwende ich hier – ausgehend von den Ideen des legendären Visionärs Buckminster Fuller – eine breitere Definition von Technologie, die nicht nur technische Gegenstände umfasst, sondern auch die einzigartigen menschlichen Werkzeuge, mit denen wir neue Wirklichkeiten schaffen können: unsere Hände und unser Gehirn.

Die Artefakte und Prozesse, die wir uns in unseren Köpfen ausdenken, sind menschliche Schöpfungen. Unser Gehirn ist – und war von Anfang an – unser wichtigstes Werkzeug, um die von uns gesetzten Ziele zu erreichen. Wie wir Technologien nutzen, hängt nicht von diesen Technologien selbst ab, sondern von den Ideen, die unser Gehirn generiert. Wenn wir uns darauf konzentrieren, was wir mit einer bestimmten Technologie erreichen wollen, dann können wir uns auch zwischen dem positiven und dem negativen Einsatz ein und derselben Technologie entscheiden. Anstatt also jegliche Technologie – vom Dosenöffner bis zur Wasserstoffbombe – in dieselbe Schublade zu stecken, können wir Technologien in drei Grundtypen unterteilen:

Zum ersten Typ gehören die *lebensfördernden Technologien*[15], die unsere Existenz, unsere körperliche Gesundheit sowie unsere Mitwelt bewahren. Dazu zählen Landwirtschaft, Weben, Bauen und andere Mittel, um unsere

Grundbedürfnisse zu befriedigen. Auch zahlreiche Kommunikations- und Transporttechnologien können diesem Typ zugeordnet werden – angefangen von unserer Sprache und unseren Beinen bis hin zu Flugzeugen, Radios, Telefonen und E-Mails. Außerdem gehören zu den lebensfördernden Technologien auch sichere Geburtseinrichtungen oder die Möglichkeit einer Familienplanung, die es Eltern erlaubt, ihren Kinderwunsch so lange aufzuschieben, bis sie angemessen für Kinder sorgen können. Technologien, die zur Gesundheitsfürsorge dienen oder verhindern, dass unsere Umwelt ausgebeutet und verschmutzt wird, können ebenfalls zu diesem Typ gezählt werden.

Zum zweiten Technologietyp gehören Technologien, die dazu entwickelt wurden, unser Potenzial an Bewusstheit, Vernunft, Mitgefühl, Kreativität und Liebe voll auszuschöpfen. Diese Technologien, die ich als *Selbstverwirklichungstechnologien*[16] bezeichne, helfen uns dabei, unsere tiefe menschliche Sehnsucht nach liebevollen Beziehungen, Sinnhaftigkeit, Gerechtigkeit und Freiheit zu stillen. Selbstverwirklichungstechnologien können materieller oder nicht-materieller Natur sein. Uralte Beispiele dafür sind Musik, Kunst, Meditation und andere Techniken, die spirituelles Wachstum ermöglichen. Bei vielen dieser Selbstverwirklichungstechnologien geht es auch um Beziehungen, wie zum Beispiel um bessere Methoden der Bildung und Erziehung von Kindern, oder um gesellschaftliche Institutionen, wie zum Beispiel das öffentliche Schulwesen, die repräsentative Demokratie, eine gerechte Wirtschaft und andere menschliche Erfindungen.

Den dritten Technologietyp bezeichne ich als *Zerstörungstechnologien*[17]. Diese unterscheiden sich stark von den ersten beiden Arten. Anstatt etwas zu erschaffen, zerstören sie. Zu diesem Typus gehören alle Waffenarten – von den scharfen Klingen der altertümlichen Krieger bis zu den atomaren und bakteriologischen Waffen unserer Zeit.

Lebensfördernde Technologien und Selbstverwirklichungstechnologien werden nicht zwangsläufig zum Allgemeinwohl eingesetzt. Wenn dominanzgeprägte Wertvorstellungen die Antreiber sind, dann dienen sie vornehmlich zum Nutzen derer am oberen Hierarchieende, während der Rest der Bevölkerung mit dem »Trickle-down«-Versprechen abgespeist wird. Oder sie werden auf eine Art und Weise genutzt, die uns entmenschlicht. Das gilt sogar für technologische Durchbrüche, die uns Menschen in einem partnerschaftlich geprägten System von stumpfsinniger Plackerei befreien könnten.

Doch die größte Gefahr für unsere Zukunft besteht darin, dass wir in vornehmlich dominanzgeprägten Systemen keine Möglichkeit haben, die Verwendung zerstörungstechnischer Errungenschaften zu verhindern – wobei die Geschichte gezeigt hat, dass Zerstörungstechnologien in diesen Systemen von primärer Bedeutung sind. Die Zerstörungskraft, der wir uns heute durch nukleare und biologische (Militär-)Technologien ausgesetzt sehen, ist ebenso überwältigend wie der einst einem allmächtigen Gottvater zugeschriebene Zorn: Sie könnte sämtliches Leben vernichten. Und die Forschung in den Bereichen Bio- und Nanotechnik oder der Robotik eröffnet weitere, bislang ungeahnte militärtechnische Möglichkeiten. Bereits 2004 erklärte ein Vertreter des U. S. Joint Forces Research Center gegenüber der *New York Times*, dass die Frage nicht laute, ob, sondern wann die Robotisierung des Militärs stattfände. Er bekräftigte auch, dass zweifellos fortschrittliche, computerisierte Maschinen entwickelt würden, die Entscheidungen darüber treffen könnten, ob sie jemanden töten. »Anwälte sagen mir, es gäbe keinerlei Gesetze, die Robotern die Entscheidung über Leben oder Tod untersagen würden.«[18] Es mag völlig verrückt klingen, dass Roboter über Leben oder Tod entscheiden sollen, aber aus dominanzgeprägter Sicht ist es vollkommen logisch: Menschen haben manchmal Hemmungen zu töten und zu verletzen – Roboter kennen solche Bedenken nicht.

Solange die postmodernen technologischen Errungenschaften also nicht zu positiven Zwecken eingesetzt werden, kann das von Joy in seinem Artikel »Why the Future Does Not Need Us« entworfene Szenario immer noch Realität werden und wir könnten, wie er mahnt, die letzte Generation unserer Spezies sein.

7.5 Technologische Fantasien und globale Realitäten

In Berichten der US-Regierung werden enthusiastische Hoffnungen hinsichtlich der enormen Vorteile neuer Technologien genährt. So schwärmt das CIA zum Beispiel im National-Intelligence-Council-Bericht *Global Trends 2015* von den wirtschaftlichen Vorteilen einer ganzen Reihe neuer smarter, multifunktionaler und umweltfreundlicher Produkte und prognostiziert, dass diese große Vorteile für Produktion, Logistik und Privatleben mit sich bringen würden.[19] Ein von der National Science Foundation und dem US-Wirtschaftsministerium finanzierter Bericht der US-Regierung geht davon aus, dass diese Technologien »ein Goldenes Zeitalter« einläuten und einen »epochalen Wendepunkt in der Menschheitsgeschichte« darstellen werden, und prognostiziert, dass Nanotechnik, Biotechnik und Künstliche Intelligenz die menschliche Evolution innerhalb von 20 Jahren verändern werden.[20]

Gelegentlich wird in diesen Berichten in kurzen Nebenbemerkungen darauf hingewiesen, dass die neuen technologischen Errungenschaften moralische, rechtliche, ökologische und gesellschaftliche Fragen aufwerfen – doch die Risiken, die bei ihrer kommerziellen oder militärischen Nutzung auftreten könnten, werden selten erwähnt. Beim Ausmalen der rosigen Zukunftsaussichten in dieser technologischen Utopie wird auch nicht weiter darauf eingegangen, was tatsächlich mit der großen Mehrheit der Menschen in unserer Welt geschieht, während wir uns ins postindustrielle Zeitalter hineinbewegen.

Obwohl behauptet wird, dass die Globalisierung des Kapitalismus den Lebensstandard aller Menschen anhebt, wird im UN-Bericht *The World Social Situation: The Inequality Predicament* darauf hingewiesen, dass die fortschreitende wirtschaftliche Globalisierung mit größeren Ungleichheiten zwischen und in den einzelnen Ländern einhergeht. Dieser Trend ist selbst in vergleichsweise wohlhabenden Ländern wie den USA, Kanada und Großbritannien zu beobachten. Und obwohl China und Indien ein beachtliches Wirtschaftswachstum verzeichnen, herrscht in diesen beiden bevölkerungsreichsten Staaten Asiens weiterhin ebensolche Ungleichheit.[21]

Die stärkste Form der Ungleichheit, so der UN-Bericht zur sozialen Lage in der Welt, ist und bleibt jedoch die Ungleichheit zwischen Mann und Frau. Zwar hat der Eintritt von Frauen ins Erwerbsleben vielen von ihnen wirtschaftliche Unabhängigkeit gebracht, doch weltweit verdienen Frauen immer noch deutlich weniger als Männer. Und besonders in den Entwicklungsländern steht Frauen oft nur die nicht regulierte oder informelle Marktwirtschaft offen, in der – wie die Menschenrechtsaktivistin Lin Chew schreibt – die Arbeitsbedingungen »angemessen durch die drei Ds – *dirty*, *dangerous* und *demeaning* (schmutzig, gefährlich und entwürdigend) – beschrieben werden können.«[22]

Über 60 Prozent der im informellen Marktsektor Arbeitenden weltweit sind Frauen – ein hoher Anteil, wenn man bedenkt, dass Frauen im Vergleich zu Männern einen insgesamt geringeren Anteil an den Erwerbstätigen darstellen.[23] Auch wenn Frauen und Mädchen mittlerweile in den Genuss von

Bildung kommen, stagniert die Zahl der Frauen in offiziellen Arbeitsverhältnissen bzw. nimmt in manchen Teilen der Welt sogar ab, wobei Millionen von Frauen versuchen, sich und ihre Kinder irgendwie am Leben zu erhalten – und oft nicht in der Lage dazu sind.

Laut dem UNICEF-Bericht *The State of the World's Children 2005: Childhood Under Threat* leiden über die Hälfte der Kinder weltweit aufgrund von Armut, Krieg und HIV/AIDS unter extrem schlechten Bedingungen. 2015 lebten immer noch über 700 Millionen Menschen in extremer Armut, darunter jedes fünfte Kind und 22 Prozent mehr Frauen als Männer. Dadurch erleiden Kinder dauerhafte Schäden. Fortschritte in Richtung Menschenrechte und wirtschaftliche Entwicklung werden blockiert.[24]

Diese Statistiken sind nur stichpunktartige Auflistungen eines schrecklichen Elends. Sie zeigen nicht die Gesichter der Millionen Kinder, die an Hunger gestorben sind, und sie zeigen uns auch nicht das Leid der Waisenkinder, die auf der Straße enden. Sie zeigen uns nicht die Männer und Frauen, die von morgens bis abends schuften. Sie zeigen uns nicht die Frauen, die bei der Geburt sterben, weil es keine Gesundheitsfürsorge gibt.

In diesem Sinne schreiben die Autoren des *World Social Report* von 2005, dass es ebenso unmenschlich wie ineffektiv sei, sich bei Entwicklungsmaßnahmen nur auf Wirtschaftswachstum und Einkommensgenerierung zu fokussieren. Sie weisen darauf hin, dass ein solches Vorgehen nicht nur zur Anhäufung des Wohlstands bei einigen wenigen führe und gleichzeitig die Armut vieler vertiefe, sondern dass damit auch soziale Instabilität erzeugt werde, »deren Preis alle zahlen müssen.«[25] Es ist klar, dass Prognosen darüber, wie uns Fortschrittstechnologien in ein »Goldenes Zeitalter« tragen, absurd sind, solange noch so viele Menschen weltweit in Armut leben. Wir müssen uns mit der Lebensrealität der Menschen auseinandersetzen, wenn wir in ein besseres Zeitalter für die Menschheit eintreten wollen.

Wir müssen der Tatsache ins Auge sehen, dass jeden Tag 15.000 Kinder sterben – wobei die meisten Todesfälle vermeidbar gewesen wären.[26] Wir müssen uns klar machen, dass jedes Jahr Hunderttausende von Frauen an Schwangerschaftskomplikationen sterben – häufig infolge illegaler Abtreibungen, mit denen sie verzweifelt die Geburt eines weiteren Kindes verhindern wollen. Wir müssen uns mit dem exponentiellen Bevölkerungswachstum in vielen »Entwicklungsländern« auseinandersetzen – vor dem Hintergrund, dass postindustrielle Technologien schon heute menschliche Arbeitskraft durch intelligente Maschinen ersetzen und dass für die Produktion bzw. Bereitstellung zahlreicher elementarer Güter und Dienstleistungen nicht länger menschliche Arbeitskraft benötigt wird.

Wir müssen uns mit der Tatsache auseinandersetzen, dass vor allem durch das exponentielle Bevölkerungswachstum natürliche Lebensräume verloren gehen, wodurch in der Folge neun von zehn bedrohten Vogel- und Pflanzenarten sowie 80 Prozent der bedrohten Säugetierarten betroffen sind. Bereits 2010 berichteten Wissenschaftler, dass zusätzlich zu den bereits ausgestorbenen Arten ungefähr ein Viertel der Säugetierarten sowie 12,4 Prozent der Vogelarten vom vollständigen Aussterben bedroht sind.[27]

Wir dürfen die Warnungen einer immer größeren Zahl von Wissenschaftlern nicht ausblenden, die zeigen, wie wir Menschen mit unseren Aktivitäten das Ökosystem und damit unsere eigene Lebensgrundlage zerstören. Laut dem *Millennium Ecosystem Assessment* der Vereinten Nationen wird sich im Laufe der nächsten fünfzig Jahre die Weltbevölkerung nahezu verdoppeln, wodurch wir mehr als die Hälfte des Weidelands, der Wälder, der Äcker, der Flüsse und der Seen verlieren werden. Wissenschaftler aus 95 Ländern, die diesen Bericht gemeinsam erstellt haben, kamen zu dem Schluss, dass der steigende Bedarf an Nahrung, Trinkwasser und Kraftstoff – im Fall ausbleibender grundlegender politischer und institutioneller Veränderungen – katastrophale Folgen haben werde, wenn die Bevölkerung von 6,5 Milliarden [zum Zeitpunkt der Erstellung des Berichts] innerhalb von 50 Jahren auf die prognostizierten 9,1 Milliarden angestiegen sein werde. Dabei warnten sie unter anderem vor der Entstehung neuer Krankheiten, einer Verschlechterung der Wasserqualität, vor »Todeszonen« entlang der Küsten, dem Zusammenbruch des Fischfangs sowie vor deutlichen regionalen Klimaveränderungen.[28] Schon heute sind diese katastrophalen Auswirkungen spürbar.

Zudem befeuern Bevölkerungswachstum und wirtschaftliche Ungleichheit weltweit Terrorismus und Kriegsführung. Zwar ist diese Gewalt nicht, wie oft behauptet, nur im Kampf der Armen um die Kontrolle über die Ressourcen begründet, sondern ihre Wurzeln liegen viel tiefer, nämlich im gewohnheitsmäßigen Erlebnis von Gewalt als einem legitimen Mittel, andere zu kontrollieren – so wie dies in dominanzgeprägten Familien der Fall ist. Aber natürlich sind das Bevölkerungswachstum, der hohe Anteil an jungen Menschen in armen Ländern sowie die großen wirtschaftlichen Ungleichheiten zwischen und innerhalb einzelner Staaten bedeutende Treiber der weltweit zu beobachtenden Gewalt.

Neue Technologien werden diese Probleme nicht lösen. Sie können sicher dazu beitragen, das Überleben der Menschen zu sichern und ihr Leben teilweise zu verbessern – aber dafür muss der Fokus auf wirtschaftlichen Investitionen in Technologien liegen, die langfristig wirtschaftlich *und* gesellschaftlich gewinnbringend sind – und nicht auf solchen, die kurzfristige Unternehmensprofite versprechen. Es muss bedeutende Investitionen in Techniken der Familienplanung geben, um das Bevölkerungswachstum zu stabilisieren – und es muss mehr Kommunikationstechniken geben, mit deren Hilfe die Normen verändert werden, nach denen Frauen als von Männern kontrollierte Reproduktionsapparate gelten. Außerdem benötigen wir massive Investitionen in dezentrale Energiequellen wie kostengünstige Solarzellen oder Solarkocher für Entwicklungsländer, um Waldrodungen zu beenden und Alternativen zu Holz- und Kohleöfen zu bieten, bei deren Nutzung es oft zu tödlichen Unfällen durch Rauchvergiftungen oder Brände kommt. Darüber hinaus sind Wissenschafts- und Technologiestandards notwendig, die den Einsatz der postmodernen Technologien so gestalten, dass diese nicht zur Zerstörung, sondern zur Förderung von Leben und menschlicher Selbstverwirklichung genutzt werden.

Doch selbst wenn wir Nanotechnik, Biotechnik und Robotik zur Lebensförderung und Selbstverwirklichung einsetzen, werden wir nicht ausreichend für die Herausforderungen gerüstet sein, denen wir heute schon gegenüberstehen. Es gibt keine schnellen, einfachen Lösungen – und schon gar keine durch technische Errungenschaften materieller Art. Wir müssen uns auf soziale Techniken konzentrieren, nicht auf materielle. Die entscheidenden Zukunftsfragen sind nicht materieller Natur. Es geht vielmehr darum, wie schnell es uns gelingt, zu erkennen, was gerade in der Welt geschieht und was wir unternehmen müssen, damit unser Lebensstil und die Art, wie wir unseren Lebensunterhalt verdienen, von Fürsorge für Mensch und Mitwelt gekennzeichnet sind. Die letzten beiden Kapitel zeigen, wie dies gelingen kann. Allerdings ist dies nur möglich, wenn es uns zuvor gelingt, die tief sitzenden Überzeugungen davon zu verändern, wie Menschen sind und wie sie sein können.

Kapitel 8
Wer wir sind und wo wir stehen

Ryan Hreljac war sechs Jahre alt und besuchte die erste Klasse im kanadischen North Grenville, als seine Lehrerin den Schülerinnen und Schülern erzählte, dass Kinder in Afrika krank wurden und starben, weil sie keinen Zugang zu sauberem Wasser hatten. Ryan beschloss, Geld zu sammeln, um diesen Kindern zu helfen. Seine ersten 70 Dollar verdiente er mit extra Hausarbeiten. Dann warb er andere an, die ihm halfen, die 2000 Dollar aufzutreiben, die damals im Jahr 1999, nötig waren, um eine Brunnenbohrung in der Nähe der Angolo-Schule in Norduganda zu finanzieren. Seitdem hat Ryans Brunnenstiftung zusammen mit Non-Profit-Organisationen wie WaterCan und Free the Children über eine Millionen Dollar gesammelt und damit geholfen, 196 Brunnen in zehn Ländern zu bauen, an denen über 350.000 Menschen Wasser holen können.[1]

Als Clara Hale 1992 im Alter von 87 Jahren starb, hatte sie sich bis dahin in ihrem Leben um über 800 Kinder gekümmert – Kinder mit AIDS, Kinder von drogensüchtigen Müttern, Kinder, die niemand wollte. Zunächst betreute sie diese ungewollten Kinder in ihrem kleinen Appartement in Harlem, wo sie innerhalb von sechs Monaten 22 mit HIV infizierte Babys aufnahm. Mit der Zeit und mithilfe der lokalen Behörden konnte sie ein Haus in der Stadt erwerben, wo sie und ihre Mitarbeiter weiter an der Umsetzung ihres Glaubenssatzes arbeiten konnten, dass alle Kinder Liebe brauchen und verdienen.[2]

Das sind nur zwei Beispiele von Menschen, die Wildfremden halfen – aber es gibt Tausende solcher Menschen und das überall auf der Welt. Manchmal setzen sie sogar ihr eigenes Leben aufs Spiel, um das Leben von Menschen zu retten, die sie nie zuvor getroffen haben: Sie springen in gefährliche Gewässer, um einen Ertrinkenden zu retten, oder stürmen in ein brennendes Gebäude, um jemanden dort herauszuholen, der sich nicht selbst befreien kann. Manche setzen sogar das Leben ihrer ganzen Familie aufs Spiel, um Fremden zu helfen, so wie die Menschen, die während des Zweiten Weltkriegs jüdische Mitbürger vor den Nationalsozialisten versteckten, obwohl sie wussten, dass ihnen und ihrer gesamten Familie der Tod drohte, wenn sie entdeckt würden.

Diese selbstlosen Taten der Nächstenliebe widersprechen dem herkömmlichen Glauben, dass eine fürsorgliche Welt unserer inhärent selbstsüchtigen, bösartigen Natur widerspräche. Und doch ist dieser Glaube fest in den weit verbreiteten Narrativen zur menschliche Natur verwurzelt: angefangen von dem religiösen Mythos einer unwiderruflich verdorbenen, von der Erbsünde befallenen Menschheit bis hin zu soziobiologischen Theorien, nach denen die Evolution von »egoistischen Genen« vorangetrieben worden sei, die uns so programmiert hätten, dass wir anderen nur dann helfen würden, wenn wir direkt oder indirekt davon profitierten.[3]

Natürlich ließe sich argumentieren, dass wir direkt oder indirekt davon profitieren können, wenn wir irgendwelchen weit entfernten Menschen helfen, da in unserer vernetzten Welt selbst Ereignisse im entlegensten Winkel unseres Planeten positive oder negative Auswirkungen auf uns haben können. Damit hätte man die Möglichkeit, den karitativen Einsatz für Fremde immer noch unter Eigeninteressen zu verbuchen, die auch sicherlich eine wichtige Motivation für Menschen darstellen. Tatsächlich aber sind das menschliche Verhalten und die menschliche Natur von sehr viel mehr als nur purem Egoismus gekennzeichnet. Mit Sicherheit sind wir fähig zu Gefühllosigkeit, Grausamkeit, Gier und Gewalt – aber wir können ebenso feinfühlig, fürsorglich, freigiebig und friedliebend sein.

Evolutionär ist das Potenzial für Fürsorge ebenso in uns angelegt wie das Potenzial für Grausamkeit, vielleicht sogar in noch stärkerem Maße. Fürsorge ist für den Erhalt unserer Spezies notwendig. Der Nachwuchs von Säugetieren ist generell auf Fürsorge angewiesen – aber weil Menschenkinder über einen langen Zeitraum hinweg vollständig davon abhängig sind, wurde Fürsorge mit dem Erscheinen unserer Spezies auf der Evolutionsbühne sogar noch unverzichtbarer. Die Evolution hat uns Menschen neurochemisch so ausgestattet, dass wir Freude empfinden, wenn wir uns um andere kümmern. Diese Freude kennen wir alle. Wir erfahren sie, wenn wir uns um ein Kind, einen Liebespartner oder Freunde kümmern – und sogar bei der Pflege unserer Haustiere. Wir fühlen uns einfach gut, wenn wir anderen helfen, auch wenn es sich dabei um Fremde handelt.

Dieser menschliche Drang, sich um andere zu kümmern und ihnen zu helfen, ist bereits in Kleinkindern angelegt, wie der Psychologe Felix Warneken 2006 am Max-Planck-Institut für evolutionäre Anthropologie feststellte: Warneken führte ein Experiment durch, bei dem ihn 18 Monate alte Kleinkinder dabei beobachteten, wie er sich bei gewöhnlichen Tätigkeiten wie dem Aufhängen von Handtüchern oder dem Stapeln von Büchern vorgeblich abmühte. Immer wenn ihm »aus Versehen« Wäscheklammern herunterfielen oder er »versehentlich« Bücher vom Stapel stieß, bot ihm jedes der 24 Kleinkinder, die an dem Experiment teilnahmen, innerhalb von Sekunden Hilfe an. Allerdings taten sie dies nur, wenn Warneken den Eindruck vermittelte, er bräuchte Hilfe. Wenn er mit Absicht eine Klammer auf den Boden warf oder ein Buch vom Stapel stieß, reagierten die Kleinkinder nicht. Wenn es jedoch so aussah, als bräuchte er Unterstützung, krabbelten die Kinder schnell zu ihm hinüber, ergriffen den Gegenstand und reichten ihm diesen dann eifrig.[4]

Um herauszufinden, was die Kleinkinder dazu motivierte, dankte Warneken ihnen absichtlich nicht. Dadurch fand er heraus, dass sie tatsächlich von Mitgefühl und Altruismus angetrieben wurden und nicht von der Erwartung, gelobt oder belohnt zu werden. Die Kinder reagierten einfach auf die Not eines Fremden und kamen ihm zu Hilfe. Man kann also davon ausgehen, dass wir Menschen biologisch stark darauf ausgerichtet sind, hilfsbereit und fürsorglich zu handeln. Was die Frage aufwirft, wieso es in unserer Welt so oft an Hilfsbereitschaft und Fürsorge mangelt. Um diese Frage zu beantworten, müssen wir von der Betrachtung der Biologie zur Betrachtung der Kultur übergehen.

8.1 Was uns die Neurowissenschaft über die Wirtschaft lehrt

In den letzten Jahrzehnten hat sich unser wissenschaftliches Verständnis über die Interaktion zwischen unserem Gehirn und unserer Umwelt enorm erweitert. An die Stelle der alten *Nature-versus-Nurture*-Diskussion rückt immer mehr die Erkenntnis, dass beide zusammenwirken. Wissenschaftlerinnen und Wissenschaftler haben herausgefunden, dass der Großteil der Gehirnentwicklung nach der Geburt abläuft und dass unsere frühkindlichen Erfahrungen eine wichtige Rolle dabei spielen, wie diese Entwicklung vonstattengeht. Die neuronale Struktur unseres Gehirns wird durch das Zusammenspiel unserer Gene mit unserem frühkindlichen Umfeld geformt – besonders von unserem menschlichen Umfeld und der Art der Fürsorge, die wir erfahren.[5] Das bedeutet jedoch nicht, dass unser Verhalten durch unsere frühkindlichen Erfahrungen vollständig festgelegt würde: Diese frühen Erfahrungen sind zwar von entscheidender Bedeutung, doch unser Gehirn entwickelt sich auch im Erwachsenenalter weiter im Zusammenspiel von Genen, Umfeld und den Entscheidungen, die wir treffen.

Die Entscheidungen, die wir treffen, haben einen großen Einfluss darauf, wie wir uns verhalten. Zwar werden unsere Entscheidungen sowohl von unseren Lebenserfahrungen als auch von unseren Genen mit beeinflusst – aber wir Menschen besitzen die einzigartige Fähigkeit, bewusst Entscheidungen treffen zu können. Wir wurden evolutionär mit einem Frontalhirn ausgestattet, das es uns erlaubt, über unbewusste Impulshandlungen hinausgehende, gezielte Entscheidungen zu treffen. Und diese Entscheidungen haben wiederum Auswirkungen auf unsere Erfahrungen und auf unser kulturelles Umfeld.

Tatsächlich haben wissenschaftliche Studien gezeigt, dass die Entscheidungen, die wir treffen, Auswirkungen darauf haben, was in unserem Gehirn geschieht. Im Jahr 2002 verwendeten Neurowissenschaftler an der Emory University eine Technik, die als funktionelle Magnetresonanztomographie (fMRT) bezeichnet wird, um zu beobachten, was im Gehirn von Menschen vor sich geht, wenn sie eine Entscheidung aus purer Gier oder aber zu gegenseitigem Vorteil treffen.[6] Die Wissenschaftler stellten überrascht fest, dass in dem Experiment (einem Geldgewinnspiel) die stärksten Reaktionen im Gehirn *nicht* in Abhängigkeit davon ausgelöst wurden, ob die Probandinnen gewannen oder verloren. Was das Gehirn tatsächlich »zum Strahlen« brachte, war die Entscheidung der Teilnehmerinnen, zum gegenseitigen Vorteil zu spielen und nicht nur zum eigenen – dann leuchtete der Schaltkreis im Gehirn auf, der mit angenehmen Empfindungen in Verbindung gebracht wird.[7]

Einer der Wissenschaftler, die diese Experimente durchgeführt hatten, war Dr. Gregory S. Berns. In einem Gespräch mit der *New York Times* berichtete er, dass die hellsten Signale dann zu beobachten gewesen waren, wenn die Spielerinnen kooperative Allianzen gebildet hatten. Diese Signale wurden in Gehirnregionen gemessen, von denen man weiß, dass sie durch Süßspeisen,

Bilder von attraktiven Gesichtern, Geld, Kokain und eine Reihe anderer legaler oder illegaler Genüsse aktiviert werden.[8] Das heißt, sie zeigten sich im Lustzentrum des Gehirns. Je länger die Spielerinnen diese Strategie des gegenseitigen Vorteils verfolgten, umso stärker wurde das Lustzentrum durchblutet. Spielten die Probandinnen jedoch gegen einen Computer, sank die Wahrscheinlichkeit einer Kooperation. Während die Motivation für die Teilnahme an der Studie finanzieller Art war, war im Spiel die Freude an einer Zusammenarbeit stärker als die finanzielle Motivation.[9]

Dass menschliche Beziehungen stärkeres Wohlbefinden auslösen als finanzieller Gewinn, weist darauf hin, dass wir evolutionär auf Gegenseitigkeit und gegenseitige Fürsorge ausgerichtet sind und dies eine effektive Überlebensstrategie darstellt. Zudem legt es die Vermutung nahe, dass wir – wenn wir wie die Spielerinnen in dem Experiment eindeutige Optionen haben – dazu neigen, Gegenseitigkeit und gegenseitige Fürsorge über Gier und puren Egoismus zu stellen, da uns diese Entscheidung mehr Freude bereitet.

Für gewöhnlich betrachten wir Entscheidungen als eine persönliche Angelegenheit und letztlich ist das auch richtig – allerdings werden unsere Entscheidungen durch die Optionen eingeschränkt, die wir haben (oder meinen zu haben).

Die Evolution hat uns Menschen neurochemisch so ausgestattet, dass wir Freude empfinden, wenn wir uns um andere kümmern. Diese Freude kennen wir alle. Wir erfahren sie, wenn wir uns um ein Kind, einen Liebespartner oder Freunde kümmern – und sogar bei der Pflege unserer Haustiere.

Bei dem Experiment an der Emory-Universität wurden die Optionen der Spielerinnen von den Forschern vorgegeben. Im alltäglichen Leben werden diese Optionen jedoch vornehmlich von dem kulturellen Umfeld bestimmt, in dem wir leben. In stark dominanzgeprägten Kulturen sind die tatsächlichen und/oder vermeintlichen Optionen eingeschränkt und Entscheidungen werden meist ohne bzw. nur mit geringer Rücksicht auf diejenigen getroffen, die in der Rangordnung unter einem stehen. Aus diesem Grund kann es zum Beispiel vorkommen, dass arme Eltern in Indien ihre elf Jahre alte Tochter in die Zwangsprostitution verkaufen, obwohl sie wissen, dass sie das Kind damit zu einem Leben voller Demütigung und Gewalt verurteilen und der Gefahr einer HIV-Infektion aussetzen. Und das ist auch der Grund, warum diese Eltern keine andere Möglichkeit sehen, wie sie dringend benötigtes Geld besorgen, die Mitgiftkosten für ihre Tochter sparen und dem Sohn einen Schulbesuch ermöglichen können. Für die Familie mag diese Entscheidung eine vernünftige Option darstellen – eine schlichte Fortführung der traditionellen »Kindsbrautverheiratung«, die in manchen Gegenden Südostasiens noch üblich ist.[10] Wahrscheinlich wird das kleine Mädchen nicht dagegen aufbegehren, weil es in dieser Kultur, in der Mädchen als weniger wertvoll betrachtet werden als Jungen, bereits gelernt hat, sich selbst abzuwerten. Selbst wenn dies nicht der Fall wäre, hätte es keine Möglichkeit, irgendwo Hilfe zu finden, da solche Verkäufe in seinem Dorf gebilligt werden.

Nun fragen wir uns vielleicht, wie Eltern so grausam zu ihrem eigenen Kind sein können. Und eine Antwort lautet sicherlich, dass die Kultur eine wichtige Rolle dabei spielt. Allerdings finden wir auch hier wieder tiefergehende Antworten in der Neurowissenschaft. Diese zeigt, dass extremer oder chronischer Stress unsere Fähigkeit zu Mitgefühl ebenso einschränkt wie unsere Fähigkeit, andere Optionen zu erkennen und vernünftige, bewusste Entscheidungen zu treffen.

Die Neurowissenschaftlerin Debra Niehoff hat gezeigt, dass Stress es neurochemisch erschwert, andere oder auch sich selbst bewusst wahrzunehmen, da ein großer Teil der Energie dafür verwendet wird, dem Schmerz zu entgehen bzw. ihn zu verdrängen. In diesem Zusammenhang schreibt sie: »Mitgefühl wird zweitrangig, wenn es darum geht, dem lähmenden Unbehagen ein Ende zu setzen, dass ein durch Stress abgestumpftes Nervensystem verursacht.«[11] Und natürlich ist Mitgefühl ein wichtiger Bestandteil von Fürsorge. Stress schränkt auch unsere Fähigkeit ein, Alternativen wahrzunehmen. In diesem Zusammenhang schreibt der Stressexperte Bruce McEwen: »Es heißt ›Stress macht dumm‹ – aber in Wirklichkeit schränkt er unsere Möglichkeiten ein.«[12]

Natürlich gibt es immer Stress im Leben – und manchmal kann Stress sogar eine Chance sein, um neue Möglichkeiten auszuloten und neue Fähigkeiten zu entwickeln. Aber extremer oder chronischer Stress, dem Menschen in dominanzgeprägten Systemen oft ausgesetzt sind, hat andere Auswirkungen. Ein Nebeneffekt von chronischem Stress besteht darin, dass wir weniger bewusst wahrnehmen, was um uns herum geschieht. In diesem Zusammenhang noch ein weiteres Zitat von Niehoff: »Während der Stress immer weiter am Nervensystem nagt, wird die Fähigkeit zur Risikoabwägung immer schlechter. Kleine abfällige Bemerkungen können als schwerwiegende Bedrohungen gewertet werden. Harmlose Kleinigkeiten können eine emotionale Katastrophe auslösen [...] Von allen Seiten von tatsächlichen oder vermeintlichen Gefahren umgeben, greift die betroffene Person auf die uralten Überlebensstrategien zurück: Kampf, Flucht oder Erstarrung.«[13]

Stress hindert uns also daran, gute Entscheidungen zu treffen oder die volle Bandbreite der Entscheidungsmöglichkeiten überhaupt nur wahrzunehmen – und gleichzeitig macht er es uns unmöglich, unser natürliches Potenzial für Mitgefühl und Fürsorge auszuleben. Diese stressbedingte Unterdrückung von Mitgefühl und Fürsorge hilft uns nachzuvollziehen, warum diese indische Familie so grausam handeln konnte. Der Stress, der autoritären Top-Down-Hierarchien ohnehin innewohnt, wurde durch den Stress der zermürbenden Armut noch verstärkt und dadurch wurden ihre emotionalen und kognitiven Fähigkeiten derart betäubt, dass sie es vor sich rechtfertigen konnten, ihrem eigenen Kind etwas derart Schreckliches anzutun. Dazu kam, dass in ihrer Kultur Mädchen als weniger wertvoll gelten als Jungen, sodass sie ihre Entscheidung sogar damit rational begründen konnten, dass dieses Vorgehen notwendig sei, um ihrem Sohn eine Ausbildung zu ermöglichen.

Natürlich ist die hier am Beispiel einer indischen Familie dargestellte Grausamkeit ein Extremfall. Aber über Generationen hinweg waren viele Eltern grausam zu ihren Kindern und haben sie misshandelt, weil Kindererziehung in dominanzgeprägten Kulturen mit unhinterfragtem Gehorsam und schweren Strafen gleichgesetzt wird – kurz gesagt mit Zwang und Schmerz. Eine solche Art der Kindererziehung ist nur mithilfe einer Bewusstseinsunterdrückung möglich. Deswegen gibt es Eltern, die erzählen, wie sehr sie ihre Kinder lieben, und diese dennoch misshandeln.

Wir könnten ihre Liebeserklärungen als Heuchelei abtun – aber die meisten Eltern lieben ihre Kinder wirklich. Dass es diesen Eltern dennoch gelingt, ihre Kinder gefühllos zu behandeln, ist ein stressbedingter Mechanismus, der Dominanzsysteme aufrechterhält, nämlich Verdrängung. Indem sie ihre eigene Grausamkeit verdrängen, wiederholen Eltern oft die Verdrängung der Grausamkeit, die sie selbst als Kinder in ihren dominanzgeprägten Familien erfahren haben. Verdrängung bedeutet, dass authentische menschliche Wahrnehmungen und Gefühle ins Unterbewusste verdrängt werden. In autoritären, dominanzgeprägten Familien lernen Kinder oft zu verdrängen, dass an Misshandlungen und Gewalt etwas falsch sein könnte, wenn die Betreffenden diese »verdient haben« (wie es ihnen in Bezug auf sie selbst oft gesagt wurde). Sie lernen, Erwachsenen gegenüber weder Wut noch Frustration auszudrücken, wenn diese ihnen Schmerzen zufügen, weil sie Angst vor noch mehr Schmerzen haben. Weil sie ihre negativen Gefühle nicht direkt gegen die richten können, von denen sie in Bezug auf Nahrung und andere lebensnotwendige Dinge abhängig sind, richten sie diese Wut und Frustration gegen Menschen, von denen ihnen gesagt wurde, dass sie minderwertig, amoralisch oder schwächer seien.[14]

Glücklicherweise gilt dies nicht für alle Menschen, die in dominanzgeprägten Familien aufwachsen – manche von ihnen lehnen diese Art von Kindererziehung als Erwachsene ab und engagieren sich sogar gegen Gefühlskälte, Grausamkeit und Ungerechtigkeit in anderen Lebensbereichen. Und es ist auch nicht so, dass Menschen sich nicht ändern könnten. Sie können es und sie tun es auch. Aber damit sich diese Menschen ändern können, müssen sie sich zunächst dessen bewusst werden, dass es Alternativen gibt. Um etwas über die Alternativen zu dominanzgeprägten Überzeugungen, Institutionen und Verhaltensweisen zu erfahren, müssen sie wissen, dass partnerschaftliche Überzeugungen, Institutionen und Verhaltensweisen möglich sind.

8.2 Wirtschaft, Politik und Stress

In zahlreichen Geschichten vieler Kulturen weltweit wird das Dominanzsystem als einzig mögliches System für die Menschen dargestellt. In Märchen wird die Herrschaft von Königinnen und Königen über »das gemeine Volk« romantisiert. Klassiker wie Homers *Ilias* oder Shakespeares königliche Dramen verherrlichen »heldenhafte« Gewalttaten. Und in vielen religiösen Geschichten wird es als normal und moralisch dargestellt, dass Männer über Frauen bestimmen bzw. sie sogar als ihren Besitz betrachten.

Diese Geschichten stammen aus Zeiten, die viel stärker auf ein »reines« Dominanzsystem ausgerichtet waren, als das heute der Fall ist. Zusammen mit Geschichten aus jüngeren Zeiten, in denen diese eingeschränkten Glaubenssätze zur menschlichen Natur aufrechterhalten wurden, haben sie einen maßgeblichen Einfluss auf unsere Weltsicht und unsere Lebensweise.[15] Gerade weil

Geschichten so einen starken Einfluss auf unsere Wertvorstellungen haben, können uns neue Narrative helfen, ungesunde Wertvorstellungen zu ändern.

Besonders wichtig sind neue Geschichten über die menschliche Natur. Wir brauchen neue Narrative, die uns ein vollständigeres und zutreffenderes Bild dessen bieten, wer wir sind und wer wir sein könnten – Geschichten, die zeigen, dass unser herausragendes Potenzial für Bewusstsein, Kreativität und Fürsorge einen integralen Bestandteil der menschlichen Entwicklung darstellt und dass es dieses Potenzial ist, das uns als Menschen auszeichnet.[16]

Natürlich reicht es nicht aus, nur die Geschichten zu ändern, denn die Geschichten einer Kultur sind eng mit deren sozialen Strukturen verknüpft. Wir müssen also auch daran arbeiten, in sämtlichen Institutionen dominanzgeprägte Strukturen durch partnerschaftliche Strukturen zu ersetzen und zwar sowohl im öffentlichen Bereich wie der Wirtschaft und der Politik als auch im privaten Bereich der Familie und anderer enger Beziehungen.

Wie wir gesehen haben, erzeugen dominanzgeprägte Strukturen künstlich Stress und diese Stressproduktion dient wiederum dazu, diese von Unter- und Überordnung geprägten Strukturen aufrechtzuerhalten. Und wie wir ebenfalls gesehen haben, fügen extremer oder chronischer Stress – vor allem in den frühen Kindheitsjahren – unserem angeborenen Potenzial für Bewusstheit und Fürsorge schweren Schaden zu.

Kinder, die in einem familiären Umfeld aufwachsen, in dem dominanzgeprägte Rangordnungen gewaltsam durchgesetzt werden, gelangen häufig zu der Überzeugung, dass dieses Beziehungsmuster unausweichlich auch für alle anderen Beziehungen gilt. Oft übertragen sie es auf ihre Peergroup, was dazu führen kann, dass sie andere Kinder mobben. Und wenn andere Bestandteile dieser Kultur – von Spielsachen und Spielen über Bildung und Religion bis zu den Massenmedien – diese Art von Beziehungsstrukturen ebenfalls als normal, moralisch oder sogar als unterhaltsam darstellen, wird dieses Muster zur kognitiven und emotionalen Vorlage eines Kindes für alle Beziehungen.[17] Darüber hinaus wird Kindern in dominanzgeprägten Familien die Sichtweise vermittelt, dass in unserer Spezies Männer den Frauen übergeordnet seien, was ihre Überzeugung, dominanzgeprägte Hierarchien seien normal, weiter verstärkt. Kinder lernen in solchen Familien, dass Unterschiede mit Über- und Unterlegenheit, Über- und Unterordnung bzw. Bedient-werden und Bedienen gleichzusetzen sind. Solange sie keine Alternativen kennenlernen, sind sie oft dazu bereit, wirtschaftliche und gesellschaftliche Ungleichheit als etwas zu akzeptieren, das »eben so ist«.

Die Psychologin Else Frenkel-Brunswik zeigte in Studien über Menschen, deren Persönlichkeit sie als autoritär bezeichnet, dass in Familien, die stark auf Angst und Strafe beruhen und in denen »Beziehungen auf Rollen basieren, die durch klare Vorstellungen von Überordnung und Unterordnung definiert sind [...] bestimmte Erfahrungen außerhalb des Bewusstseins gehalten werden müssen.« In diesen chronisch stressbelasteten Familien dient die Unterdrückung des Bewusstseins dazu »Konflikte und Unbehagen zu reduzieren und die stereotypen Muster aufrechtzuhalten.«[18]

Frenkel-Brunswik, deren Untersuchungen Teil eines größeren Forschungsprojekts waren, in dem nachvollzogen werden sollte, was im nationalsozialistischen Deutschland geschehen war, fand auch heraus, dass Kinder in dominanzgeprägten Familien dazu tendieren, Feindseligkeit und Gefahr überzubewerten, weil dies ihren täglichen Erfahrungen entspricht. Dies führt zu einer feindlichen Weltsicht, in der die empfundene Härte und die Blindheit gegenüber dem, was tatsächlich geschieht, oft zu persönlichem und politischem Fehlverhalten führen.

Mithilfe dieser Dynamiken lässt sich das Vorgehen von politischen Verantwortungsträgern erklären, die in einer dominanzgeprägten Mentalität und dominanzgeprägten emotionalen Gewohnheiten gefangen sind. Führende Politiker, die in dominanzgeprägten Familien aufwuchsen, in denen der Stärkere immer im Recht war und der Schwächere immer im Unrecht, replizieren diese Bedingungen häufig, solange sie nicht mit gerechteren Alternativen konfrontiert werden. Und da in diesen Familien die »Frauenarbeit« der Fürsorge als weniger wertvoll gilt als die Tätigkeiten, die als »Männerarbeit« betrachtet werden, lernen sie ebenfalls, Care-Arbeit abzuwerten.

Familienverhältnisse, die auf Über- und Unterordnung beruhen, vermitteln oft auch wichtige Botschaften über Gewalt. Wenn Kinder Gewalt erfahren oder mitbekommen, wie ihrer Mutter Gewalt angetan wird, lernen sie, dass es in Ordnung ist, anderen den eigenen Willen mit Gewalt aufzuzwingen. Diese Haltung wird dann oft auf andere Beziehungen – auch internationale Beziehungen – übertragen. Menschen mit dieser Einstellung tendieren zu der Überzeugung, dass die Staatssicherheit auf Gewalt beruhen muss, und befürworten eher selten eine Politik, in der versucht wird, die gesellschaftlichen und wirtschaftlichen Bedingungen zu ändern, aus denen Gewalt erwächst.

Dominanzgeprägte Strukturen erzeugen künstlich Stress und extremer oder chronischer Stress – vor allem in den frühen Kindheitsjahren – fügt unserem angeborenen Potenzial für Bewusstheit und Fürsorge schweren Schaden zu.

Kurz gefasst: Wenn Menschen in einem Umfeld aufwachsen, in dem partnerschaftliche Beziehungen fehlen, gehen sie oft davon aus, dass es nur die Möglichkeit gibt, über- oder untergeordnet zu sein. Auch sind sie häufig davon überzeugt, dass die menschliche Natur rücksichtslos und gewalttätig sei und dass alles, was mit Frauen oder »Weiblichkeit« assoziiert wird – wie zum Beispiel Fürsorge und Care-Arbeit – weniger wert sei, als das, was stereotyp als »männlich« gilt.

Diese Art von Dynamiken liegt den politischen und wirtschaftlichen Entscheidungen zugrunde, die globale Probleme wie chronischen Hunger, Armut, Überbevölkerung und Umweltzerstörung einfach ignorieren oder sogar verschlimmern. Und diese Dynamiken sind auch für eine Politik verantwortlich, die keinerlei Mitgefühl für diejenigen zeigt, die unter ihr leiden – eine Politik, die in unserer vernetzten Welt letztendlich uns alle schädigt.

Ich möchte hier noch einmal betonen, dass nicht jeder, der dem Stress einer dominanzgeprägten Familie ausgesetzt ist, Beziehungen akzeptiert und fortführt, die von Über- oder Unterordnung geprägt sind. Es gibt Menschen, die diese dominanzgeprägten Traditionen hinter sich lassen oder sich sogar dafür einsetzen, sie zu ändern. Ich möchte ebenfalls noch einmal betonen, dass stressbelastete Kindheitserfahrungen in dominanzgeprägten Familien nicht der einzige Grund dafür sind, warum viele Menschen ungerechte Beziehungen akzeptieren. Der Sachverhalt ist viel komplexer: Dominanzgeprägte Familien, Bildung, Medien, Religionen und andere Institutionen interagieren mit dominanzgeprägter Kindererziehung und anderen frühen Kindheitserfahrungen und alle diese Elemente verstärken sich gegenseitig. Auch eine dominanzgeprägte Wirtschaftspolitik und -praxis sind wichtige Elemente in diesem Teufelskreis.

Wie wir in Kapitel 5 gesehen haben, gibt es anthropologische und archäologische Hinweise darauf, dass sich autoritäre, dominanzgeprägte Kulturen wahrscheinlich unter lebensfeindlichen Umweltbedingungen wie denen von Wüsten und Steppen oder in von Dürre geplagten Gegenden herausgebildet haben, in denen Ressourcen knapp waren.[19] Wir haben allerdings auch gesehen, dass sich dominanzgeprägte Wirtschaftssysteme sogar unter lebensfreundlichen Bedingungen wie in fruchtbaren Tälern oder Küstenregionen aufrechterhalten, indem sie selbst chronische Knappheit generieren und mit ihr chronischen Stress.

Dominanzgeprägte Systeme schaffen künstliche Knappheit, indem sie die Ressourcen unverhältnismäßig nach oben hin verteilen. Dabei zerstören sie Menschen und Material durch Ausbeutung unserer Mitwelt, ständige Kriege und andere Formen institutionalisierter Gewalt. Außerdem sorgt eine dominanzgeprägte Politik dadurch für Knappheit, dass sie nur wenig gesellschaftliche Investitionen in die körperliche, geistige und emotionale Entwicklung von Kindern tätigt. Damit schränkt sie die Verfügbarkeit »hochwertigen Humankapitals« ein und hemmt so wiederum eine wirtschaftliche Entwicklung, die Knappheit vorbeugen könnte. In den dominanzgeprägten Ökonomien unserer Tage wird künstliche Knappheit dadurch erzeugt, dass immense Ausgaben für Waffen getätigt werden – Ausgaben, die man für eine bessere Bildung, Gesundheitsfürsorge und andere Investitionen in das »Humankapital« einer Gesellschaft verwenden könnte, was wiederum zu mehr allgemeinem Wohlstand führen würde.

Durch Mangel erzeugter Stress führt oft zu ähnlichen emotionalen (und damit neurochemischen) Reaktionen, wie sie auch durch eine dominanzgeprägte Kindererziehung erzeugt werden. Und oft entsteht dadurch auch ein Gefühl der Abhängigkeit und der Angst gegenüber denen, welche die Kontrolle über die Wirtschaftsressourcen haben. So wie Kinder, die von den sie missbrauchenden Eltern abhängig sind, identifizieren sich auch Menschen aus den unteren Schichten einer dominanzgeprägten Wirtschaftspyramide oft mit denen, die Macht über sie haben. Sie weigern sich, die Situation bewusst so wahrzunehmen, wie sie wirklich ist, und idealisieren sogar diejenigen, von denen sie ausgebeutet und unterdrückt werden. Aus diesem Grund kann man oft beobachten, dass in Armut lebende Menschen ihre Frustration und ihren Schmerz gegen Minderheiten richten – oder gegen diejenigen, die ihnen von einer politischen oder religiösen Führungsriege als Feinde präsentiert werden.

Doch es ist nicht immer Armut, die negative Auswirkungen auf diejenigen hat, die sich ganz unten in der Dominanzpyramide befinden. In den 1970ern führten der britische Arzt Sir Michael Marmot und seine Kollegen die Whitehall-Studie durch, die nach der Straße benannt wurde, in der zahlreiche britische Verwaltungsbehörden angesiedelt sind. Dabei fanden sie heraus, dass die Angestellten in den niederen Rängen der Verwaltung überproportional unter stressbedingten Gesundheitsproblemen litten.[20] Diese Menschen waren nicht arm. Der Stress, der dazu führte, dass sie anfälliger für Herzanfälle, Diabetes, Depressionen, Alkoholismus, Atemwegserkrankungen und Krebs waren, resultierte unmittelbar aus ihrer Erfahrung in einer dominanzgeprägten Hierarchie.

Wie in vielen anderen Regierungs- oder Unternehmensverwaltungen herrschte auch in den britischen Verwaltungsbehörden eine Top-Down-Struktur. Diejenigen, die in den unteren Rängen der Verwaltung saßen, hatten wenig bis keinen Ermessenspielraum bei ihren Entscheidungen – was in dem typischen Behördenspruch »Ich würde Ihnen ja gerne helfen, aber so sind nun einmal die Vorschriften« deutlich wurde. In einem solchen Umfeld ist ein Verstoß gegen die Vorschriften ein Entlassungsgrund. Das bedeutet: Je tiefer Menschen in diesen Hierarchien stehen, umso weniger Entscheidungsfreiheit haben sie und umso mehr müssen sie Eigeninitiative, Kreativität, Fürsorge und damit auch Bewusstheit unterdrücken. Ansonsten wäre es zu qualvoll, die oft inhumanen Vorschriften umzusetzen. Diese Unterdrückung ist ebenso stressbelastend wie die Angst, mit deren Hilfe dominanzgeprägte Hierarchien aufrechterhalten werden. Und dieser Stress hat wiederum negative Auswirkungen auf die Gesundheit.

Studien zeigen auch, dass die gesündeste Bevölkerung nicht etwa in den reichsten Staaten zu finden ist, sondern in denjenigen, in denen mehr Gleichheit herrscht. Forscher wie unter anderem der britische Epidemiologe Richard Wilkinson fanden heraus, dass niedrigere Einkommensunterschiede in einer Gesellschaft ein Indikator für eine bessere Gesundheit sowohl der ärmeren als auch der wohlhabenderen Bevölkerung ist.[21] Das liegt unter anderem daran, dass der psychosoziale Stress in einer Gesellschaft umso stärker ist, je höher die Einkommensunterschiede dort sind. Natürlich sind die Armen in solchen Gesellschaften allgemein stärker vom Stress betroffen als die Wohlhabenderen – aber in Gesellschaften, in denen eine starke Konzentration von Reichtum am oberen Hierarchieende zu beobachten ist, stehen selbst relativ wohlhabende Menschen unter Stress. Wilkinson erkannte die Ursache für den Stress in diesen Gesellschaften darin, dass die Menschen ihre Situation mit der Situation derjenigen verglichen, die sogar noch mehr materielle Güter besaßen. In diesem Zusammenhang schreibt der Neurobiologe Robert Sapolsky von der Stanford University in seiner Analyse von durch Ungleichheit bedingtem Stress: »In unserem globalen Dorf führen uns die Multimillionäre und anderen Berühmtheiten ständig vor Augen, wie viel sie besitzen – und lassen unseren eigenen Besitz dadurch winzig erscheinen.«[22]

Die großen sozialen Ungleichheiten, die dominanzgeprägten Systemen innewohnen, bedeuten also nicht nur Stress für diejenigen, die sich auf den untersten Wirtschaftsrängen befinden, sondern auch für diejenigen, die weiter oben angesiedelt sind. Erst wenn einmal ein bestimmter materieller Wohlstand erreicht wurde, scheint es so, dass weitere materielle Güter Menschen nicht glücklicher machen und auch keinen Ersatz für enge familiäre oder andere Beziehungen bieten können.[23]

Auch viele andere Aspekte von Dominanzsystemen können sich in Form von Stress und Gesundheitsproblemen auswirken: Die rücksichtlose Verwendung von Industrietechnologien verursacht umweltbedingte Krankheiten und Todesfälle. Davon sind zwar am schwersten diejenigen betroffen, die sich im unteren sozioökonomischen Drittel befinden (Giftmülldeponien werden zum Beispiel eher in armen Wohngegenden angesiedelt), doch industrielle Technologien, die unsere Luft oder unsere Nahrung verseuchen, haben negative Auswirkungen auf uns alle. Gewalt – ob in Privatfamilien oder in der »Familie der Staaten« – ist natürlich ebenfalls stressbelastet. Angst ebenso. Und dennoch sind Angst und Gewalt fester Bestandteil von Dominanzsystemen, denn autoritäre Top-Down-Hierarchien werden letztlich durch Angst und Gewalt aufrechterhalten.

Zusammengefasst kann man sagen, dass Stress (in dominanzgeprägten Familien sogar schon in frühsten Kindheitsjahren) sowohl die tatsächlichen Lebensmöglichkeiten von Menschen einschränkt als auch ihr Bewusstsein dafür, welche Alternativen es gibt. Kinder, denen beigebracht wird, dass Über- und Unterordnung »normal« sind, und denen in der Gesellschaft keine Alternativen aufgezeigt werden, lernen oft, zu verdrängen und ihr Potenzial an Mitgefühl und Bewusstheit zu unterdrücken. In diesem Fall tendieren sie dann dazu, Familien sowie pädagogische, wirtschaftliche und politische Institutionen auf denjenigen Prinzipien zu gründen, die sie als Kind verinnerlicht haben, sodass sich dieser Kreislauf über Generationen hinweg wiederholt.

Angesichts dieser Umstände müssen wir uns nicht wundern, dass es in unserer Welt so viel Gefühllosigkeit und Unvernunft gibt, sondern eher erstaunt darüber sein, dass wir gleichzeitig auch so viel Mitgefühl und gesunden Menschenverstand vorfinden. Und dennoch wird immer noch hartnäckig die Geschichte verbreitet, dass der Mensch von Natur aus ein reiner Egoist sei, oder dass wir (wie manche Soziobiologen behaupten) von »rücksichtslosen egoistischen Genen« gelenkt würden – trotz all der Beweise dafür, dass wir Menschen aus einer viel breiteren Auswahl an Motivationen schöpfen und dass wir genetisch mit einer tiefen Sehnsucht nach Fairness, Gemeinschaft und Fürsorge ausgestattet sind.

Kapitel 9

Die Care-Revolution

Wie Ghandi meinte, sollten wir Gewohnheiten nicht mit Normalität verwechseln. Wir werden nicht mit schlechten Gewohnheiten geboren – wir erlernen sie. Und wir können sie uns auch wieder abgewöhnen und anderen dabei helfen, es uns gleichzutun.

Viele unserer wirtschaftlichen Gewohnheiten wurden durch eine verzerrte Darstellung der menschlichen Natur sowie durch wirtschaftliche Doppelstandards geprägt, die der lebensnotwendigen Care-Arbeit nur wenig oder gar keinen Wert zuerkennen. Die Kennzahlen, mit denen wir gewöhnlich unsere Produktivität messen, umfassen gesundheits- und umweltschädliche Marktaktivitäten, während sie der überlebensnotwendigen Bedeutung von Privathaushalten und Natur keinerlei Wert beimessen. Das von den Zentralbanken generierte und in Umlauf gebrachte Geld hat so gut wie keinen Bezug zu irgendwelchen materiellen Vermögensgegenständen.[1] In den Quartalsberichten der Unternehmen werden die Gesundheits- und Umweltschäden, die durch die Produkte oder Tätigkeiten dieser Unternehmen entstehen, nicht mitberücksichtigt. Auch Regierungspolitik fußt oft eher auf fantastischen Annahmen als auf realen Gegebenheiten. Aktuell zeigt sich das deutlich daran, dass die US-Regierung die Notwendigkeit von Maßnahmen gegen die globale Klimaerwärmung abstreitet.

Die Entscheidung liegt bei uns: Wir können uns weiterhin über Gier, Korruption und halsabschneiderische Unternehmenspraktiken aufregen. Wir können uns weiterhin mit dem alltäglichen Stress abfinden, dem wir beim erfolglosen Versuch, Familie und Erwerbsarbeit zu vereinbaren, ausgesetzt sind. Wir können uns selbst einreden, dass wir nichts gegen eine Politik unternehmen können, die unsere Umwelt zerstört, eine tiefe Kluft zwischen Arm und Reich entstehen lässt und uns in unsägliches Elend führt. Wir können uns aber auch zusammenfinden und gemeinsam zu einer gesünderen, sinnvolleren und fürsorglicheren Wirtschaft und Gesellschaft beitragen.

9.1 Von der Bewusstmachung zur Aktion

Wenn wir uns bewusst machen, dass es bessere Möglichkeiten gibt, können wir unsere Art zu denken, zu fühlen und zu handeln ändern. Doch das ist nur der Anfang: Wenn genug von uns ihre Überzeugungen und Handlungsweisen ändern, dann ändert sich auch unsere Kultur. Wenn wir Familien, Arbeitsplätze und Kommunen partnerschaftlicher gestalten, dann ändern wir die Regeln, die in unseren alltäglichen Beziehungen gelten. Diese neuen Regeln unterstützen ihrerseits allgemein stärker partnerschaftlich geprägte Beziehungen und damit beginnen wir, auch die Regeln für das uns umgebende, weitergefasste Netz der wirtschaftlichen und politischen Beziehungen zu verändern, was wiederum zu Veränderungen in unserem Denken, Fühlen und Handeln sowie in den uns umgebenden Strukturen und Überzeugungen führt.

Ich kann diesen Prozess aus eigener Erfahrung bestätigen: Wie viele andere ging auch ich früher davon aus, dass ich nichts dazu beitragen könnte, um unsere Welt zu einem besseren Ort zu machen. Ich dachte sogar, dass ich nicht einmal etwas an den Dingen ändern könnte, die mich in meinem Alltagsleben beeinträchtigten. Aber ich habe festgestellt, dass ich in beiden Fällen falsch lag. Nachdem ich mich erst einmal aus diesem dominanzgeprägten Trancezustand befreit hatte – von den Geschichten über die natürliche Ordnung und den natürlichen Platz, der einer Frau zugewiesen sei – führten mein Bewusstsein, meine Energie und mein Leben mich in eine Richtung, die ich nie für möglich gehalten hätte. Ich trat aus meiner Hilflosigkeit und Überforderung heraus und begann zu handeln – auch auf gesellschaftlicher und politischer Ebene.

Mein neues Bewusstsein dafür, wie der Gender-Doppelstandard mein Leben und das Leben anderer Frauen einschränkt, führte dazu, dass ich mich mit anderen zusammentat und mich für Veränderungen engagierte. Zum Beispiel setzte ich mich dafür ein, dass Stellen nicht mehr nach Geschlechtern ausgeschrieben wurden (damals richteten sich alle guten Stellenanzeigen an Männer, während alle Ausschreibungen für Jobs ohne Aufstiegsmöglichkeiten an Frauen gerichtet waren). Außerdem rief ich das Los Angeles Women's

Legal Program ins Leben – das war das erste Projekt in den USA, das sich mit der Rechtslage von Frauen beschäftigte. Im Rahmen dieses Projekts hielt ich Vorlesungen über die Diskriminierung von Frauen, die damals noch legal war, und bot kostenlose Rechtshilfe für bedürftige Frauen an. Ich nutzte meine juristische Ausbildung dazu, als *Amicus Curiae* eine juristische Expertise an den obersten Gerichtshof der USA, den US Supreme Court, zu verfassen, in der ich die damals radikale Auffassung vertrat, dass gemäß der Gleichbehandlungsklausel im 14. Zusatzartikel zur Verfassung der Vereinigten Staaten Frauen als Personen anerkannt und Gesetze, die eine geschlechtliche Diskriminierung vorsähen, abgeschafft werden müssten.

Mein Engagement führte gemeinsam mit dem Engagement anderer Frauen und Männer, die eine bessere Gesellschaft anstrebten, zum Erfolg. Stellenausschreibungen durften nicht mehr nur an ein Geschlecht gerichtet sein, Rechtshilfeprogramme für Bedürftige wurden ins Leben gerufen und die Gerichtshöfe schafften ein diskriminierendes Gesetz nach dem anderen ab. Mit der Zeit erkannte ich jedoch, dass Gesetzesänderungen für die Durchsetzung von Frauenrechten, wirtschaftlicher Gerechtigkeit und Umweltschutz zwar notwendig, nicht jedoch ausreichend waren. Als die Fortschritte, die wir gemacht hatten, wieder verloren gingen bzw. von Trittbrettfahrern genutzt wurden, erkannte ich, dass wir tiefer gehen müssen: Unsere Kultur und unsere Strukturen müssen grundlegend geändert werden.

Damals suchte ich eine Antwort auf die Frage, *von was zu was* sie eigentlich geändert werden mussten. Und stellte fest, dass ich keine angemessene Antwort finden würde, wenn ich mich bei der Suche an Kategorien wie Kapitalismus vs. Sozialismus, Religion vs. Säkularismus, Rechts vs. Links oder industrialisiert vs. prä- bzw. postindustriell orientieren würde. Diese herkömmlichen Kategorien fragmentieren unser Bewusstsein, weil sie die gesellschaftliche Bedeutung der engsten Familienbindungen außer Acht lassen – obwohl Menschen dort doch zuallererst lernen, ob Menschenrechte respektiert werden müssen bzw. ob Menschenrechtsverletzungen als normal gelten.

Als ich die Struktur der Beziehungen zwischen Frauen und Männern sowie Eltern und Kindern in meine kulturübergreifende, historische Analyse mitaufnahm, begann sich das Konzept des Partnerschafts- und Dominanzsystems herauszubilden. Ich erkannte, dass diese beiden Konstellationen unsere Gewohnheiten in Bezug darauf beeinflussen, wie wir denken, fühlen und handeln. Ich erkannte, welchen Einfluss diese Konstellationen auf Familien, Religionen, Wirtschaft und Politik besaßen. Ich erkannte, wie sie die Geschichten beeinflussen, mit denen wir leben und sterben. Und ich erkannte, dass sie sogar Einfluss darauf haben, wie sich unser Gehirn entwickelt.[2]

Außerdem erkannte ich, dass hoch entwickelte Technologien unser Leben und das Leben unserer Kinder bedrohen, wenn sie von einem Dominanz- und Eroberungsethos getragen werden. Ich versuchte herauszufinden, mit welchen Strategien dieser tödliche Kurs am effektivsten berichtigt werden könnte, und stellte fest, dass dafür vor allem auch eine wesentliche und tiefgreifende Umstrukturierung unserer Wirtschaft nötig ist.

9.2 Die Dringlichkeit einer ökonomischen Neuordnung

Offensichtlich bin ich nicht die Einzige, die erkennt, dass wir unsere Wirtschaft dringend neu strukturieren müssen. So hat zum Beispiel Lester Brown, der Gründer des Earth Policy Institute, darauf hingewiesen, dass der aktuelle Wirtschaftskurs so nicht beibehalten werden kann. Brown dokumentiert den Verlust an Wäldern, die Ausbreitung der Wüsten, das Sinken des Grundwasserspiegels, die Auslaugung der Böden, das Kollabieren der Fischbestände und das Schmelzen des arktischen Eises. Parallel zum Wachstum der Weltbevölkerung und der sich ausbreitenden Industrialisierung steigt der Wasser- und Nahrungskonsum, ebenso wie der Einsatz CO_2-ausstoßender Energiegewinnungsmethoden exponentiell an. So ist in Russland beispielsweise der Kohleabbau von Ende der 1990er bis 2015 um 70 Prozent auf 373 Millionen Tonnen gestiegen, China produzierte durch das Verbrennen fossiler Energieträger im Jahr 2017 an die 10.000 Millionen Tonnen CO_2-Ausstoß[3] und in den USA schaffte die Trump-Regierung 100 Umweltvorschriften wieder ab, die unter Obama eingeführt worden waren, darunter auch Vorschriften für eine Senkung der CO_2-Emissionen.[4] Darüber hinaus hatte der Übergang Malaysias von einem hauptsächlich landwirtschaftlich geprägten Staat zu einem Industriestaat zur Folge, dass die CO_2-Emissionen des Landes bis 2017 um 241,9 Prozent anstiegen. Die US-Energieinformationsbehörde (EIA) prognostizierte in ihrem Bericht von 2019 einen 50-prozentigen Anstieg des weltweiten Energieverbrauchs bis 2050 – ausgelöst durch das Wachstumsgeschehen in Asien, vor allem in Indien.[5] Dass dieser Kurs nicht beibehalten werden kann, ist offensichtlich.[6]

Tatsächlich mahnte Brown bereits 2006, dass eine Neustrukturierung der Weltwirtschaft sowie eine umfassende Strategie zur Beseitigung von Armut und zur Behebung der Schäden an unserem Ökosystem notwendig seien, um einen ökonomischen und ökologischen Zusammenbruch zu verhindern. Er drängte darauf, Konsummuster zu verändern, rasch auf Wind-, Solar- und andere alternative Energieformen umzusteigen und das Bevölkerungswachstum zu bremsen.[7] So schreibt er: »Plan A, also ›business as usual‹ ist keine Option mehr. Wir müssen schleunigst einen Plan B entwickeln, bevor die geopolitische Verknappung von Öl, Getreide und Rohstoffen zu wirtschaftlicher Instabilität, politischen Konflikten und einem Zusammenbruch der gesellschaftlichen Ordnung führen, von der der wirtschaftliche Erfolg abhängig ist.«[8]

Natürlich hatte Brown mit all dem Recht – allerdings handelt es sich bei vielem, von dem er schreibt, um tiefergehende Probleme, die sich aus einer dominanzgeprägten Wirtschaftspolitik und dominanzgeprägten kulturellen Normen ergeben. Eine wirtschaftliche Neustrukturierung muss über die Veränderung unseres Konsumverhaltens, die Einführung neuer Technologien und eine Entschleunigung des Bevölkerungswachstums hinausgehen. Denn auch wenn diese grundlegenden Veränderungen effektiv umgesetzt werden – was angesichts der derzeit geltenden Normen und Vorschriften eher unwahrscheinlich ist – wird es unweigerlich zu neuen Krisen kommen.

Wir brauchen tiefer greifende Veränderungen. Wirtschaftssysteme werden von Menschen geschaffen: Jede Institution der Wirtschaft und jedes Wirtschaftsprogramm ist eine menschliche Erfindung – angefangen von Banken und Unternehmen bis hin zu Arbeits- und Sozialversicherungen. Die Spielregeln der Ökonomie, die wir als naturgegeben hinnehmen, sind menschliche Erfindungen. Wir müssen entscheiden, welche dieser Regeln wir beibehalten und welche wir ändern wollen. Und wir müssen neue Regeln für die Wirtschaft erfinden, die unseren authentischen menschlichen Bedürfnissen entsprechen. Wenn wir uns zusammentun und gemeinsam solche neuen Regeln fordern, können wir alle unseren Teil dazu beitragen, einer Caring Economy näher zu kommen ebenso wie einer Welt, in der es mehr Fürsorge gibt.

Wir brauchen dringend neue wirtschaftliche Leitlinien für den Markt. Aktuell sind es oft die Konsumenten und Steuerzahlenden, die am Ende die Kosten für rücksichtslose Unternehmenspraktiken tragen müssen. Es gibt nur wenig Anreize für Unternehmen, verantwortlich zu handeln. Hohe Steuern auf gesundheits- oder umweltschädliche Praktiken könnten ein wichtiger

Anreiz für Veränderungen sein und gleichzeitig mehr Geld für auf Fürsorge basierende politische Maßnahmen in die Staatskasse fließen lassen. Auch Steuervergünstigungen für umweltfreundliche und sozial verantwortliche Unternehmen können viel bewirken.

Eine andere Möglichkeit, Gelder für auf Fürsorge basierende politische Maßnahmen zusammenzubringen und gleichzeitig die Marktwirtschaft neu zu strukturieren, besteht darin, Steuern auf kurzfristige Börsengeschäfte zu erheben. Die Besteuerung sehr kurzfristiger Börsengeschäfte würde Spekulationen uninteressanter werden lassen und Gelder einbringen, die für Gesundheitsfürsorge, familiäre und außerfamiliäre Kinderbetreuung, Bildung und andere Programme und Projekte verwendet werden könnten und weltweit für eine bessere Lebensqualität sorgen würden.

Wir brauchen zudem eine Wirtschaftspolitik, die eine lokale Produktion von Lebensmitteln und anderen lebensnotwendigen Gütern unterstützt. Die Kontrolle über so grundlegende Ressourcen wie zum Beispiel Wasser darf nicht an managergeführte Großkonzerne abgegeben werden, deren Eigentümer sich mitsamt ihren Verantwortlichkeiten aus dem operativen Geschäft herausgezogen haben – wie dies in Bolivien der Fall war, als ein privates Unternehmen die lokale Wasserversorgung übernahm und die Preise unverschämt in die Höhe trieb.[9]

Allerdings: Auch wenn die Wirtschaftspolitik kleine, lokale Unternehmen unterstützen sollte, bedeutet »klein und lokal« nicht automatisch »gut«. Es gibt durchaus auch kleine Unternehmen, die ungerecht und ausbeuterisch sind. Deswegen brauchen wir auch allgemeingültige Standards, die Angestellte, Konsumenten und die Natur schützen – Standards, die für große wie für kleine sowie für lokale, nationale und internationale Unternehmen gleichermaßen gelten. Wir müssen wirtschaftliche Strukturen, Regeln und Praktiken ins Leben rufen, die Fürsorge uns selbst gegenüber, anderen gegenüber und gegenüber der Natur unterstützen. Und diese Regeln müssen in allen Wirtschaftsbereichen – von den Privathaushalten bis zur Natur – gültig sein. Gleichzeitig müssen wir weltweit den Übergang zu partnerschaftlich geprägten Verhaltensweisen und Strukturen beschleunigen, damit Fürsorge ein höherer Wert beigemessen wird.

Wir müssen uns darüber klar werden, dass wir Fürsorge und Care-Arbeit nicht weiterhin abwerten dürfen, wenn wir eine Sozial- und Wirtschaftspolitik wollen, die auf Fürsorge basiert. Wenn wir eine saubere und gesunde Mitwelt wollen, dann müssen wir sorgsam mit ihr umgehen. Wenn wir menschlichere und produktivere Arbeitsplätze wollen, wenn wir wollen, dass unsere Kinder durch Fürsorge und Bildung die Grundlagen für ein gutes Leben erhalten, und wir uns sicherere Straßen, liebevollere Familien und eine friedlichere Welt wünschen, dann müssen wir daran arbeiten, Fürsorge und Care-Arbeit in allen Lebensbereichen stärker zu unterstützen und (auch finanziell) mehr anzuerkennen.

9.3 Was Regierungen und Unternehmen tun können

Nach den Spielregeln unseres aktuellen Wirtschaftssystems sollen die Menschen als Angestellte und Konsumenten die Bedürfnisse des Marktes bedienen. Das ist völlig verdreht. Die wirtschaftlichen Spielregeln sollten sicherstellen, dass der Markt unsere Bedürfnisse bedient – also die Bedürfnisse, die wir als menschliche Wesen auf einem zunehmend gefährdeten Planeten haben.

Damit wir das erreichen, müssen Regierungs- und Unternehmensführer diese Spielregeln so verändern, dass sie sowohl die strukturellen Veränderungen als auch den Wertewandel unterstützen. Strukturen spielen eine wichtige Rolle, wenn es darum geht, Verhalten zu beeinflussen. Genauso wie es unmöglich ist, sich in einem runden Raum in eine Ecke zu setzen, können wir nicht erwarten, dass innerhalb dominanzgeprägter Hierarchien Beziehungen gedeihen oder überhaupt nur existieren können, die auf gegenseitiger Verantwortungsbereitschaft, beiderseitigem Vorteil und gegenseitigem Respekt basieren. Wir brauchen eine Politik, die innerhalb sämtlicher Strukturen einen Übergang hin zu funktionellen Hierarchien fördert – angefangen von den Familienstrukturen bis hin zu den Strukturen in Schulen, Unternehmen und Regierungen. Da sich Werte und Strukturen gegenseitig verstärken, brauchen wir gleichzeitig auch eine Politik, die dafür sorgt, dass Fürsorge zum zentralen Wert in der Gesellschaft wird.

Ein wesentlicher Schritt auf dem Weg zu neuen Spielregeln für die Wirtschaft besteht darin, akkurate Wirtschaftskennzahlen einzuführen. Diese Maßnahmen müssen die Kosten umwelt- und gesellschaftsschädigender Produkte und Tätigkeiten mit berücksichtigen – und sie müssen den Wert von Arbeiten sichtbar machen, die in den aktuellen Kennzahlen zur Messung des wirtschaftlichen Status Quo wie dem BIP noch nicht berücksichtigt werden, nämlich den enormen wirtschaftlichen Beitrag der überlebensnotwendigen und lebensfördernden Care-Arbeit für Mensch und Mitwelt. Ohne diese Veränderungen wird die Öffentlichkeit nicht verstehen können, dass wir alle den Preis für eine rücksichtslose Politik und Praxis zahlen, und politische Entscheidungstragende werden weiterhin ein verzerrtes Bild davon haben, was wirtschaftlich produktive Tätigkeiten sind und was nicht.

Zum Glück wächst das Bewusstsein für die Notwendigkeit neuer nationaler und internationaler Messmethoden. Mittlerweile wurden Messmethoden entwickelt wie zum Beispiel die in den *United Nations Human Development Reports* verwendeten Methoden oder die Indizes von Redefining Progress und Calvert-Henderson Quality of Life. Es gibt Bestrebungen, die Statistiken der Weltbank und des Internationalen Währungsfonds so zu verändern, dass man die öffentlichen Investitionen eines Landes in Bildung und Gesundheitsfürsorge auf Bestandskonten bucht und sie über zwanzig Jahre hinweg abschreibt, also über den Zeitraum, den es braucht, damit ein Kind zu einem gesunden, ausgebildeten und produktiven Erwachsenen heranreifen kann.[10] Wir müssen diese Entwicklungen im Bereich der Kennzahlen beschleunigen. Und wir müssen sicherstellen, dass auch die unbezahlte Arbeit berücksichtigt wird, die immer noch hauptsächlich von Frauen in Privathaushalten geleistet wird.

Es gibt Studien, die den Wert dieser unbezahlten Care-Arbeit quantitativ bestimmt und herausgefunden haben, dass er extrem hoch ist. So wurde zum Beispiel 2012 im *Australian Report* festgestellt, dass unbezahlte Care-Arbeit in Haushalten, wenn sie bezahlt würde, 650,1 Milliarden US-Dollar kosten würde. Das entspricht 50,6 Prozent des australischen BIP – eine enorme Summe.[11] Auch Nichtregierungsorganisationen beginnen damit, sich mit dem wirtschaftlichen Wert von Fürsorgearbeit in Privathaushalten zu beschäftigen. So läge nach Schätzungen des US-Unternehmens Salary.com im Jahr 2019 das angemessene Gehalt für ein Elternteil, das auf die Erwerbsarbeit verzichtet, um sich um die Kinder zu kümmern, bei 162.581 US-Dollar pro Jahr.[12]

In den 1990er Jahren regte der Wirtschaftswissenschaftler Duncan Ironmonger an, dass Regierungen BNE und BIP durch das »Bruttowirtschaftsprodukt« (*Gross Economic Product* – GEP) ersetzen sollten. Diese neue Wirtschaftskennzahl sollte sich aus zwei gleich gewichteten Kennzahlen zusammensetzen: Dem »Bruttomarktprodukt« (*Gross Market Product* – GMP), das den marktbestimmten Wirtschaftswert misst, und dem »Bruttohaushaltsprodukt« (*Gross Household Product* – GHP), das den Wert misst, den die unbezahlte Arbeit in Privathaushalten zur Wirtschaft beiträgt.[13]

2014 hat das Center for Partnership Studies ein Pilotprojekt gestartet, um neue Wirtschaftskennzahlen zu entwickeln, die – anders als das BIP – den enormen wirtschaftlichen Wert der Fürsorge sichtbar machen – angefangen von der Pflege von Säuglingen und Kleinkindern bis hin zum Umweltschutz. Im Gegensatz zum BIP und den meisten »BIP-Alternativen« messen diese Wirtschaftskennzahlen für sozialen Wohlstand (*Social Wealth Economic Indicators* – SWEIs) nicht nur die Produktionsleistung (also den Ist-Zustand), sondern auch die Investitionen (die für eine gesunde und nachhaltige Wirtschaft und Gesellschaft notwendig sind). Außerdem – und das ist von entscheidender Bedeutung – berücksichtigen die SWEIs anders als andere Kennzahlen die Situation der Bevölkerungsmehrheit (Frauen und Kinder) und deren Auswirkungen auf das allgemeine Wohlergehen.[14]

2020 hat das Center for Partnership Studies damit begonnen, die 24 SWEIs zu einer einfach verständlichen Kennzahl zusammenzufassen, dem Sozialen Wohlstandsindex (*Social Wealth Index* – SWI), der die enorme Rentabilität von Investitionen in Fürsorge für Mensch und Mitwelt sowohl in der Marktwirtschaft als auch in den Wirtschaftsbereichen jenseits des Marktes deutlich macht. Gleichzeitig rief ein Team mit führenden Persönlichkeiten aus Unternehmen, Politik, Medien und der Zivilgesellschaft eine Aufklärungskampagne ins Leben, mit der sie auf die Notwendigkeit eines Sozialen Wohlstandsindexes aufmerksam machten und dessen Anwendung in den USA und anderen Nationen forderten.

Diese neuen Wirtschaftskennzahlen versorgen Regierungs- und Unternehmensführung mit den Informationen, die ihnen noch fehlen, um Veränderungen in der Wirtschaftspolitik und Wirtschaftspraxis vorzunehmen. Sie bilden die Grundlage für eine Caring Economy des Partnerismus.

Wie wir gesehen haben, verbirgt sich hinter der Abwertung von Fürsorge und Care-Arbeit der wirtschaftliche Doppelstandard, der Männer und alles, was mit Männlichkeit assoziiert wird, höher bewertet als Frauen und alles, was mit Frauen assoziiert wird. Dieses System der unterschiedlichen Geschlechterbewertung hat direkte Auswirkungen auf die wirtschaftliche Prioritätensetzung, sodass weniger Gelder in Aktivitäten fließen, die zu einer allgemein hohen Lebensqualität führen, wie zum Beispiel in die Erfüllung der materiellen und emotionalen Bedürfnisse von Kindern und damit in die Entwicklung des menschlichen Potenzials.

Viele Regierungen stellen enorme Summen für die Waffenindustrie und die Kriegsführung zur Verfügung und behaupten gleichzeitig, es seien nicht genug Gelder vorhanden, um Gesundheitsvorsorge, die Fürsorge für Kinder oder andere Care-Tätigkeiten zu unterstützen. Wir müssen darauf reagieren, indem wir zeigen, dass eine solche Politik keine Frage des Geldes, sondern eine Frage von Werten ist.

Wir müssen dafür sorgen, dass die Politik massive Investitionen in die menschliche Infrastruktur für alle Lebensalter vornimmt – angefangen bei der frühen Kindheit. Die Kosten für hochwertige und erschwingliche Kinderbetreuung, Elternschulungen, bezahlte Elternzeit und lebenslanges Lernen sollten wie andere Infrastrukturinvestitionen, zum Beispiel in Maschinen oder Gebäude, amortisiert werden können und nicht einfach nur zu den Kosten zählen.

Wir müssen Politikerinnen und Politikern wie auch der Öffentlichkeit klarmachen, welche Vorteile Investitionen in die menschliche Entwicklung bieten – und welche Kosten (besonders beim Übergang in das postindustrielle Zeitalter) durch das Fehlen solcher Investitionen entstehen. Besser ausgebildete, qualifiziertere und auf Fürsorge ausgerichtete Angestellte steigern die wirtschaftliche Produktivität. Ihre Steuerbeiträge ermöglichen wiederum eine Regierungs- und Unternehmenspolitik, die Fürsorge und Care-Arbeit fördert. Wir müssen eine politische Bewegung aufbauen, welche die politisch Verantwortlichen dazu aufruft, eine neue Politik in diesem Sinne zu verfolgen – oder ansonsten für den Austausch dieser Verantwortlichen sorgen.

Politikerinnen und Politiker müssen ihre Sichtweise ändern: Heute finanzieren Staaten die Ausbildung für das Militär, in der das Töten gelehrt wird. Sie belohnen ehemalige Armeeangehörige mit einer Pension, einer wirtschaftlichen Erfindung, die als (finanzielle) Anerkennung für gesellschaftlich als wertvoll erachtete Tätigkeiten gedacht ist. Dahingegen wird vom Staat keine Ausbildung finanziert, in der Männer und Frauen darauf vorbereitet werden, sich angemessen um Kinder zu kümmern – und es gibt auch keine Pensionen für diejenigen, die diese Arbeit verrichten. Dass müssen Staaten alleine schon aufgrund der beschämenden Tatsache ändern, dass ältere Frauen heute selbst in so reichen Ländern wie den USA eine der ärmsten Bevölkerungsgruppen bilden.

Manche mögen dagegenhalten, dass man die Effizienz einer Elternschulung nicht messen könne, aber es ist ja auch nicht so, dass die Effizienz einer Kampfausbildung die Grundlage für das Gehalt und die Pensionen von Armeeangehörigen bilden würde. Darüber hinaus liegen sowohl aus der Psychologie als auch aus der Neurowissenschaft zahlreiche wissenschaftliche Belege vor, die zeigen, welche Art von Kindererziehung eine gesunde menschliche Entwicklung hemmt bzw. fördert, und die deutlich machen, dass »traditionelle« Erziehungsmethoden (zum Beispiel körperliche Strafen) nicht nur ineffizient sind, sondern oft auch die Entwicklung der menschlichen Fähigkeiten hemmen.[15]

9.4 Was die sozialen Bewegungen tun können

Jetzt ist der Zeitpunkt gekommen, die wachsende Frustration über die wirtschaftlichen und ökologischen Katastrophen, die durch den irrationalen Gender-Doppelstandard ausgelöst wurden, als Ausgangspunkt für eine Veränderung der gesellschaftlichen Ordnung und der gesellschaftlichen Strukturen zu nutzen. Unsere Werte und Strukturen wurden vornehmlich durch Dominanztraditionen geprägt. Und obwohl beim Übergang vom Agrar- ins Industriezeitalter viele dieser Traditionen infrage gestellt wurden, haben sich die sozialen Bewegungen in den vergangenen Jahrhunderten bei ihrer Kritik hauptsächlich auf den oberen Teil der Dominanzpyramide konzentriert, nämlich auf den sogenannten »öffentlichen« Bereich von Wirtschaft und Politik, von dem Frauen und Kinder ausgeschlossen waren. Infolgedessen blieben die Dominanztraditionen im Fundament der Pyramide erhalten und konnten sich innerhalb der Beziehungen zwischen Eltern und Kindern und den Generationen bis in die Gegenwart fortsetzen.

Die durch unseren Übergang in das postindustrielle Zeitalter ausgelöste Destabilisierung bietet die Möglichkeit, den Wandel von Dominanz zu Partnerschaft fortzusetzen. Sie könnte eine zweite Phase der Kritik dominanzgeprägter Traditionen einläuten, die sowohl den öffentlichen als auch den privaten Bereich umfasst.

Der Wandel von einem dominanzgeprägten zu einem vornehmlich partnerschaftlichen Gesellschaftsmodell bedeutet nicht, dass wir in einem reinen Partnerschaftssystem leben werden. Es ist unrealistisch, von einer idealen Gesellschaft zu träumen. Aber wenn wir die aktuelle Rückentwicklung zu einem Dominanzsystem umkehren und weitere Rückschritte verhindern wollen, müssen wir Grundlagen für eine demokratischere, friedlichere, wirtschaftlich gerechtere und ökologisch nachhaltigere Welt schaffen. Es muss eine kraftvolle nationale und internationale Bewegung entstehen, um die grundlegenden Beziehungen zu verändern, die von den wirtschaftlichen Mainstream-Theorien bislang ignoriert wurden: die primären menschlichen Beziehungen, die zwischen Männern und Frauen sowie Eltern und Kindern bestehen. Tausende Organisationen weltweit, die sich heute schon für wirtschaftliche und soziale Gerechtigkeit einsetzen, müssen eine ganzheitliche Agenda verfolgen, in der die Rechte einer Mehrheit – nämlich der Frauen und Kinder – nicht länger aus dem Geltungsbereich der Menschenrechte ausgeschlossen werden.

Ein Grund dafür, dass wir die Lage der Frau politisch verbessern müssen, besteht natürlich darin, dass Frauen die Hälfte der Weltbevölkerung ausmachen. Doch das ist nicht der einzige Grund: In Gesellschaften, in denen Frauen einen höheren Status besitzen und fast die Hälfte der Regierung ausmachen, wie dies in den nordeuropäischen Ländern der Fall ist, liegt die finanzpolitische Priorität auf fürsorgenden Maßnahmen wie zum Beispiel einer allgemeinen Gesundheitsfürsorge, hochwertiger Kinderbetreuung, Elternschulungen sowie großzügig bezahlter Elternzeit. Ein höherer Status von Frauen und eine Politik, die eine allgemein höhere Lebensqualität zur Folge hat, gehen also Hand in Hand.

Wie wir gesehen haben, wurde dies bereits 1995 in einer statistischen Studie des Center for Partnership Studies belegt, in der Daten aus 89 Nationen ausgewertet wurden. Diese Studie zeigte, dass die allgemeine Lebensqualität eines Landes höher ist, wenn Frauen einen höheren Status und mehr Einfluss haben, während in Ländern, in denen Frauen weniger Status und Einfluss besitzen, die allgemeine Lebensqualität niedriger ist.[16] Und wir haben gesehen, dass der *World Values Survey 2000*, der sich auf Daten aus 65 verschiedene Gesellschaften stützte und 80 Prozent der Weltbevölkerung repräsentiert, diese Ergebnisse bestätigt. Die *World-Values*-Erhebung zeigte eine starke Korrelation zwischen der Förderung der Geschlechtergleichheit und einer demokratischen, gerechten und wohlhabenden Gesellschaft. Außerdem belegte sie eine Abkehr von traditionellen, autoritären Erziehungsstilen und damit einhergehend mehr gegenseitiges Vertrauen, weniger Abhängigkeit von äußeren Autoritäten, ein stärkeres Wohlbefinden und weitere »Selbstverwirklichungswerte«. In diesem Zusammenhang schrieben Ronald Inglehart und seine Kollegen: »Die wichtigste gesellschaftliche Veränderung in den letzten Jahrzehnten war die Revolution innerhalb der Geschlechterrollen, die das Leben der Bevölkerungsmehrheit in den entwickelten Industriestaaten grundlegend verändert hat.«[17] Und tatsächlich zeigen Studien des Weltwirtschaftsforums, wie wir bereits gesehen haben, dass die Länder, die den niedrigsten Gender-Gap aufweisen, auch konstant ganz oben auf der Rangliste der *Global Competitiveness Reports* zu finden sind.

Solche Studien machen deutlich, dass wir bei Wirtschaftsanalysen eine genderspezifische Herangehensweise wählen müssen, damit Politikerinnen und Politiker die Daten erhalten, die es ihnen ermöglichen, fundierte Entscheidungen zu treffen. Eine solche Herangehensweise ist von grundlegender Bedeutung, wenn es darum geht, Strategien zur Beendigung von chronischer Armut und Hunger in den Entwicklungsländern zu entwickeln. Wie Ann Crittenden schreibt, haben Wissenschaftler in Afrika, Lateinamerika, der Karibik, Asien und dem indischen Subkontinent übereinstimmend festgestellt, dass Kinder gesünder sind und bessere Bildungschancen haben, wenn ihre Mütter eine Ausbildung besitzen und eine gewisse Kontrolle über das Familieneinkommen haben.[18]

Jetzt ist der Zeitpunkt für alle, denen die Zukunft am Herzen liegt, einer globale Bewegung beizutreten, um Gesetze und Gebräuche zu verändern, die heute noch in zahlreichen Gegenden der Welt (nicht nur in großen Teilen Afrikas, Südasiens und dem Nahen Osten) gelten und Frauen ihr Recht auf Gesundheitsfürsorge, Bildung und Besitz absprechen.[19] Wir müssen die Öffentlichkeit ebenso wie Regierungen auf die in Kapitel 5 betrachteten Studien über die Wirtschaftsbeziehungen innerhalb von Privathaushalten aufmerksam machen, in denen gezeigt wird, dass in vielen Gegenden der Welt Männer weniger von ihrem Gehalt dazu verwenden, um für die Bedürfnisse ihrer Kinder zu sorgen, als Frauen.[20]

Entscheidend für diese Bewegung ist, dass Frauen weltweit gleichberechtigt an der Entwicklung von Regierungs- und Unternehmenspolitik beteiligt sind. Das Beispiel der nordeuropäischen Länder zeigt: Wenn Frauen in gesellschaftlich verantwortlichere Positionen aufsteigen und damit ihr Status steigt, dann erhalten gleichzeitig auch als stereotyp weiblich betrachtete Eigenschaften wie Fürsorglichkeit oder Friedfertigkeit gesellschaftlich einen höheren Status. In diesem Fall haben dann auch Männer keine Bedenken mehr, dass sie als »unmännlich« gelten könnten, wenn sie diese Eigenschaften aufweisen. Solange Frauen nur eine kleine Minderheit der politischen Posten innehaben, können wir nicht von einer repräsentativen Demokratie sprechen.[21] Wir werden auch das Bevölkerungswachstum nicht aufhalten können, solange Frauen der Zugang zu selbstbestimmter Familienplanung, Bildung und Gleichberechtigung verwehrt wird. Und wir können nicht erwarten, die Armut zu besiegen, solange wir unberücksichtigt lassen, dass die große Masse der Armen und Hungernden in der Welt aus Frauen und Kindern besteht.

Wenn wir ein gerechteres und effektiveres Wirtschaftssystem wollen, dann müssen soziale Bewegungen weltweit dafür sorgen, dass Frauen und Kinder gemäß den Standards der universellen Menschenrechte behandelt werden. In diesem Zusammenhang schrieb Raffi Cavoukian, Sänger und Komponist von Kinderliedern, dass wir eine Gesellschaft schaffen müssen, in der Kinder geehrt werden und wir diese verletzlichsten Mitglieder unserer Gesellschaft respektieren.[22] Regeln und Praktiken, die gegen die Menschenrechte von Frauen und Kindern verstoßen, dürfen nicht länger unter Hinweis auf Sitte und Tradition gerechtfertigt werden. Multikulturalismus, Toleranz und kulturelle Rücksichtnahme dürfen nicht als Rechtfertigung für Misshandlungen, Gewalt und Ungerechtigkeit in Familien und anderen engen Beziehungen dienen, wie das heute oft der Fall ist.[23]

Kurz gesagt: Respekt für Kinder- und Frauenrechte ist Grundvoraussetzung für eine gerechtere, nachhaltigere und reichere Zukunft. Dieser Respekt ist keine ausreichende Bedingung für die Schaffung einer besseren Zukunft – doch ohne diesen Respekt fehlt uns die notwendige Basis für eine solche Zukunft.

9.5 Die Dynamik der Transformation

Wir müssen uns eine Welt denken, in der Wirtschaftssysteme das sind, was sie sein sollen und sein können: Instrumente zur Befriedigung der menschlichen Bedürfnisse und Sehnsüchte. Lauralee Alben, eine Pionierin auf dem Gebiet der Interaktionsgestaltung, erklärt, dass der erste grundlegende Schritt der Gestaltung darin besteht, sich das gewünschte Ergebnis vorzustellen. In diesem Zusammenhang schreibt sie, dass fundamentale Änderungen möglich sind, wenn wir die gewünschten Ergebnisse und Beziehungen im Vorfeld bereits vor Augen haben.[24]

Diese Veränderungen beginnen mit etwas, das Alben als »Welleneffekt«[25] bezeichnet. Wenn diese Wellenbewegung erst einmal in Gang gesetzt wurde, bilden sich Strömungen, die sich gemeinsam zu hohen Wellen auftürmen und so mit Wucht zu einem Gezeitenwandel im gesamten System führen. Eine Care-Revolution ist ein solcher Gezeitenwandel. Seine Wellen bestehen aus der Sichtbarmachung und Wertschätzung der wichtigsten menschlichen Arbeit – der Care-Arbeit.

Wenn die wirtschaftliche Bedeutung von Fürsorge und Care-Arbeit in den Haushalten sichtbar ist, werden auch Beschäftigungsregelungen wie flexible Arbeitszeiten und andere innovative, partnerschaftlich fundierte Wirtschaftsinstitutionen in ihrem Wert deutlich. Auch Männer übernehmen dann mehr Care-Arbeiten, sodass diese Tätigkeiten generell mehr Anerkennung finden, und der Anteil von Frauen und Männern in der Erwerbsarbeit ausgeglichen ist, weil Männer und Frauen dort die gleichen Chancen (und in den Privathaushalten die gleichen Verantwortlichkeiten) haben. Schulen bieten Weiterbildung auf den Themenfeldern von Kinderbetreuung und Kindererziehung an und fördern im Unterricht die Fähigkeiten für empathische persönliche Beziehungen. Die Staaten stellen Gelder für eine allgemeine Gesundheitsfürsorge und die familiäre und außerfamiliäre Kinderbetreuung bereit und gewähren Vätern wie Müttern Möglichkeiten zur Freistellung im Rahmen der Elternzeit oder im Falle von Erkrankungen in der Familie, damit diese sich besser um sich und ihre Familien kümmern können. Die Menschen fühlen sich zu Hause und am Arbeitsplatz wohler und Kinder erfahren vor dem Hintergrund all dieser Möglichkeiten eine bessere Fürsorge, was wiederum dazu führt, dass mehr »hochwertiges Humankapital« zur Verfügung steht, das wir für eine gesunde und gerechte Wirtschaft benötigen.

In dem Maße, wie die allgemeine Qualität des »Humankapitals« steigt, tragen besser ausgebildete, qualifiziertere und auf Fürsorge ausgerichtete Mitarbeitende zu einer produktiveren Wirtschaft bei – und diese produktivere Wirtschaft stellt mehr Gelder für eine Regierungs- und Unternehmenspolitik zur Verfügung, die Fürsorge und Care-Arbeit fördert. Dies wiederum steigert die Lebensqualität für alle.

Die Sorge für Ältere wird durch angemessene Pensionszahlungen ermöglicht sowie durch unternehmerische und staatliche Leistungen und Unterstützungsangebote für Menschen, die Kinder, Kranke oder Alte pflegen. Frauen, die sich viele Jahre um ihre Kinder gekümmert haben, sind im Alter nicht länger von Armut bedroht.

Menschen, die sich im Non-Profit-Bereich engagieren, erhalten Fahrpreisreduktionen und andere Vergünstigungen für ihre unentgeltlich geleisteten Dienste. Tauschsysteme wie zum Beispiel Regionalwährungen werten Care-Arbeit durch den Tausch mit anderen Dienstleistungen auf.

Da Fürsorge mehr Wertschätzung erfährt, verbessern sich die menschlichen Beziehungen in allen Bereichen. Menschen, die sich für soziale und wirtschaftliche Gerechtigkeit einsetzen, werden nicht mehr als »Gutmenschen« oder »sentimentale Spinner« verunglimpft, sondern honoriert und anerkannt.

Die Marktwirtschaft verändert sich Schritt für Schritt. Unternehmen belohnen fürsorgende Verhaltensweisen und erkennen, dass Angestellte produktiver und Kunden loyaler sind, wenn sie spüren, dass einem Unternehmen ihr Wohlergehen am Herzen liegt. Spielregeln für den Markt verhindern Monopole und zwingen Unternehmen dazu, die Kosten rücksichtsloser Praktiken zu »internalisieren« und sie nicht auf die Gesellschaft abzuwälzen (also zu »externalisieren«). Außerdem ermutigen diese Spielregeln Unternehmen generell zu mehr Fürsorge gegenüber all ihren Stakeholdern – Angestellten, Anteilseignern, Familien, Gemeinden und unserem Planeten.

Im selben Zug, in dem Investitionen in Fürsorge als grundlegend und gewinnbringend erkannt werden, ändert sich auch die Regierungspolitik. Bislang unlösbar scheinende Probleme beginnen sich aufzulösen. Die Unterstützung der in Privathaushalten und dem Non-Profit geleisteten Care-Arbeit durch Pensionen und andere Formen der finanziellen Anerkennung ermöglicht ein effizienteres Vorgehen gegen Armut und Hunger. Frauen erlangen einen höheren Status, was wiederum zu einer allgemein höheren Lebensqualität führt.

Während der Wert der Fürsorge steigt, schrumpft die Schattenwirtschaft: Da unsere materiellen, emotionalen und geistigen Bedürfnisse gestillt sind, verkleinert sich der Markt für Drogen, illegale Waffen, sexuelle Ausbeutung und Prostitution sowie für andere wirtschaftliche Tätigkeiten, die sich derzeit in der Hand von verbrecherischen Syndikaten befinden – was enorme wirtschaftliche und soziale Vorteile mit sich bringt.

Die Einsparungen bei den Gerichts- und Strafvollzugskosten lassen unseren finanzpolitischen Spielraum größer werden – und auch andere Ausgaben, die durch eine rücksichtlose Politik und Praxis entstehen, sinken –

angefangen von den Kosten, die sich durch Schulabbrüche und Fehlzeiten am Arbeitsplatz ergeben, bis hin zu denen, die von Terrorismus und Krieg verursacht werden.

Eine höhere Wertschätzung der überlebensnotwendigen Leistungen in den Privathaushalten geht mit einer höheren Wertschätzung der für unser Überleben notwendigen Natur einher. Wir bringen anderen Lebensformen, die diesen Planeten mit uns teilen, mehr Respekt entgegen und hören damit auf, eine Spezies nach der anderen auszurotten. Weder das Sauberhalten eines Zuhauses noch der Umweltschutz werden als »Gedöns«[26] abgetan und es wird zur Routine, die Natur zu schützen und nicht mehr als Müllhalde zu nutzen. Fürsorge für »Mutter Natur« gilt nicht mehr als finanzielle Belastung, sondern als Grundvoraussetzung für eine gesunde und nachhaltige Wirtschaft.

Während sich die dominanzgeprägten Hierarchien in Familie, Bildung, Unternehmen und Politik in funktionelle Hierarchien wandeln, wird die Demokratie vom Lippenbekenntnis zur Realität. Vertrauen, Würde und Kreativität gedeihen. Die alten Technologien, die unsere Lebensgrundlage verschmutzen und ausbeuten, werden durch neue ersetzt. Das exponentielle Bevölkerungswachstum kommt zum Stillstand, weil Frauen nun Zugang zu Familienplanung und Bildung haben und gleichberechtigt sind. Die Kluft zwischen Arm und Reich wird kleiner. Es gibt keine Unterschicht mehr, die ums Überleben kämpfen muss, und auch keine Eliten, die Reichtümer anhäufen, um ihr Bedürfnis nach liebevollen Beziehungen, Gerechtigkeit und Sinnhaftigkeit zu stillen. Statt in lebenszerstörende Technologien investieren die Staaten in lebensfördernde Technologien und in ihre gerechte Verfügbarkeit.

Welle um Welle trägt uns weiter in Richtung einer Caring Economy, die unsere grundlegenden menschlichen Bedürfnisse stillt und eine optimale menschliche Entwicklung fördert. Jeder Einzelne, jede Familie übernimmt mehr Verantwortung für andere Menschen und für unsere Mitwelt. Wirtschafts- und Sozialpolitik arbeiten Hand in Hand, um flächendeckend gesunde und faire Beziehungen zu gewährleisten.

Moral wird ein Instrument der Fürsorge und Liebe, nicht mehr des Zwangs und der Unterdrückung sein. Spiritualität dient nicht länger dazu, dem Leid einer dominanzgeprägten Welt zu entfliehen, sondern dazu, hier und jetzt aktiv für ein besseres Leben auf dieser Erde zu sorgen. Die Liebe verpflichtet uns dazu, eine Welt zu schaffen, in der die Wunder und die Schönheit, die jedes Kind in sich trägt, Wirklichkeit werden können.

Es wird nicht einfach sein, diese Veränderungen zu bewirken, und es wird seine Zeit dauern. Aber jeder von uns kann Wellen anstoßen, die gemeinsam zu einer Care-Revolution anwachsen, die unser Leben und unsere Welt verändern wird.

9.6 Was wir selbst tun können

Wenn wir eine Care-Revolution starten wollen, müssen wir zweifellos Menschen in Machtpositionen dafür gewinnen. Wir können – und müssen – die politische Landschaft verändern und Menschen in Entscheidungspositionen fördern, die Fürsorge als wertvoll erachten, indem wir sie wählen oder sie durch Spenden oder Mitarbeit im Wahlkampf unterstützen. Und wir können natürlich auch selbst ein politisches Amt anstreben, um uns für eine Caring Economy einzusetzen.

Außerdem müssen wir nationale und internationale Führungspersonen über die Vorteile einer auf Fürsorge basierenden Politik informieren und darauf bestehen, dass sie sich bei finanzpolitischen Entscheidungen am Sozialen Wohlstandsindex orientieren. Wir müssen von denjenigen, die bereits ein Amt bekleiden, eine stärkere Orientierung an Werten der Fürsorge fordern und dafür sorgen, dass unsere Partei eine Caring Economy unterstützt.

Allerdings können wir nicht einfach so lange warten, bis unsere nationalen und internationalen Regierungen anfangen zu handeln. Wir alle können Pionierarbeit leisten, indem wir unsere Vorstellungskraft nutzen und die Initiative ergreifen, um Bewusstsein, Praxis und Politik zu verändern. Tatsächlich kann die Care-Revolution nur gelingen, wenn weltweit die Forderung nach Menschenrechten, wirtschaftlicher Gerechtigkeit und ökologischer Nachhaltigkeit immer lauter wird.

Wir können mit etwas ganz Einfachem anfangen, nämlich damit, unseren Gesprächen über Wirtschaft eine neue Richtung zu geben. Alle partnerschaftlichen Bewegungen der Moderne haben einen Wandel der normativen Ideale dadurch erreicht, dass sie die Begrifflichkeiten im gesellschaftlichen Diskurs verändert haben. Genauso wie zum Beispiel die Begriffe Freiheit und Demokratie dazu beigetragen haben, neue politische Modelle einzuführen, können wir alle zur Einführung eines neuen Wirtschaftsmodells beitragen, indem wir den Diskurs über Wirtschaft verändern.

Dabei besteht der erste Schritt einfach darin, in Gesprächen über Wirtschaft den Begriff Care zu verwenden. Das mag zunächst nicht weltbewegend wirken – aber es ist ein wichtiger Schritt in Richtung einer neuen Wirtschaft des Partnerismus, in der das, was uns wirklich gesund und glücklich macht, Sichtbarkeit und Wertschätzung erhält und im Gegenzug dazu zu einer blühenden Wirtschaft und ökologischer Nachhaltigkeit führt.[27]

Wir alle können Care in unseren alltäglichen Gesprächen zum Thema machen: zu Hause, am Arbeitsplatz, auf Partys, bei Meetings, in Schulen und Universitäten oder im öffentlichen Diskurs. Wenn wir an Elternbeiratstreffen in der Schule oder anderswo teilnehmen, können wir darauf hinweisen, dass eine Politik, die Eltern unterstützt, nicht nur gut für Familien, sondern auch gut für die Wirtschaft ist. Wir können in Diskussionsrunden im Freundes- oder Kollegenkreis darüber sprechen, was eine Caring Economy des Partnerismus für unsere Wirtschaft, unsere natürliche Umwelt und unser Leben bedeutet. Wir können Leserbriefe zum Thema Caring Economy schreiben und Blogs über eine Caring Economy ins Internet stellen. Wir können Präsentationen für Meetings und Konferenzen vorbereiten.

Wir können nicht einfach so lange warten, bis unsere nationalen und internationalen Regierungen anfangen zu handeln. Wir alle können Pionierarbeit leisten, indem wir unsere Vorstellungskraft nutzen und die Initiative ergreifen, um Bewusstsein, Praxis und Politik zu verändern.

Wirtschaftsakademien sind von entscheidender Bedeutung für Veränderungen in dem Diskurs darüber, was Wirtschaft ist und was Wirtschaft sein könnte.[28] Diejenigen von uns, die Führungspositionen innehaben, können Anreize für Praktiken bieten, die auf Fürsorge für Mensch und Mitwelt beruhen.

Jeder und jede von uns kann vorschlagen, dass auf Fürsorge basierende Strategien und Verhaltensweisen zu offiziellen Unternehmensstandards werden und dass die Einhaltung dieser Standards die Voraussetzung für eine Mitgliedschaft in der Handelskammer und anderen Unternehmensverbänden wird. Wir können aufzeigen, dass die aktuellen Wirtschaftskennzahlen ein verzerrtes Bild der Wirklichkeit liefern und Alternativen wie die Wirtschaftskennzahlen für Sozialen Wohlstand oder den Sozialen Wohlstandsindex vorschlagen, denn diese geben die Vorteile von auf Fürsorge basierender Politik und Praxis sowie die Kosten rücksichtsloser Regelungen und Vorgehensweisen korrekt wieder. Wir können uns beim Einkauf für Unternehmen entscheiden, die gegenüber Angestellten und Kunden sozial verantwortlich handeln und eine ökologisch nachhaltige Politik verfolgen. Und wir können politische Vertreterinnen und Vertreter wählen, die Gesetzesvorlagen einbringen, die solche Unternehmen fördern.

Als politisch Verantwortliche können wir selbst die politischen Weichen für eine Caring Economy stellen. Und wir können alle darauf hinweisen, wie Investitionen in Gesundheitsfürsorge, die familiäre oder außerfamiliäre Betreuung von Kindern, bezahlte Elternzeit und andere auf Fürsorge basierende Maßnahmen in unserem Land oder in anderen Ländern zu besser qualifiziertem »Humankapital« und einem besseren, freieren Leben führen. Wir können zeigen, dass politische Investitionen in Menschen keine »Geschenke« sind, sondern die Grundlage für eine sicherere, gesündere, reichere und gerechtere Welt für uns alle. Und wir können Initiativen wie zum Beispiel die »Caring Family Policy Agenda« oder die »Children's Bill of Rights« des Center for Partnership Studies unterstützen.[29]

Wir können im Gespräch im Freundes- und Kollegenkreis darauf aufmerksam machen, wie Massenmarketing uns dazu bringt, die Anhäufung von Besitz mit tatsächlicher Zufriedenheit und Wohlbefinden zu verwechseln, und dass dieses Problem dominanzgeprägten Wirtschaftsformen inhärent ist. Wir können zeigen, wie die Missverhältnisse in der Ressourcenverteilung, die fehlenden Investitionen in »Humankapital« und andere dominanzgeprägte Wirtschaftspraktiken nicht nur zu wirtschaftlichem, sondern auch zu emotionalem und intellektuellem Mangel führen.

Wir können uns und anderen in Erinnerung rufen, dass der Grundstein dafür, was Menschen für normal oder abnormal halten, in der frühen Kindheit gelegt wird, und dass daher gerechte und demokratische Beziehungen in den Familien gestärkt werden müssen. Wir können uns dafür einsetzen, dass die Misshandlung und Gewalt gegenüber Frauen und Kindern beendet wird, und wir können andere dafür gewinnen, sich mit uns zusammen dafür einzusetzen. Wir können – und müssen – das nicht nur für die Millionen von Frauen und Kindern tun, die durch diese Gewalt ihr Leben verloren oder deren Leben dadurch zerstört wurde, sondern für uns alle: Denn Gewalt in Familien konditioniert Kinder dergestalt, dass sie ebenfalls versuchen werden, in sämtlichen Beziehungen ihren Willen mit Gewalt durchzusetzen.[30]

Wir können und müssen sicherstellen, dass Mädchen und Jungen nicht nur in ihren Familien, sondern auch in Schulen soziale Kompetenzen erlernen.[31] Heute vermitteln uns Fernsehen, Kino, Popmusik und Videospiele beständig, dass rücksichtsloses, grausames und gewalttätiges Verhalten spannend und unterhaltsam sind, deswegen müssen wir Kindern den Wert von Fürsorge verständlich machen und ihnen ein Vorbild fürsorglichen Verhaltens geben, indem wir zum Beispiel in unserer eigenen Umgebung ehrenamtlich tätig werden.

Ebenso wichtig ist es, dass Kinder und auch Erwachsene vollständig und korrekt über die menschliche Natur und das menschliche Potenzial informiert werden, denn zu dem Fundament, auf dem sich die uns heute prägende Kultur entwickelt hat, gehört immer noch die Annahme, dass Ungerechtigkeit und Gewalt eben zur menschlichen Natur dazugehören. Das ist deshalb wichtig, weil Menschen nicht einmal versuchen werden, etwas zu unternehmen, solange sie denken, es sei unmöglich. Aus diesem Grund bietet das Center for Partnership Studies Online-Leadership-Kurse an, in denen Menschen lernen, wie man Entwicklungsschritte zu einer neuen Caring Economy plant und umsetzt.[32]

9.7 Das Entwicklungspotenzial von Mensch und Wirtschaft

Die bedeutendsten menschlichen Errungenschaften sind unsere kulturellen Schöpfungen, denn sie sind ausschlaggebend dafür, ob wir einander umbringen und unsere natürliche Lebensgrundlage zerstören oder ob wir in einer menschlichen und nachhaltigen Welt leben. Wirtschaftssysteme sind ein elementarer und bestimmender Bestandteil unserer Kulturen.

Wir brauchen eine auf Partnerismus basierende Caring Economy, die mit der Richtung unserer Evolution zu mehr Bewusstheit, Kreativität und Fürsorge übereinstimmt. Mir ist bewusst, dass es heutzutage in der Wissenschaft als ketzerisch gilt, in Bezug auf die Evolution den Begriff »Richtung« zu verwenden. Es ist bestenfalls akzeptabel, von einer Evolution hin zu mehr Komplexität und Variantenreichtum zu sprechen. Doch Darwin selbst hat darauf hingewiesen, dass die Evolution über die Entwicklung zu mehr Komplexität und Variantenreichtum hinausgeht und auch zur Entstehung von Bedürfnissen, Fähigkeiten, Antriebskräften und Möglichkeiten führt, die von denen früherer Lebensformen abweichen.[33]

Damit will ich nicht sagen, dass unsere Spezies als eine der jüngsten der Evolutionsgeschichte die Krone der Schöpfung darstellt oder dass sich hinter der Evolution ein göttlicher Plan oder *Intelligent Design* verbirgt. Wir sind schlichtweg nicht in der Lage zu erkennen, was letztendlich die Evolution antreibt und ob die Evolution einer Richtung folgt oder nicht. Was ich sagen möchte ist, dass das Leben auf der Erde im Laufe der Evolution ein immer größeres Potenzial für Bewusstheit, Kreativität, Planung und Entscheidungsfähigkeit entwickelt hat – und dass dieses Potenzial sich zwar nicht nur auf unsere Spezies beschränkt, in ihr jedoch am weitesten ausgebildet ist.[34]

Ob sich dieses menschliche Potenzial tatsächlich auch entfalten kann, hängt stark von den von uns geschaffenen Gesellschafts- und Wirtschaftssystemen ab – was uns im wahrsten Sinne des Wortes zu Mitschöpfern unserer Evolution macht.

Natürlich haben wir nicht die Möglichkeit, unsere Zukunft zu hundert Prozent im Voraus zu bestimmen, aber wir haben die Möglichkeit, uns zusammenzuschließen und gemeinsam die gesellschaftlichen und wirtschaftlichen Voraussetzungen zu schaffen, die es uns ermöglichen, anstelle unserer angeborenen negativen Fähigkeiten unsere ebenso angeborenen positiven Fähigkeiten zu unterstützen, voranzubringen und zu fördern. Denn dass unsere Spezies über diese noch nie dagewesenen Fähigkeiten verfügt, erlegt uns die evolutionäre Verantwortung dafür auf, diese Gaben zum Positiven und nicht zum Negativen zu nutzen.

Alle Lebensformen – angefangen von den kleinsten wie zum Beispiel Amöben oder Plankton bis hin zu den größten wie zum Beispiel Elefanten oder Walen – haben unseren Planeten in irgendeiner Form verändert. Manche einfach nur dadurch, dass sie auf der Bühne der Evolution erschienen sind, andere dadurch, dass sie neue Strukturen geschaffen haben, wie zum Beispiel Vögel, die Nester bauen, oder Biber, die Dämme konstruieren. Doch keine Spezies hat auch nur annähernd solche Veränderungen bewirkt wie wir Menschen.

Wir haben unsere Vorstellungskraft und unsere Fähigkeit, Visionen Realität werden zu lassen, dazu genutzt, eine komplett neue, menschengemachte Welt zu erschaffen. Dazu gehören außerordentliche technische Leistungen wie zum Beispiel riesenhafte Gebäude, Flugzeuge, die höher fliegen können als

Vögel, und Technologien, die es uns erlauben, subatomare Strukturen zu erkennen, den fernen Weltraum zu erkunden oder den Geheimnissen unseres Gehirns auf die Spur zu kommen. Einige dieser Schöpfungen sind außergewöhnlich wie wundervolle Musik, Dichtung und Kunst. Aber manche dieser Schöpfungen sind grauenvoll wie Gas- und Folterkammern, Atombomben oder unsichtbare biologische Waffen zur Massenvernichtung.

Unser menschliches Abenteuer auf dieser Erde hat uns zu einem evolutionären Scheideweg geführt. Wir können weiterhin »Business as usual« betreiben – auch wenn uns die Wissenschaft und unser gesunder Menschenverstand sagen, dass diese Mischung aus hoch entwickelter Technologie und einem Ethos der Dominanz und der Eroberung uns in eine evolutionäre Sackgasse führt. Oder wir können die evolutionär in uns angelegten großartigen Gaben nutzen, um eine neue Wirtschaftsgeschichte und eine neue ökonomische Realität zu erschaffen – eine auf Partnerismus beruhende Caring Economy, die sowohl das Überleben der Menschheit sichert als auch die Weiterentwicklung und Selbstverwirklichung der Menschen.

Wir haben die Fähigkeit, uns die Welt auszumalen, die wir für uns und unsere Kinder wünschen. Für die meisten von uns ist das eine Welt, in der unsere Grundbedürfnisse nach Nahrung, Unterkunft und Sicherheit ebenso gestillt werden wie unsere Sehnsucht nach Liebe, Gerechtigkeit, Frieden und einer für uns und andere sinnhaften Tätigkeit. Vor allem aber ist es eine Welt, in der unsere Kinder überleben und gedeihen können.

Wir alle können dazu beitragen und die Voraussetzungen dafür schaffen, dass diese Vision Wirklichkeit wird. Wir sind von Natur aus mit einem eindrucksvollen Gehirn, enormer Liebesfähigkeit und bemerkenswerter Kreativität ausgestattet und besitzen einzigartige Fähigkeiten, uns zu verändern und weiterzuentwickeln, zu lernen und vorauszuplanen. Wenn wir jetzt handeln, können wir diese Fähigkeiten dazu nutzen, gemeinsam die Wirtschafts- und Gesellschaftssysteme zu schaffen, die unsere großartigen evolutionären Gaben unterstützen.

Unser menschliches Abenteuer auf dieser Erde hat uns zu einem evolutionären Scheideweg geführt.

Literatur

Achieving ICPD Commitments for Abortion Care in Latin America: The Unfinished Agenda. Chapel Hill, North Carolina: Ipas, 2005.

Afshar, Haleh (Hg.). *Women, Development, and Survival in the Third World.* New York: Longman, 1991.

Adorno, T. W. *Studien zum autoritären Charakter*. Frankfurt a. M.: Suhrkamp, 1996. Übersetzt von Milli Weinbrenner.

Agarwal, Bina. *A Field of One's Own: Gender and Land Rights in South Asia.* Cambridge: Cambridge University Press, 1995.

Albelda, Randy und Ann Withorn. *Lost Ground: Welfare Reform, Poverty, and Beyond.* Cambridge, Massachusetts: South End Press, 2002.

Angier, Natalie. »Why We're So Nice: We're Wired to Cooperate«, *New York Times,* 23. Juli 2002.

Anisman, H., M. D. Zaharia, M. J. Meaney und Z. Merali. »Do Early-Life Events Permanently Alter Behavioral and Hormonal Responses to Stressors?«, *International Journal of Developmental Neuroscience,* 1998, *16,* S. 149–164.

Aries, Philippe. Die Geschichte der Kindheit. München: Deutscher Taschenbuchverlag, 2003.

Aristoteles. *Politik* (4. Aufl.). Übersetzt und mit erklärenden Anmerkungen versehen von Eugen Rolfes, mit einer Einleitung von Günther Bien, Hamburg: Meiner, 1981.

Aslaksen, Julie und Charlotte Koren. »Unpaid Household Work and the Distribution of Extended Income: The Norwegian Experience«, *Feminist Economics*, Herbst 1996, *2*(3), S. 65–80.

Avery, Christine und Diane Zabe l. *The Flexible Workplace: A Sourcebook of Information and Research.* Westport, Connecticut: Quorum Books, 2000.

Bagdikian, Ben. *The Media Monopoly* (6. Aufl.). Boston: Beacon Press, 2000.

Barnes, Craig. *In Search of the Lost Feminine: Decoding the Myths That Radically Reshaped Civilization.* Golden, Colorado: Fulcrum, 2006.

Barry, David S. »Growing Up Violent: Decades of Research Link Screen Mayhem with Increase in Aggressive Behavior«, *Media and Values,* Sommer 1993, *62,* S. 8–11.

Baumeister, Roy F. »How the Self Became a Problem: A Psychological Review of Historical Research«, *Journal of Personality and Social Psychology,* 1987, *52*(1), S. 163–176.

Beardslee, David C. und Michael Wertheimer. *Readings in Perception*. Princeton, New Jersey: Van Nostrand Reinhold, 1958.

Bebel, August. *Die Frau und der Sozialismus.* Berlin: Manifest, 2018 (1879).

Bell, James. »Technotopia and the Death of Nature: Clones, Supercomputers, and Robots«, *Earth Island Journal,* November–Dezember 2001.

Black, Jan Knippers. *Inequity in the Global Village: Recycled Rhetoric and Disposable People.* Bloomfield, Connecticut: Kumarian Press, 1999.

Blackstone, William. *Commentaries on the Laws of England.* Oxford: Clarendon Press, 1765.

Blades, Joan und Kristin Rowe-Finkbeiner. *The Motherhood Manifesto.* New York: Nation Books, 2006.

Blakney, R. B. (Hg. und Übers.). *The Way of Life: Tao Te Ching.* New York: Mentor, 1951.

Bleier, Ruth (Hg.). *Feminist Approaches to Science.* New York: Pergamon Press, 1988.

Blumberg, Rae Lesser. »A Women-in-Development Natural Environment in Guatemala: The Alcoa Agribusiness Project in 1980 and 1985.« *Mimeo report,* 1986. Zitiert in Daisy Dwyer und Judith Bruce (Hg.), *A Home Divided: Women and Income in the Third World.* Stanford, Kalifornien: Stanford University Press, 1988.

Boserup, Ester. *Die ökonomische Rolle der Frau in Afrika, Asien, Lateinamerika.* Übersetzt von Suse Bouché. Stuttgart: Edition Cordeliers, 1982 (1970).

Boswell, John. The Kindness of Strangers: The Abandonment of Children in Western Europe from Late Antiquity to the Renaissance. Chicago: University of Chicago Press, 1998.

Brandt, Barbara. *Whole Life Economics: Revaluing Daily Life.* Philadelphia: New Society Publishers, 1995.

Brown, Lester R. *Plan B 2.0: Mobilmachung zur Rettung der Zivilisation.* Übersetzt aus dem Englischen von Verena Gajewski. Berlin: Homilius, 2007 (2006).

Bruce, Judith und Cynthia B. Lloyd. »Finding the Ties That Bind: Beyond Headship and Household«, in: Lawrence Haddad, John Hoddinott und Harold Alderman (Hg.), *Intrahousehold Resources Allocation in Developing Countries: Methods, Models, and Policy.* Baltimore: International Food Policy Research Institute and Johns Hopkins University Press, 1997.

Bruce, Judith, Cynthia B. Lloyd und A. Leonard. *Families in Focus.* New York: Population Council, 1995.

Burggraf, Shirley. *The Feminine Economy and the Economic Man: Reviving the Role of Family in the Post-Industrial Age.* New York: Perseus Books, 1999.

Burud, Sandra und Marie Tumolo. *Leveraging the New Human Capital.* Mountain View, Kalifornien: Davies-Black, 2004.

Cadoret, Remi J., T. W. O'Gorman, E. Troughton und E. Heywood. »Alcoholism and Antisocial Personality. Interrelationships, Genetic and Environmental Factors«, *Archives of General Psychiatry,* 1985, *42,* S. 161–167.

Cahn, Edgar. *No More Throwaway People: The Co-Production Imperative.* Washington, D.C.: Essential Books, 2004.

Cai, Junsheng. »Myth and Reality: The Projection of Gender Relations in Prehistoric China«, in Yiayin Min (Hg.), *The Chalice and The Blade in Chinese Culture: Gender Relations and Social Models.* Beijing: China Social Sciences Publishing House, 1995.

Cameron, Kim, Jane Dutton und Robert E. Quinn (Hg.). *Positive Organizational Scholarship.* San Francisco: Berrett-Koehler, 2003.

Caspi, Avshalom, Joseph McClay, Terrie E. Moffitt, Jonathan Mill, Judy Martin, Ian W. Craig, Alan Taylor und Richie Poulton. »Role of Genotype in the Cycle of Violence in Maltreated Children«, *Science,* August 2002, *297*(5582), S. 851–854.

Cavanagh, John. (Hg.). *Alternatives to Economic Globalization: A Better World Is Possible.* San Francisco: Berrett-Koehler, 2002.

Cavoukian, Raffi und Sharna Olfman (Hg.). *Child Honoring: How to Turn This World Around.* New York: Praeger, 2006.

Centerwall, Brandon, M.D. »Television and Violence: The Scale of the Problem and Where to Go from Here«, *Journal of the American Medical Association,* Juni 1992, *267,* S. 3059–3063.

Chaliapin: An Autobiography as Told to Maxim Gorky. Übersetzt von Nina Froud und James Hanly. New York: Stein and Day, 1967.

Chang, Kenneth. »Oceans Turning Acidic, Scientists Say«, *New York Times News Service*, abgedruckt in: *Monterey County Herald*, 1. Juli 2005, S. A8.

Chew, Lin. »Women and Globalization in South East Asia: New Strategies for New Times«, *Conscience*, Sommer 2006, *XXVII*(2), S. 30–32.

Child Health USA 2004. Rockville, Maryland: U.S. Department of Health and Human Services, Health Resources and Services Administration, Maternal and Child Health Bureau, 2004.

Chisholm, K. »A Three-Year Follow-Up of Attachment and Indiscriminate Friendliness in Children Adopted from Romanian Orphanages«, *Child Development*, 1998, *69*, S. 1092–1106.

Choi, Charles Q. »Transistor Flow Control: Forget Valves – Controlling Fluids with Electric Fields«, *Scientific American*, Oktober 2005, *293*(4), S. 26.

CIA, The World Factbook, Country Comparison Rates, Infant Mortality, https://www.cia.gov/library/publications/the-world-factbook/rankorder/2091rank.html, letzter Zugriff: 11. August 2020.

Cleveland, Gordon und Michael Krashinsky. *The Benefits and Costs of Good Child Care: The Economic Rationale for Public Investment in Young Children – A Policy Study.* Scarborough: University of Toronto, Department of Economics, März 1998.

Clever, Linda H. und Gilbert S. Omenn. »Hazards for Health Care Workers«, *Annual Review of Public Health*, 1988, *9*, S. 273–303.

Cocco, Marie. »Levi's Deserve a Teen's Support«, *Newsday*, abgedruckt in: *Monterey Herald*, 3. März 1999, S. 7A.

Collins, Andrew W., Eleanor E. Maccoby, Laurence Steinberg, E. Mavis Hetherington und Marc H. Bornstein. »Contemporary Research on Parenting: The Case for Nature and Nurture«, *American Psychologist*, Februar 2000, *55*(2), S. 218–232.

Coltrane, Scott. »Father-Child Relationships and the Status of Women: A Cross-Cultural Study«, *American Journal of Sociology*, März 1988, *93*(5).

Cooperrider, David L. und Suresh Srivastva. »Appreciative Inquiry in Organizational Life«, *Research in Organizational Change and Development*, 1987, *1*, S. 129–169.

Crittenden, Ann. *The Price of Motherhood: Why the Most Important Job in the World Is Still the Least Valued.* New York: Metropolitan Books, 2001.

Currie, Janet und Erdal Tekin. »Does Child Abuse Cause Crime?«, *IZA Discussion Papers 2063*. Bonn, Germany: Institute of Labor Economics (IZA), 2006.

Daly, Herman E. und John B. Cobb. *For the Common Good: Redirecting the Economy Toward Community, the Environment, and a Sustainable Future* (2. Aufl.). Boston: Beacon Press, 1994.

Dawkins, Richard. *Das egoistische Gen*. Übersetzt von Karin de Sousa Ferreira. Berlin, Heidelberg: Springer Spektrum, 2014 (1976).

de Caritat, Antoine Nicolas, Marquis de Condorcet. »On the Admission of Women to the Rights of Citizenship«, in: Lynn Hunt (Übers. und Hg.), *The French Revolution and Human Rights: A Brief Documentary History.* Boston/New York: Bedford/St. Martin's Press, 1996 (Juli 1790).

Deci, Edward und Richard Ryan. *Intrinsic Motivation and Self-Determination in Human Behavior.* Cambridge, Massachusetts: Perseus Books, 1985.

De Graaf, John. *Take Back Your Time: Fighting Overwork and Time Poverty in America*. San Francisco: Berrett-Koehler, 2003.

DeMeo, James. »The Origins and Diffusion of Patrism in Saharasia, c.4000 B.C.E.: Evidence for a Worldwide, Climate-Linked Geographical Pattern in Human Behavior«, *World Futures*, 1991, *30*(2), S. 247–271.

De Pizan, Christine. *The Book of the City of Ladies*. Übersetzt von Earl Jeffrey Richards. New York: Persea Press, 1982.

De Soto, Hernando, *Freiheit für das Kapital! Warum der Kapitalismus nicht weltweit funktioniert.* Übersetzt von Hainer Kober. Berlin: Rowohlt Berlin, 2002.

Domhoff, G. William. *Who Rules America? Power, Politics, & Social Change* (5. Aufl.). New York: McGraw-Hill, 2005.

Dutton, Jane. *Energize Your Workplace.* San Francisco: Jossey-Bass, 2003.

Dutton, Jane und Emily Heaphy. »The Power of High-Quality Connections at Work«, in: Kim Cameron, Jane Dutton und Robert E. Quinn (Hg.), *Positive Organizational Scholarship.* San Francisco: Berrett-Koehler, 2003.

Dutton, Jane, Jacoba Lilius und Jason Kanov. »The Transformative Potential of Compassion at Work«, Vortrag an der Weatherhead School of Management, Case Western Reserve University, Cincinnati, August 2003.

Dwyer, Daisy und Judith Bruce (Hg.). *A Home Divided: Women and Income in the Third World.* Stanford, Kalifornien: Stanford University Press, 1988.

Edwards, Valerie J., George W. Holden, Vincent J. Felitti und Robert F. Anda. »Relationship Between Multiple Forms of Childhood Maltreatment and Adult Mental Health in Community Respondents: Results from the Adverse Childhood Experiences Study«, *American Journal of Psychiatry,* August 2003, *160*, S. 1453–1460.

Eisler, Riane. *Dissolution: No-Fault Divorce, Marriage, and the Future of Women.* New York: McGraw-Hill, 1977.

Eisler, Riane. »Toward an Integrated Theory of Human Rights«, *Human Rights Quarterly,* August 1987, *9*(3), S. 287–308.

Eisler, Riane. *Kelch & Schwert: Weibliches und männliches Prinzip in der Geschichte; unsere Geschichte, unsere Zukunft.* Übersetzt von Christel Rost. Freiamt im Schwarzwald: Arbor-Verlag, 2005 (1987).

Eisler, Riane. »Technology, Gender, and History: Toward a Nonlinear Model of Social Evolution«, in: Ervin Laszlo, Ignazio Masulli, Robert Artigiani und Vilmos Csanyi (Hg.), *The Evolution of Cognitive Maps: New Paradigms for the Twenty-First Century.* Langhorne, Pennsylvania: Gordon and Breach Science Publishers, 1993.

Eisler, Riane. *Sacred Pleasure: Sex, Myth, and the Politics of the Body.* San Francisco: HarperCollins, 1995.

Eisler, Riane. »Human Rights and Violence: Integrating the Private and Public Spheres«, in: Lester Kurtz and Jennifer Turpin (Hg.), *The Web of Violence.* Urbana: University of Illinois Press, 1996.

Eisler, Riane. »Cultural Transformation Theory: A New Paradigm for History«, in: Johan Galtung und Sohail Inayatullah (Hg.), *Macrohistory and Macrohistorians.* Westport, Connecticut: Praeger, 1997.

Eisler, Riane. *Tomorrow's Children: A Blueprint for Partnership Education in the 21st Century.* Boulder, Colorado: Westview Press, 2000.

Eisler, Riane. *Die Kinder von morgen: Die Grundlagen der partnerschaftlichen Bildung.* Übersetzt von Ute Weber. Freiamt im Schwarzwald: Arbor-Verlag, 2005 (2000).

Eisler, Riane. *The Power of Partnership: Seven Relationships That Will Change Your Life.* Novato, Kalifornien: New World Library, 2002.

Eisler, Riane. »Protecting the Majority of Humanity: Towards an Integrated Approach to Crimes against Present and Future Generations«, in: Marie-Claire Cordonier Segger und Sebastien Jodoin (Hg.), *Sustainable Development, International Criminal Justice,* Cambridge, Massachusetts: Cambridge University Press, 2013.

Eisler, Riane. »Culture, Technology, and Domination/Partnership«, in: David Loye (Hg.), *The Great Adventure.* Albany: State University of New York Press, 2003.

Eisler, Riane. »Spare the Rod«, *YES: A Magazine of Positive Futures*, Winter 2005, S. 30–32.

Eisler, Riane und Daniel S. Levine. »Nurture, Nature, and Caring: We Are Not Prisoners of Our Genes«, *Brain and Mind*, 2002, *3*(1), S. 9–52.

Eisler, Riane, David Loye und Kari Norgaard. *Women, Men, and the Global Quality of Life*. Pacific Grove, Kalifornien: Center for Partnership Studies, 1995.

Eisler, Riane and Douglas P. Fry. *Nurturing Our Humanity: How Domination and Partnership Shape Our Brains, Lives, and Future*. New York: Oxford University Press, 2019.

Elkins, Paul. (Hg.). *The Living Economy*. New York: Routledge & Kegan Paul, 1986.

Encyclopedia of World Problems and Human Potential (4. Aufl.). Brüssel: Union of International Associations, 1994/95.

Engels, Friedrich. *Die Lage der arbeitenden Klasse in England: Nach eigener Anschauung und authentischen Quellen*, Berlin 1971 (1845).

Eron, Leonard D. und L. Rowell Huesmann. *Advances in the Study of Aggression*. Orlando: Academic Press, 1984.

Evan, William M. »An Organization-Set Model of Interorganizational Relations«, in: Matthew Tuite, Roger Chisholm und Michael Radnor (Hg.), *Interorganizational Decision Making*. Chicago: Aldine, 1972.

Ferber, Marianne A. und Julie A. Nelson (Hg.). *Beyond Economic Man: Feminist Theory and Economics*. Chicago: University of Chicago Press, 1993.

Schüssler Fiorenza, Elisabeth. Zu ihrem Gedächtnis …: Eine feministisch-theologische Rekonstruktion der christlichen Ursprünge. München 1988 (1983).

Flannery, Tim. Wir Wettermacher: Wie die Menschen das Klima verändern und was das für unser Leben auf der Erde bedeutet. Übersetzt aus dem amerikanischen Englisch von Hartmut Schickert. Frankfurt a. M.: Fischer, 2006 (2006).

Folbre, Nancy. »Socialism, Feminist and Scientific«, in: Marianne A. Ferber und Julie A. Nelson (Hg.), *Beyond Economic Man: Feminist Theory and Economics*. Chicago: University of Chicago Press, 1993.

Folbre, Nancy. *The Invisible Heart: Economics and Family Values*. New York: New Press, 2001.

Fornos, Werner. »Homo Sapiens: An Endangered Species?« *POPLINE*, Mai-Juni 2005, S. 4.

Frank, Andre Gunder. *Kapitalismus und Unterentwicklung in Lateinamerika*. Übersetzt aus dem Englischen von Inge Presser und Horst Stenzel. Frankfurt a. M., Köln: Europäische Verlagsanstalt, 1975 (1969)

Fredrickson, Barbara. »Positive Emotions and Upward Spirals in Organizations«, in: Kim Cameron, Jane Dutton und Robert E. Quinn (Hg.), *Positive Organizational Scholarship*. San Francisco: Berrett-Kohler, 2003.

Fry, Ronald, Frank Barrett, Jane Seiling und Diana Whitney (Hg.). *Appreciative Inquiry and Organization Transformation: Reports from the Field*. Westport, Connecticut: Quorum Books, 2002.

Galbraith, John Kenneth. *Wirtschaft für Staat und Gesellschaft*. Übersetzt von Norbert Wölfl. München, Zürich: Droemer-Knaur, 1974 (1973).

Garreau, Joel. *Radical Evolution: The Promise and Peril of Enhancing Our Minds, Our Bodies, and What It Means to Be Human*. New York: Doubleday, 2005.

Gates, Jeff. *Democracy at Risk: Rescuing Main Street from Wall Street*. Cambridge, Massachusetts: Perseus Publishing, 2000.

Ghiselin, Michael. *The Economy of Nature and the Evolution of Sex*. Berkeley: University of California Press, 1974.

Giddens, Anthony. *Wandel der Intimität: Sexualität, Liebe und Erotik in modernen Gesellschaften*. Übersetzt von Hanna Pelzer. Frankfurt a. M.: Fischer-Verlag, 1993 (1992).

Gies, Frances und Joseph Gies. *Marriage and the Family in the Middle Ages.* New York: Harper & Row, 1987.

Gilligan, Carol. *Die andere Stimme: Lebenskonflikte und Moral der Frau* (5. Aufl.). Übersetzt von Brigitte Stein. München/Zürich: Piper, 1999 (1982).

Gilman, Charlotte Perkins. *Frauen und Arbeit.* Übersetzt von Petra Altschuh-Riederer. Aachen: Ein-Fach-Verlag, 2005 (1898).

Gimbutas, Marija. *Göttinnen und Götter im Alten Europa: Mythen und Kultbilder 6500 bis 3500 v. Chr.* Übersetzt von Baal Müller. Aktualisierte Neuausgabe. Uhlstädt-Kirchhasel: Arun, 2010 (1982).

Global Trends 2015: A Dialogue About the Future with Nongovernment Experts. Washington, D. C.: National Intelligence Council (U. S. Central Intelligence Agency), Dezember 2000.

Goleman, Daniel, Richard Boyatzis und Annie McKee. *Emotionale Führung.* Übersetzt von Ulrike Zehetmayr. München: Ullstein, 2003 (2002).

Gornick, Janet C. und Marcia K. Meyers. *Families That Work: Policies for Reconciling Parenthood and Employment.* New York: Russell Sage Foundation, 2003.

Greenough, W. T., C. S. Wallace, A. A. Alcantara, B. J. Anderson, N. Hawrylak, A. M. Sirevaag, I. J. Wiler und G. Withers (1993). »Development of the Brain: Experience Affects the Structure of Neurons, Glia, and Blood Vessels«, in: N. J. Anastasiow und S. Harel (Hg.), *At-Risk Infants: Interventions, Families, and Research.* Baltimore: Paul H. Brookes, 1993.

Griffith, Brian. *The Gardens of Their Dreams: Desertification and Culture in World History.* London und New York: Zed Books, 2003.

Grossman, David und Gloria Degaetano. *Wer hat unseren Kindern das Töten beigebracht? Ein Aufruf gegen Gewalt in Fernsehen, Film und Computerspielen.* Stuttgart: Freies Geistesleben, 2002.

Harrington, Mona. *Care and Equality: Inventing a New Family Politics.* New York: Knopf, 1999.

Hartmann, Heidi. »Thirty Years from Today: Visions of Economic Justice«, *Dollars & Sense,* 1. November 2004.

Hartmann, Thom. *Unequal Protection: The Rise of Corporate Dominance and the Theft of Human Rights.* New York: Rodale Books, 2004.

Hawken, Paul, Amory Lovins und L. Hunter Lovins. *Öko-Kapitalismus: Die industrielle Revolution des 21. Jahrhunderts, Wohlstand im Einklang mit der Natur.* Übersetzt von Jürgen Dünnebier. München: Riemann, 2000 (1999).

Hawkes, Jacquetta. *Geburt der Götter: An den Quellen griechischer Kultur.* Übersetzt von Annegret Kapossy und Christoph Leon. Bern/Stuttgart: Hallwag, 1972 (1968).

Heilbroner, Robert. *Die Denker der Wirtschaft: Ideen und Konzepte der großen Wirtschaftsphilosophen* (2. Aufl.). Aus dem Amerikanischen von Matthias Sommer. München: FinanzBuch-Verlag, 2014 (1953).

Heim, Christine, D. Jeffrey Newport, Andrew H. Miller und Charles B. Nemeroff. »Long-Term Neuroendocrine Effects of Childhood of Maltreatment«, *JAMA,* 2000, *284,* S. 2321.

Held, Virginia (Hg.). *Justice and Care: Essential Readings in Feminist Ethics.* Boulder, Colorado: Westview Press, 1995.

Henderson, Hazel. »Changing Paradigms and Indicators: Implementing Equitable, Sustainable and Participatory Development«, in: Jo Marie Griesgraber und Bernhard G. Gunter (Hg.), *The World Bank: Lending on a Global Scale (Rethinking Bretton Woods).* Band 2. London: Pluto Press, 1996.

Henderson, Hazel. *Beyond Globalization.* Bloomfield, Connecticut: Kumarian Press, 1999.

Henderson, Hazel. *Ethical Markets: Growing the Global Economy.* White River Junction, Vermont: Chelsea Green Publishing, 2006.

Henderson, Hazel. »21st Century Strategies for Sustainability«, *Foresight,* Februar 2006.

Heymann, Jody. *Forgotten Families: Ending the Growing Crisis Confronting Children and Working Parents in the Global Economy.* New York: Oxford University Press, 2006.

Henry, J. P. und S. Wang. »Effects of Early Stress on Adult Affiliative Behavior«, *Psychoneuroendocrinology,* 1998, *23*, S. 863–875.

Hightower, Jim. *There's Nothing in the Middle of the Road But Yellow Stripes and Dead Armadillos.* New York: HarperCollins, 1998.

Hodder, Ian. »Women and Men at Catalhoyuk«, *Scientific American*, Januar 2004, S. 77–83.

Hoddinott, John und Lawrence Haddad. »Understanding How Resources Are Allocated Within Households«. Vortrag beim Treffen der Canadian Economic Association, Ottawa, Canada, 1993.

Human Development Report 1990. United Nations Development Programme (UNDP). New York: Oxford University Press, 1990.

Human Development Report 1995. United Nations Development Programme (UNDP). New York: Oxford University Press, 1995.

Human Development Report 2003. United Nations Development Programme (UNDP). New York: Oxford University Press, 2004.

Hyman, Prue. *Women and Economics: A New Zealand Feminist Perspective.* Wellington, New Zealand: Bridget Williams Books, 1996.

Inglehart, Ronald. *Modernisierung und Postmodernisierung: Kultureller, wirtschaftlicher und politischer Wandel in 43 Gesellschaften.* Übersetzt von Yvonne Fischer. Frankfurt a. M., New York: Campus-Verlag, 1998 (1997).

Inglehart, Ronald F., Pippa Norris, Christian Welzel. »Gender Equality and Democracy«, *Comparative Sociology*, 2002, *1*(3/4), S. 321–346.

Ironmonger, Duncan. »Counting Outputs, Inputs, and Caring Labor: Estimating Gross Household Product«, *Feminist Economics*, Herbst 1996, *2*(3), S. 37–64.

Isen, Alice. »Positive Affect, Cognitive Processes, and Social Behavior«, *Advances in Experimental Social Psychology,* 1987, *20*, S. 203–253.

Jaquette, Jane S. *The Women's Movement in Latin America: Participation and Democracy* (2. Aufl.). Boulder, Colorado: Westview Press, 1994.

Jaquette, Jane S. und Gale Summerfield (Hg.). *Women and Gender Equity in Development Theory and Practice: Institutions, Resources, and Mobilization.* Durham, North Carolina: Duke University Press, 2006.

Jaggar, Alison M. (Hg.). *Living with Contradictions: Controversies in Feminist Social Ethics.* Boulder, Colorado: Westview Press, 1994.

Jain, Devaki und Nirmala Banerjee (Hg.). *The Tyranny of the Household: Women in Poverty, Investigative Essays on Women's Work.* New Delhi: Shakti Books, 1985.

James, William. *Principles of Psychology.* Mineola, New York: Dover Publications, 1955 (1890).

Jennings, Ann L. »Public or Private? Institutional Economics and Feminism«, in: Marianne A. Ferber and Julie A. Nelson (Hg.), *Beyond Economic Man.* Chicago: University of Chicago Press, 1993.

Joy, Bill. »Why the Future Doesn't Need Us«, *Wired,* April 2000.

Kantor, Rosabeth Moss. *When Giants Learn to Dance: Mastering the Challenge of Strategy, Management, and Careers in the 1990s.* New York: Random House, 1991.

Kaul, Inge, Pedro Conceicao, Katell Le Goulven und Ronald Mendoza (Hg). *Bereitstellung globaler öffentlicher Güter: Globalisierung gestalten.* Hg. im Auftrag der UNDP. New York, Oxford: Oxford University Press, 2003.

Kaul, Inge, Isabelle Grunberg und Marc Stern. *Global Public Goods: International Cooperation in the 21st Century.* New York: Oxford University Press, 1999.

Keller, Evelyn Fox. *Reflections on Gender and Science.* New Haven, Connecticut: Yale University Press, 1985.

Kelly, Marjorie. »Reshaping the Language of Business: How New Language Helps Make the Case for Ethics«, *Business Ethics*, Winter 2005, S. 6.

Keuls, Eva. *The Reign of the Phallus.* Berkeley: University of California Press, 1985.

Kluger, Jeffrey. »The Tipping Point«, *Time*, 3. April 2006.

Kolbert, Elizabeth. *Vor uns die Sintflut: Depeschen von der Klimafront.* Übersetzt von Thorsten Schmidt. Berlin: Berliner Taschenbuch-Verlag, 2007 (2006).

Kollin, Susan. *Nature's State: Imagining Alaska as the Last Frontier.* Chapel Hill: University of North Carolina Press, 2001.

Koonz, Claudia. »Mothers in the Fatherland: Women in Nazi Germany«, in: Renate Bridenthal und Claudia Koonz (Hg.), *Becoming Visible: Women in European History.* Boston: Houghton Mifflin, 1977.

Koonz, Claudia. Mütter im Vaterland: Frauen im Dritten Reich. Übersetzt von Cornelia Holfelder. Reinbek bei Hamburg: Rowohlt, 1994.

Korten, David C. *The Post-Corporate World: Life After Capitalism.* San Francisco: Berrett-Koehler und West Hartford, Connecticut: Kumarian Press, 1999.

Korten, David C. *When Corporations Rule the World* (3. Aufl.). Oakland, Kalifornien: Berrett-Koehler Publications, 2015.

Korten, David C. *The Great Turning: From Empire to Earth Community.* San Francisco: Berrett-Koehler, 2006.

Kristof, Nicholas D. »As Asian Economies Shrink, Women are Squeezed Out«, *New York Times*, 11. Juni 1998.

Krugman, Paul. *Der große Ausverkauf: Wie die Bush-Regierung Amerika ruiniert.* Übersetzt von Birgit Hofmann und Herbert Allgeier. Frankfurt a. M., New York, Campus-Verlag, 2004 (2003).

Laszlo, Ervin. *Kosmische Kreativität: neue Grundlagen einer einheitlichen Wissenschaft von Materie, Geist und Leben.* Übersetzt von Vladimir Delavre. Frankfurt a. M./Leipzig: Insel-Verlag, 1997 (1993).

Layard, Richard. *Die glückliche Gesellschaft: Kurswechsel für Politik und Wirtschaft.* Übersetzt aus dem Englischen von Jürgen Neubauer. Frankfurt a. M., New York: Campus-Verlag, 2005.

Leach, Penelope. *Die ersten Jahres deines Kindes.* Aus dem Englischen von Claudia Brusdeylins. Ungekürzte und aktualisierte Neuausgabe. München: Dt. Taschenbuch-Verlag, 2001 (1977).

Lerner, Gerda. *Die Entstehung des feministischen Bewußtseins: Vom Mittelalter bis zur ersten Frauenbewegung.* Übersetzt von Walmot Möller-Falkenberg. München: Deutscher Taschenbuch Verlag, 1998 (1993).

Lerner, Michael. *The Left Hand of God: Taking Back our Country from the Religious Right.* San Francisco: Harper San Francisco, 2006.

Lewontin, Richard. *Die Dreifachhelix: Gen, Organismus und Umwelt.* Übersetzt von Andrea Pillmann. Berlin: Springer-Verlag, 2002 (1998).

Lillemeier, Sarah. *Der »Comparable-Worth«-Index als Instrument zur Analyse des Gender Pay Gap: Arbeitsanforderungen und Belastungen in Frauen- und Männerberufen* (= Working Paper, 205, Oktober 2016), https://www.boeckler.de/pdf/p_wsi_wp_205.pdf, letzter Zugriff: 11. August 2020.

Linden, Eugene. *The Winds of Change: Climate, Weather and the Destruction of Civilizations.* New York: Simon & Schuster, 2006.

Lindsey, Linda L. *Gender Roles: A Sociological Perspective* (7. Aufl.). London, New York: Routledge, 2018.

Linsenmaier, Joan A. W. und Camille B. Wortman. »Attitudes Toward Workers and Toward Their Work: More Evidence That Sex Makes a Difference«, *Journal of Applied Social Psychology*, August 1979, *9*(4).

Lobe, Jim. »China's Upward Mobility Strains World Resources«, *Energy Bulletin*, 9. März 2005.

Loye, David. *Darwin's Lost Theory of Love*. New York: iUniverse, 2000.

Loye, David (Hg.). *The Great Adventure: Toward a Fully Human Theory of Evolution*. Albany: State University of New York Press, 2004.

Loye, David. *Darwin's Lost Theory: Who We Really Are and Where We're Going*. Carmel, Kalifornien: Benjamin Franklin Press, 2007.

Loye, David. *Measuring Evolution: A Guide to the Health and Wealth of Nations*. Carmel, Kalifornien: Benjamin Franklin Press, 2007.

Loye, David, Roderik Gorney und Gary Steele. »Effects of Television: An Experimental Field Study«, *Journal of Communications*, 1977, *27*(3), S. 206–216.

Luce, J. V. Atlantis: *Legende und Wirklichkeit* (2. Aufl.). Übersetzt und bearbeitet von Joachim Rehork. Bergisch Gladbach: Lübbe Verlag, 1987 (1968).

Lux, Kenneth. *Adam Smith's Mistake: How a Moral Philosopher Invented Economics and Ended Morality.* Boston: Shambhala, 1990.

Maitland, Sara. »Passionate Prayer: Masochistic Images in Women's Experience«, in: Linda Hurcombe (Hg.), *Sex and God: Some Varieties of Women's Religious Experience.* New York: Routledge und Kegan Paul, 1987.

Marinatos, Nanno. *Minoan Religion: Ritual, Image, and Symbol.* Columbia: University of South Carolina Press, 1993.

Marmot, Michael G., G. Rose, M. Shipley und P. J. Hamilton. »Employment Grade and Coronary Heart Disease in British Civil Servants«, *Journal of Epidemiological Community Health*, 1978, *3*, S. 244–249.

Marston, Cicely und John Cleland. »Relationship Between Contraception and Abortion: A Review of the Evidence«, *International Family Planning Perspectives,* 2003, *29*(1), S. 6–13.

Martinelli, Alberto und Neil J. Smelser (Hg.). *Economy and Society.* Newbury Park, Kalifornien: Sage, 1990.

Karl Marx und Friedrich Engels, *Manifest der Kommunistischen Partei*. London 1848, in: Deutsches Textarchiv, http://www.deutschestextarchiv.de, letzter Zugriff: 11. August 2020.

Maslow, Abraham H.. *Psychologie des Seins: Ein Entwurf.* München: Kindler, 1973 (1962).

McChesney, Richard. *Rich Media, Poor Democracy.* New York: New Press, 2000.

Mellaart, James. *Çatal Hüyük: Stadt aus der Steinzeit*. Übersetzt von Joachim Rehork. Bergisch Gladbach: Lübbe, 1973 (1967).

Mies, Maria. *Patriarchy and Accumulation on a World Scale: Women and the International Division of Labour.* London: Zed Books, 1986.

Meyers, Marcia K. und Janet C. Gornick. »The European Model: What We Can Learn from How Other Nations Support Families That Work«, *American Prospect,* 1. November 2004.

Milburn, Michael und Sheree Conrad. *The Politics of Denial.* Cambridge, Massachusetts: MIT Press, 1996.

Mill, John Stuart. *Grundsätze der politischen Oekonomie; nebst einigen Anwendungen auf die Gesellschaftswissenschaft.* In: *Gesammelte Werke.* Hg. von Theodor Gomperz. Neudruck der Ausgabe Leipzig 1869, 3. Deutsche Ausgabe. Bände 5–7. Aalen: Scientia-Verlag, 1968 (1848).

Miller, Alice. *For Your Own Good: Hidden Cruelty in Child-Rearing and the Roots of Violence.* Übersetzt von Hildegarde und Hunter Hannum. New York: Farrar, Straus and Giroux, 1983.

Miller, Jean Baker und Irene P. Stiver. *The Healing Connection: How Women Form Relationships in Therapy and in Life.* Boston: Beacon Press, 1997.

Min, Jiayin (Hg.). *The Chalice and The Blade in Chinese Culture: Gender Relations and Social Models*. Beijing: China Social Sciences Publishing House, 1995.

Montagu, Ashley. *Touching: The Human Significance of the Skin* (3.Aufl.). New York: Harper & Row, 1986.

Montagu, Ashley. *Körperkontakt: Die Bedeutung der Haut für die Entwicklung des Menschen* (8. Aufl.). Übersetzt aus dem Amerikanischen von Eva Zahn. Stuttgart: Klett-Cotta, 1995 (1971).

Morris, David. *Measuring the Condition of the World's Poor*. New York: Pergamon Press, 1979.

Mukherjee, Moni. »Contributions to and Use of Social Product by Women«, in: Devaki Jain und Nirmala Banerjee (Hg.), *The Tyranny of the Household: Women in Poverty, Investigative Essays on Women's Work*. New Delhi: Shakti Books, 1985.

Myers, John. »Birch Bark's ›Incredible‹ Potential: Extract May Serve as ›Medicine Chest for the World‹«, *Knight Ridder Newspapers, Monterey County Herald*, 17. April 2006, S. A2.

Naim, Moises. »Broken Borders«, *Newsweek*, 24. Oktober 2005, S. 57–62.

Nash, June. »The Aztecs and the Ideology of Male Dominance«, *Signs*, Winter 1978, *4*, S. 349–362.

Nelson, Julie A. *Economics for Humans* (2. Aufl.). Chicago: The University of Chicago Press, 2018.

Niehoff, Debra. *The Biology of Violence: How Understanding the Brain, Behavior, and Environment Can Break the Vicious Circle of Aggression*. New York: Free Press, 1999.

Nietzsche, Friedrich. *Jenseits von Gut und Böse* (1886), in: *Kritische Studienausgabe* (2. Aufl.), hg. von Giorgio Colli und Mazzino Montinari, Band 5: *Jenseits von Gut und Böse/Zur Genealogie der Moral*, München: Deutscher Taschenbuch Verlag, 1988.

Noble, David. *A World Without Women: The Christian Clerical Culture of Western Science*. New York: Knopf, 1992.

Noddings, Nel. Caring: A Feminine Approach to Ethics & Moral Education. Berkeley: University of California Press, 1984.

Noddings, Nel. *Caring: A Feminine Approach to Ethics & Moral Education* (2. Aufl.). Berkeley: University of California Press, 2003 (1984).

Noddings, Nel. *Starting at Home: Caring and Social Policy*. Berkeley: University of California Press, 2002.

Noddings, Nel. *Happiness and Education*. Cambridge: Cambridge University Press, 2003.

Noddings, Nel. *Critical Lessons: What Our Schools Should Teach*. Cambridge: Cambridge University Press, 2006.

Nord, Mark, Margaret Andrews und Steven Carlson. *Household Food Security in the United States, 2004* (= USDA-ERS Economic Research Report No. 11). Washington, D. C.: U. S. Department of Agriculture, Oktober 2005.

Nussbaum, Martha. *Sex and Justice*. New York: Oxford University Press, 2000.

Nussbaum, Martha. »Capabilities as Fundamental Entitlements: Sen and Social Justice«, *Feminist Economics*, 2001, *9*(2–3), S. 33–50.

Okin, Susan Moller. *Women in Western Political Thought*. Princeton, New Jersey: Princeton University Press, 1979.

O'Manique, John. *The Origins of Justice: The Evolution of Morality, Human Rights, and Law*. Philadelphia: University of Pennsylvania Press, 2002.

Ornstein, Robert. *Die Psychologie des Bewusstseins*. Köln: Kiepenheuer und Witsch, 1974 (1972).

Peradotto, John und J. P. Sullivan (Hg.). *Women in the Ancient World: The Arethusa Papers*. Albany: State University of New York Press, 1984.

Perry, Bruce D. »Childhood Experience and the Expression of Genetic Potential: What Childhood Neglect Tells Us About Nature and Nurture«, *Brain and Mind*, 2002, *3*(1), S. 79–100.

Perry, Bruce D., Ronnie A. Pollard, Toi A. Blakley, William L. Baker und Domenico Vigilante. »Childhood Trauma, the Neurobiology of Adaptation, and ›Use-Dependent‹ Development of the Brain: How ›States‹ Become ›Traits‹«, *Infant Mental Health Journal*, 1995, *16*, S. 271–291.

Peterson, V. Spike und Anne Sisson Runyan. *Global Gender Issues: Dilemmas in World Politics* (2. Aufl.). Boulder, Colorado: Westview Press, 1999.

Pietilä, Hilkka. »Non-Market Work in the Construction of Livelihood: The Work and Production at the Grass Roots Countervailing Globalization«, Vortrag beim IGGRI Preparatory Meeting, Helsinki, 13.–16. Oktober 1997 (letzte Bearbeitung vom 18. April 1998).

Pietilä, Hilkka. »Nordic Welfare Society – A Strategy to Eradicate Poverty and Build Up Equality: Finland as a Case Study«, *Journal Cooperation South*, 2001, *2*, S. 79–96.

Pietilä, Hilkka. »Cultivation and Households: The Basics of Nurturing Human Life«, *EOLSS, Encyclopedia of Life Support Systems*, Section: Human Resources Policy and Management, UNESCO. Oxford, United Kingdom: Eolss Publishers, 2004.

Pinchot, Gifford. *Intrapreneuring: Mitarbeiter als Unternehmer*. Übersetzt von Ingrid Hyland. Wiesbaden: Gabler, 1988 (1985).

Pinchot, Gifford und Pinchot, Elizabeth. *The Intelligent Organization*. San Francisco: Berrett-Koehler, 1994.

Platon, Nicholas. *Crete*. Geneva: Nagel Publishers, 1966.

Polanyi, Karl. *The Great Transformation: Politische und ökonomische Ursprünge von Gesellschaften und Wirtschaftssystemen* (12. Aufl.). Übersetzt von Heinrich Jelinek. Frankfurt a. M.: Suhrkamp, 2015 (1944).

Quartz, Steven R. und Terrence J. Sejnowski. »The Neural Basis of Cognitive Development: A Constructivist Manifesto.« *Behavioral and Brain Sciences*, 1997, *20*(4), S. 527–596.

Rampton, Sheldon und John Stauber. *Trust Us, We're Experts: How Industry Manipulates Science and Gambles with Your Future*. New York: Putnam, 2000.

Rayas, Lucia, Diane Catotti und Ana Cortes. Achieving ICPD Commitments for Abortion Care in Latin America: The Unfinished Agenda. Chapel Hill, North Carolina: Ipas, 2005.

Reich, Robert. *I'll Be Short: Essentials for a Decent Working Society*. Boston: Beacon Press, 2003.

Reid, Margaret G. *Economics of Household Production*. New York: Wiley, 1934.

Report on the World Social Situation: The Inequality Predicament. New York: United Nations and Division for Social Policy and Development, U.N. Department of Economic and Social Affairs, 2005.

Rifkin, Jeremy. *Das biotechnische Zeitalter: Die Geschäfte mit der Gentechnik*. Übersetzt von Susanne Kuhlmann-Krieg. Frankfurt a. M., New York: Campus-Verlag, 2007 (1998).

Rilling James K., D. A. Gutman, T. R. Zeh, G. Pagnoni, G. S. Berns und C. D. Kilts. »A Neural Basis for Social Cooperation«, *Neuron*, 2002, *35*, S. 395–405.

Roach, John. »Greenland Glaciers Losing Ice Much Faster, Study Says«, *National Geographic News*, 16. Februar 2006.

Roach, John. »Global Warming Is Rapidly Raising Sea Levels, Studies Warn«, *National Geographic News*, 23. März 2006.

Robbins, John. Reclaiming Our Health: Exploding the Medical Myth and Embracing the Source of True Healing. Tiburon, Kalifornien: H.J. Kramer, 1996.

Rockwell, Joan. *Fact in Fiction: The Use of Literature in the Systematic Study of Society*. London: Routledge und Kegan Paul, 1974.

Roco, Mihail C. und William Sims Bainbridge (Hg.). *Converging Technologies for Improving Human Performance*. Arlington, Virgina.: National Science Foundation, Juni 2002.

Rokeach, Milton. *The Nature of Human Values*. New York: Free Press, 1973.

Ronfeldt, David und John Arquilla. »Networks, Netwars, and the Fight for the Future«, *First Monday*, Oktober 2001, *6*(10).

Rose, Hillary und Stephen Rose. (Hg.). *Alas, Poor Darwin: Arguments Against Evolutionary Psychology*. New York: Harmony Books, 2000.

Rosin, Hanna. »A Tough Plan for Raising Children Draws Fire: ›Babywise‹ Guides Worry Pediatricians and Others«, *Washington Post*, 27. Februar 1999, S. A1.

Rosin, Hanna. »Critics Question Extreme Childrearing Method«, *Washington Post*, abgedruckt in: *Monterey County Herald*, 1. März 1999, S. A10.

Rowbotham, Sheila. *Women, Resistance and Revolution: A History of Women and Revolution in the Modern World*. London: Verso, 2014 (1972).

Sachs, Jeffrey. *Das Ende der Armut: Ein ökonomisches Programm für eine gerechtere Welt*. Übersetzt von Udo Rennert und Thorsten Schmidt. München: Pantheon, 2006 (2005).

Sanday, Peggy Reeves. *Female Power and Male Dominance: On the Origins of Sexual Inequality*. Cambridge: Cambridge University Press, 1981.

Sanday, Peggy Reeves. *Women at the Center: Life in a Modern Matriarchy*. Ithaca, New York: Cornell University Press, 2002.

Sapolsky, Robert. »Sick of Poverty«, *Scientific American*, Dezember 2005, *293*(6), S. 93–99.

Scheck, Raffael. »Childhood in German Autobiographical Writings, 1740–1820«, *Journal of Psychohistory*, Summer 1987, *15*(1), S. 391–422.

Schlegel, Stuart A. *Wisdom from a Rain Forest*. Athens: University of Georgia Press, 1998.

Sen, Amartya. »More Than 100 Million Women Are Missing«, *New York Review of Books*, 1990, *37*(20), S. 61–66.

Sen, Amartya. *Wege zu Gerechtigkeit und Solidarität in der Marktwirtschaft*. Übersetzt von Christiana Goldmann. München: Hanser, 2020 (1999).

Sharpe Paine, Lynn. *Value Shift: Why Companies Must Merge Social and Financial Imperatives to Achieve Superior Performance*. New York: McGraw-Hill, 2003.

Shelby, Ashley. »The Real Cost of Oil«, *AlterNet*, 24. Juni 2005.

Shiva, Vandana. *Der Kampf um das blaue Gold: Ursachen und Folgen der Wasserverknappung* (2. Aufl.). Übersetzt aus dem Englischen von Bodo Schulze. Zürich: Rotpunktverlag, 2005 (2001).

Shore, Juliet. *The Overworked American: The Unexpected Decline of Leisure*. New York: Basic Books, 1993.

Sivard, Ruth Leger. *World Military and Social Expenditures 1991*. Washington, D.C.: World Priorities, 1991.

Sklar, Holly. »Carving Up Our Economic Pie«, *Knight Ridder/Tribune Information Services*, 22. November 2005.

Smith, Adam. *Der Wohlstand der Nationen: Eine Untersuchung seiner Natur und seiner Ursachen*. Aus dem Englischen übertragen und mit einer Würdigung von Horst Claus Recktenwald. München: C. H. Beck, 1974 (1776/1789).

Smith, Adam. *Theorie der ethischen Gefühle*. Auf der Grundlage der Übersetzung von Walther Eckstein neu hg. von Horst D. Brandt. Hamburg: Meiner 2010 (1759).

Stanton, Elizabeth Cady. *Stantons Frauenbibel*. Hg. und eingleitet von Ursula I. Meyer. Übersetzt von Petra Altschuh-Riederer. Aachen: Ein-Fach-Verlag, 2007.

Stein, Rob. »U.S. Health Care Most Expensive, Error-Prone«, *Monterey County Herald*, 4. November 2005, S. A2.

Stiglitz, Joseph. Die Schatten der Globalisierung. Übersetzt von Thorsten Schmidt, München: Siedler Verlag, 2016 (2002).

»Teure Haushaltproduktion«, *Neue Zürcher Zeitung*, 11. November 2004.

Than, Ker. »Brain Cells Fused with Computer Chip«, *LiveScience*, 27. März 2006.

The Dartmouth Bible. Boston: Houghton Mifflin, 1950.

The Economic Dimensions of Interpersonal Violence. Geneva, Switzerland: Department of Injuries and Violence Prevention, World Health Organization, 2004.

The Most Important Work-Life-Related Studies. Minnetonka, Minnesota: Work & Family Connection, 2005.

The State of the World's Children 1996. New York: UNICEF, 1996.

The State of the World's Children 2005: Childhood Under Threat. New York: UNICEF, 2004.

The World Social Situation: The Inequality Predicament. New York: United Nations, 2005.

The World's Women: 1970–1990 Trends and Statistics. New York: United Nations, 1991.

Thomas, Duncan. »Intra-Household Resource Allocation«, *Journal of Human Resources*, Herbst 1990, *25*(4), S. 635.

Tong, Rosemarie. *Feminist Thought: A Comprehensive Introduction*. Boulder, Colorado: Westview Press, 1989.

Twist, Lynne. *Die Seele des Geldes: Verwandle deine Beziehung zum Geld und zum Leben*. Übersetzt von Jan Pohl. Dornach: Verlag am Goetheanum, 2017 (2003).

Vaughan, Genevieve. *For-Giving: A Feminist Criticism of Exchange*. Austin, Texas: Plain View Press, 1997.

Veblen, Thorsten. *Theorie der feinen Leute: Eine ökonomische Untersuchung der Institutionen*. Übersetzt aus dem Amerikanischen von Suzanne Heintz und Peter von Haselberg. Frankfurt a. M.: Fischer Taschenbuch Verlag, 2007 (1899).

Vulliamy, Ed. »Streets of Despair«, *Amnesty International*, Winter 2005, S. 12–16.

Waring, Marylin. *If Women Counted: A New Feminist Economics*. San Francisco: Harper & Row, 1988.

Warneken, Felix und Michael Tomasello. »Altruistic Helping in Human Infants and Young Chimpanzees.« *Science*, 3. März 2006, S. 1301–1303.

Ward, Kathryn (Hg.). *Women Workers and Global Restructuring*. Ithaca, New York: Cornell University Press, 1990.

Warren, Jenifer. »Spare the Rod, Save the Child«, *Los Angeles Times*, 6. Juli 2004.

Watson, Robert, A. H. Zakri, Angela Cropper, Harold Mooney und Walter Reid. *Millennium Ecosystem Assessment: Current State and Trends; Scenarios; Policy Responses; and Multi-Scale Assessments* (Bände 1–5). Washington, D.C.: Island Press, 2005.

Weiner, Tim. »A New Model Army Soldier Rolls Closer to the Battlefield«, *New York Times*, 16. Februar 2005.

Weintraub, Daniel. »Overhaul of Youth Prisons Just Might Give Kids a Chance«, *Monterey County Herald*, 27. August 2006, S. F2.

Wertheim, Margaret. *Die Hosen des Pythagoras: Physik, Gott und die Frauen*. Übersetzt von Karin Schuler. München, Zürich: Piper, 2002 (1995).

Wheatley, Margaret. *Turning to One Another: Simple Conversations to Restore Hope to the Future*. San Francisco: Berrett-Koehler, 2002.

Willetts, R. F. *The Civilization of Ancient Crete*. Berkeley: University of California Press, 1977.

Wilkinson, Richard. *Unhealthy Societies: The Affliction of Inequality*. London: Routledge, 1996.

Williams, Joan C. *Unbending Gender: Why Family and Work Conflict and What to Do About It*. New York: Oxford University Press, 2000.

Wilson, Jamie. »Iraq War Could Cost U.S. Over $2 Trillion, Says Nobel Prize Winning Economist«, *The Guardian*, 7. Januar 2006.

Woestman, Lois. »Male Chauvinists SAPs: Structural Adjustment and Gender Policies« (= EURO-DAD/WIDE briefing paper), Dezember 1994–Januar 1995. Brüssel: European Network on Debt and Development/Women in Development Europe.

Zarlenga, Stephen A. *The Lost Science of Money: The Mythology of Money – The Story of Power.* Valatie, New York: American Monetary Institute Charitable Trust, 2002.

Endnoten

1 Warum wir Wirtschaft neu denken müssen

1 Schätzungen zufolge steigt die Arbeitslosenquote in Saudi-Arabien seit 1999 (mit einem kurzfristigen Abfall der Quote im Jahr 2008) stetig an. Die hohe Arbeitslosenquote unter Jugendlichen, die nach inoffiziellen Schätzungen im Jahr 2004 bei 35 Prozent lag, wird für den starken Anstieg der Kriminalitätsrate verantwortlich gemacht. Dieser Anstieg ist zu beobachten, obwohl die Scharia angewandt wird, die drakonische Strafen, wie das Abhacken einer Hand für Diebstahl, vorsieht. Siehe hierzu zum Beispiel »Downward Spiral of Unemployment and Juvenile Delinquency«, *Asia News*, 17. April 2004, http://www.asianews.it/news-en/Downward-spiral-of-unemployment-and-juvenile-delinquency-637.html bzw. Martin Gehlen, »Keine Lust auf anstrengende Jobs«, *Die Zeit*, 23. Juli 2018, https://www.zeit.de/wirtschaft/2018-07/saudi-arabien-mohammed-bin-salman-oel-wirtschaft-modernisierung, beide letzter Zugriff: 11. August 2020.

2 Nader Kabbani, »Youth employment in the Middle East and North Africa: Revisiting and reframing the challenge«, 26. Februar 2019, https://www.brookings.edu/research/youth-employment-in-the-middle-east-and-north-africa-revisiting-and-reframing-the-challenge/, letzter Zugriff: 11. August 2020. Nach Angaben des Population Reference Bureau, einer in Washington D. C. angesiedelten Denkfabrik, verzeichnet der Nahe Osten das weltweit höchste Bevölkerungswachstum: https://www.weforum.org/agenda/2018/05/why-the-world-s-fastest-growing-populations-are-in-the-middle-east-and-africa/, letzter Zugriff: 11. August 2020.

3 Einige Wissenschaftler erklären, dass im Koran »Märtyrern« keineswegs Sex versprochen würde, sondern dass sich die entsprechende Textstelle lediglich darauf bezöge, dass jeder männliche Gläubige 72 Ehefrauen bekäme. Doch laut dem Middle East Media Research Institute (MEMRI), einer unabhängigen Non-Profit-Organisation, die nahöstliche Medien übersetzt und analysiert, erwarten einen Märtyrer gemäß dem Volksglauben im Paradies Jungfrauen – dies würde auch durch die Propaganda unterstützt, mit der Terroristen angeworben werden, und außerdem in Medien und durch zahlreiche Geistliche verbreitet. In einem von MEMRI veröffentlichten Artikel wird berichtet, dass die palästinensische Terrororganisation Hamas bereits Schul- und Kindergartenkinder lehrt, dass im Paradies Jungfrauen auf einen Märtyrer warten. Siehe www.memri.org, letzter Zugriff: 11. August 2020.

4 Siehe zum Beispiel: Joseph Stiglitz, *Die Schatten der Globalisierung*. Übersetzt von Thorsten Schmidt, München 2016 (2003).

5 Siehe Nancy Folbre, *The Invisible Heart: Economics and Family Values*, New York 2001.

6 Diese Vorgehensweise der etablierten Vertreter der Neoklassik stößt allerdings auf Kritik, zum Beispiel bei Karl Polanyi, *The Great Transformation: Politische und ökonomische Ursprünge von Gesellschaften und Wirtschaftssystemen*. Übersetzt von Heinrich Jelinek. 12. Aufl. Frankfurt a. M. 2015 (1944); Paul Elkins (Hg.), *The Living Economy*, New York 1986 sowie Alberto Martinelli und Neil J. Smelser, *Economy and Society*, Newbury Park 1990. Auch zahlreiche sozialistische und feministische Wirtschaftsdenkerinnen haben die klassische und neoklassische

Theorie kritisiert – zum Beispiel Marianne Ferber und Julie Nelson (Hg.), *Beyond Economic Man*, Chicago 2003 (1993).

7 *Care* bzw. Fürsorge hat viele Bedeutungen, die von einem Gefühl oder einer Emotion bis hin zu einer Tätigkeit oder einer ganzen Reihe von Tätigkeiten reichen. Hier wird der Begriff in seiner vollen Bandbreite verwendet, so wie in den Arbeiten feministischer Philosophinnen wie Carol Gilligan oder Nel Noddings, die sich ausführlich mit dem Thema der Care-Ethik beschäftigt haben. Siehe Carol Gilligan, *Die andere Stimme*, München 1999 (1982) und Nel Noddings, *Caring, a Feminine Approach to Ethics and Moral Education*, Berkeley 2003 (1984). Noddings hat die dort aufgeführten Überlegungen mittlerweile in weiteren Werken ausgearbeitet, unter anderem auch in ihrem Buch *Starting at Home: Caring and Social Policy* (Berkeley 2002), das sich mit sozialpolitischen Fragen auseinandersetzt. Zu gesellschaftlichen und wirtschaftlichen Schlüsselfaktoren für die Entwicklung von Menschen und ihren Potenzialen siehe Amartya Sen, *Wege zu Gerechtigkeit und Solidarität in der Marktwirtschaft*. Übersetzt von Christiana Goldmann. München 2020 (1999); Mona Harrington, *Care and Equality: Inventing a New Family Politics*, New York 1999; Martha Nussbaum, *Sex and Justice*, New York 2000; Riane Eisler, *The Power of Partnership: Seven Relationships That Will Change Your Life*, Novato 2002. Zum Thema einer Care-Ethik (die im Abgleich mit einer ausschließlich auf Rechtsgrundsätzen basierten Ethik auf eine ethisch fundierte Verpflichtung zur Fürsorge abzielt) siehe Rosemarie Tong, *Feminist Thought: A Comprehensive Introduction*, Boulder 2017 (1989), Alison M. Jaggar (Hg.), *Living with Contradictions: Controversies in Feminist Social Ethics*, Boulder 1994 und Virginia Held (Hg.), *Justice and Care: Essential Readings in Feminist Ethics*, Boulder 1995.

8 Der Begriff »wirtschaftliche Regeln« bezieht sich hier auf Regelungen von Regierungen und Unternehmen (also auch auf den gesetzlichen Rahmen), welche die Wirtschaftsstruktur und die Wirtschaftspolitik bestimmen. Das heißt, der Begriff wird hier, anders als dies in den Wirtschaftswissenschaften gelegentlich der Fall ist, nicht für Dynamiken verwendet, von denen man annimmt, sie seien dem Markt inhärent.

9 Aristoteles unterscheidet zwei Formen der Ökonomie: Die *oikonomike* (Hausverwaltungskunst), die er als gut und natürlich betrachtet und die *chrematistike* (Kunst des Gelderwerbs), die er als widernatürlich einstuft, sofern sie nur dem Selbstzweck dient, also ihr einziger Sinn darin besteht, Reichtum um des Reichtums willen anzuhäufen. Nach Aristoteles gibt es also sowohl einen wahren und natürlichen (nützlichen) Wohlstand als auch ein falsches und banales Streben nach Geld (wie zum Beispiel Kapitalanhäufung als »Zwangsmittel«), bei dem Geld zu Zweck und Ziel wird. Siehe unter anderem Aristoteles, *Nikomachische Ethik* (ca. 322 v. Chr.), https://www.textlog.de/aristoteles-ethik.html, vor allem Teil IV und VIII, letzter Zugriff: 11. August 2020.

10 Andere – darunter Hazel Henderson, Thais Corral, Edgar Cahn, Elisabet Sahtouris und ich – vertraten wiederum ebenso strikt die Forderung, dass diese Art von Arbeit bei wirtschaftlichen Maßnahmen und Modellen berücksichtigt werden muss.

11 In späteren Kapiteln werden unterschiedliche Ansätze zur quantitativen Erfassung von Caring und Fürsorge vorgestellt. Zwar weist die Wirtschaftswissenschaftlerin Nancy Folbre darauf hin, dass diese Erfassung nicht einfach ist, doch die Tatsache, dass sich immer mehr Forschende sowie nationale und internationale Amtsträger mit dieser Frage beschäftigen, kann als wichtiger Meilenstein auf dem Weg zu einer Caring Economy betrachtet werden.

12 Marilyn Waring, *If Women Counted: A New Feminist Economics*, San Francisco 1988.

13 Barbara Brandt, *Whole Life Economics: Revaluing Daily Life*, Philadelphia 1995; Ann Crittenden, *The Price of Motherhood: Why the Most Important Job in the World Is Still the Least Valued*, New York 2001; Ferber und Nelson, *Beyond Economic Man;* Folbre, *The Invisible Heart;* Janet C. Gornick und Marcia K. Meyers, *Families That Work: Policies for Reconciling Parenthood and Employment*, New York 2003; Heidi Hartmann, »Thirty Years from Today: Visions of Economic Justice«, *Dollars & Sense,* 1. November 2004; Hazel Henderson, *Beyond Globalization: Shaping a Sustainable Global Economy*, Bloomfield, Connecticut 1999; Julie

A. Nelson, *Economics for Humans*. 2. Aufl. Chicago 2018; Hilkka Pietilä, »Nordic Welfare Society – A Strategy to Eradicate Poverty and Build Up Equality: Finland as a Case Study«, *Journal Cooperation South*, 2001, 2, S. 79–96; Genevieve Vaughan, *For-Giving: A Feminist Criticism of Exchange*, Austin, Texas 1997; Thomas Piketty, *Capital in the Twenty-First Century*, New York 2017.

14 Siehe zum Beispiel, Devaki Jain and Nirmala Banerjee (Hg.), *The Tyranny of the Household: Women in Poverty, Investigative Essays on Women's Work*, New Delhi 1985; Edgar Cahn, *No More Throwaway People: The Co-Production Imperative,* Washington, D.C. 2004; Herman E. Daly und John B. Cobb, *For the Common Good: Redirecting the Economy Toward Community, the Environment, and a Sustainable Future,* 2. Aufl. Boston 1994; David C. Korten, *The Great Turning: From Empire to Earth Community*, San Francisco 2006; Paul Krugman, *The Great Unraveling: Losing Our Way in the New Century,* New York 2004; Amartya Sen, *Wege zu Gerechtigkeit und Solidarität in der Marktwirtschaft*. Übersetzt von Christiana Goldmann. München 2020 (1999). Weitere Beiträge zu alternativen Herangehensweisen in der Wirtschaftswissenschaft stammen unter anderem von Shirley Burggraf, *The Feminine Economy and the Economic Man: Reviving the Role of Family in the Post-Industrial Age*, New York 1999; Mona Harrington, *Care and Equality: Inventing a New Family Politics*, New York 1999; Paul Hawken, Amory Lovins, L. Hunter Lovins, *Öko-Kapitalismus: Die industrielle Revolution des 21. Jahrhunderts, Wohlstand im Einklang mit der Natur*. Übersetzt von Jürgen Dünnebier. München 2000 (1999); Jody Heymann, *Forgotten Families: Ending the Growing Crisis Confronting Children and Working Parents in the Global Economy*, New York 2006; Prue Hyman, *Women and Economics: A New Zealand Feminist Perspective*, Wellington, New Zealand 1996); Joan C. Williams, *Unbending Gender: Why Family and Work Conflict and What to Do About It*, New York 2000; Jeffrey Sachs, *Das Ende der Armut: Ein ökonomisches Programm für eine gerechtere Welt*. Übersetzt von Udo Rennert und Thorsten Schmidt. München 2006 (2005).

15 Das Bruttoinlandsprodukt bezeichnet die Gesamtheit aller Einkommen, die im Laufe eines Jahres innerhalb eines Landes erzielt wurden – unabhängig davon, ob sie von In- oder Ausländern erzielt wurden. Im Unterschied dazu umfasst das Bruttonationaleinkommen das im Laufe eines Jahres von den Bewohnern eines Staates (Inländern) erwirtschaftete Einkommen – unabhängig davon, wo dieses erwirtschaftet wurde. (https://www.bpb.de/nachschlagen/lexika/pocket-europa/16649/bruttonationaleinkommen-bne, https://www.wirtschaftsfrage.de/wirtschaft/bruttoinlandsprodukt-vs-bruttonationaleinkommen-wo-ist-der-unterschied/, letzter Zugriff: 11. August 2020). Die Gewinne einer in South Carolina ansässigen Honda-Fabrik werden zum Beispiel zum US-BIP dazugezählt (weil sie innerhalb der US-Grenzen erwirtschaftet wurden), zählen aber gleichzeitig auch zum BNE von Japan (weil sie mit Anlagen erwirtschaftet wurden, die japanischen Inländern gehören). Ein Hauptunterschied zwischen dem BIP und dem BNE besteht darin, dass das BNE sich lediglich auf die Wirtschaftsleistung bezieht, die Einkommen für Inländer generiert, während das BIP sämtliche Leistungen in einem Land berücksichtigt, die Einkommen generieren, unabhängig davon, ob für Inländer oder für ausländische Investoren. Daher sind die meisten Entwicklungsländer dazu übergegangen, das BIP zu berechnen, um ihr Wirtschaftswachstum zu veranschaulichen und ausländische Investoren anzulocken. Das US-Büro für Wirtschaftsanalyse (BEA) berechnet beide Kenngrößen.

16 Laut *The Occupational Handbook* (Washington, D.C.: U.S. Department of Labor, Bureau of Labor Statistics) lag im Mai 2019 der durchschnittliche Stundenlohn bzw. das durchschnittliche Gehalt pro Stunde für Beschäftigte in der Kinderbetreuung bei 11,65 Dollar. Die am geringsten verdienenden zehn Prozent erhielten weniger als 8,65 Dollar pro Stunde, die bestverdienenden zehn Prozent bekamen mehr als 17,21 Dollar. Siehe https://www.bls.gov/ooh/personal-Care-and-service/childCare-workers.htm#tab-5, letzter Zugriff 11. August 2020.

17 Im Original: *caring environments*.

18 Im Jahr 1998 bezeichnete der damalige Bundeskanzler Gerhard Schröder das Ministerium für Familie, Senioren, Frauen und Jugend als »Ministerium für Familie und Gedöns«.

2 Wirtschaft im Weitwinkel

1 Riane Eisler, *Kelch und Schwert: Weibliches und männliches Prinzip in der Geschichte; unsere Geschichte, unsere Zukunft*. Übersetzt von Christel Rost. Freiamt im Schwarzwald: Arbor-Verlag, 2005 (1987).

2 Riane Eisler, *Sacred Pleasure: Sex, Myth, and The Politics of the Body*, San Francisco 1995; Eisler, *The Power of Partnership*. Eine meiner Forschungsarbeiten, *Die Kinder von morgen*, habe ich auch auf das Gebiet der Bildung ausgeweitet, um herauszufinden, wie wir unsere Kinder darauf vorbereiten können, nicht nur den Herausforderungen unserer Zeit gerecht zu werden, sondern auch eine nachhaltige und gerechte Zukunft mitzugestalten. Siehe Riane Eisler, *Die Kinder von morgen: Die Grundlagen der partnerschaftlichen Bildung*, Boulder, Colorado 2000. Meine neueste Veröffentlichung, *Nurturing Our Humanity: How Domination and Partnership Shape Our Brains, Lives, and Future*, New York 2019, die ich gemeinsam mit dem Anthropologen Douglas W. Fry verfasst habe, stützt sich vor allem auf Erkenntnisse aus der Neurowissenschaft.

3 Robert Ornstein, *Die Psychologie des Bewusstseins*. Köln: Kiepenheuer und Witsch, 1974 (1972). Oder, wie es der US-amerikanische Psychologe William James in seinen *Principles of Psychology* ausgedrückt hat: »Es ist schwierig, unser Bewusstsein auf etwas zu lenken, das wir nicht benennen können« (Mineola, New York 1955 [1890]), Kapitel 7.

4 Im Original: *hierarchies of actualization*.

5 Im Original: *hierarchies of domination*.

6 Diese Definition der Wirtschaftswissenschaft ist heute noch in Enzyklopädien zu finden (zum Beispiel https://www.encyclopedia.com/social-sciences-and-law/economics-business-and-labor/economics-terms-and-concepts/economics, letzter Zugriff: 11. August 2020). Adam Smith hat darunter unter anderem die Wissenschaft der »natürlichen Regeln« von Warenproduktion, -verteilung und Tauschbeziehungen verstanden (siehe Adam Smith, *Der Wohlstand der Nationen: Eine Untersuchung seiner Natur und seiner Ursachen*, aus dem Englischen übertragen und mit einer Würdigung von Horst Claus Recktenwald, München 1974, zum Beispiel S. 27ff. Eine der aktuellen Definitionen der Wirtschaftswissenschaft sieht diese als »Teilbereich der Soziologie, der sich mit der Produktion, der Verteilung und der Inanspruchnahme von Gütern und Dienstleistungen sowie deren Verwaltung beschäftigt«. Siehe zum Beispiel https://www.thefreedictionary.com/economic+consumption, letzter Zugriff: 11. August 2020.

7 Lateinisch: Möge sich der Käufer vorsehen!

3 Der Doppelstandard in der Wirtschaft

1 Susan Moller Okin, *Women in Western Political Thought*, Princeton, S. 200.

2 Rousseau zitiert in Okin, *Women in Western Political Thought*, S. 163–164 (eigene Übersetzung). Siehe auch Jean-Jacques Rousseau, Emil oder Ueber die Erziehung. In der Übersetzung von Hermann Denhardt: »Ist der Zwang zur Gewohnheit geworden, so entsteht daraus eine Fügsamkeit des Geistes, welche den Frauen ihr ganzes Leben hindurch von großem Nutzen ist. Beständig sind sie ja entweder einem Mann oder dem Urteil der Männer unterworfen, und nie dürfen sie sich über diese Urteile hinwegsetzen. Die vornehmste und wichtigste Eigenschaft einer Frau ist die Sanftmut.« Online verfügbar unter http://www.zeno.org/nid/20009264299, letzter Zugriff: 11. August 2020.

3 So schreibt zum Beispiel William Thompson, dass verheiratete Frauen wegen ihrer fehlenden Rechte zu »unwillentlichen Brutmaschinen und Haushaltssklaven« gemacht werden.« Zitiert nach Nancy Folbre, »Socialism, Feminist and Scientific«, in: Marianne A. Ferber und Julie A. Nelson (Hg.), *Beyond Economic Man*, Chicago 1993, S. 100.

4 Marx in der Zusammenfassung von Folbre, »Socialism, Feminist and Scientific«, S. 103.

5 Dass wir diese Muster der Geschlechterungleichheit ausblenden, hat Auswirkungen auf die Gesamtqualität unseres Lebens – und auch wenn die Auswirkungen in den Entwicklungsländern besonders dramatisch sind, sind sie keineswegs auf diese beschränkt. Die gleichen Muster werden (außer in Wirtschaftsanalysen) auch in entwickelten Ländern wie zum Beispiel den USA festgestellt. Dort treten sie besonders deutlich zutage, wenn Familien zerbrechen, denn dann steigt im Allgemeinen der Lebensstandard des Vaters, während Frau und Kinder mit sinkenden Lebensstandards konfrontiert sind – was wiederum weitere, verwandte Faktoren widerspiegelt, zum Beispiel dass in den USA eine hohe Zahl von Männern ihrer gesetzlichen Unterhaltspflicht nicht nachkommt. Ein weiterer Faktor ist, dass der Unterhalt oft zu niedrig angesetzt ist, um angemessen für die Kinder sorgen zu können. Außerdem muss in diesem Zusammenhang auch auf die systematische Abwertung von »Frauenarbeit« hingewiesen werden – sei es am Arbeitsplatz (wo Tätigkeiten, die vornehmlich von Frauen ausgeführt werden, deutlich schlechter bezahlt sind als traditionell von Männern dominierte Tätigkeiten) oder in den Haushalten (wo in den USA die Sozialhilfe für Mütter von kleinen Kindern keine Vergütung für die Kinderbetreuung umfasst).

6 Amartya Sen, »More Than 100 Million Women Are Missing«, *New York Review of Books*, 1990, *37*(20), S. 61–66.

7 *The World's Women: 1970–1990 Trends and Statistics*, New York: United Nations, 1991, S. 60.

8 Seit den 1970ern sind zahlreiche Bücher erschienen, in denen gezeigt wurde, wie Frauen in Wirtschaftsentwicklungsprojekten benachteiligt werden. Dazu gehören zum Beispiel Ester Boserup, *Die ökonomische Rolle der Frau in Afrika, Asien, Lateinamerika.* Übersetzt von Suse Bouché. Stuttgart: Edition Cordeliers, 1982 (1970); Devaki Jain and Nirmala Banerjee (Hg.), *The Tyranny of the Household: Women in Poverty, Investigative Essays on Women's Work*, New Delhi 1985; Maria Mies, *Patriarchy and Accumulation on a World Scale: Women and the International Division of Labour*, London 1986; Kathryn Ward (Hg.), *Women Workers and Global Restructuring*, Ithaca, New York 1990; Jane Jaquette, *The Women's Movement in Latin America: Participation and Democracy*, 2. Aufl., Boulder, Colorado 1994; Hale Afshar (Hg.), *Women, Development, and Survival in the Third World*, New York 1991; V. Spike Peterson und Anne Sisson Runyan, *Global Gender Issues: Dilemmas in World Politics*, 2. Aufl., Boulder, Colorado 1999. Eine Analyse der besonders schwerwiegenden Auswirkungen von Strukturanpassungsmaßahmen auf Frauen findet sich bei Woestman, »Male Chauvinist SAPs: Structural Adustment and Gender Policies«, EURODAD/WIDE briefing paper, Dezember 1994–Januar 1995. Brüssel: European Network on Debt and Development/Women in Development Europe. Diese Arbeiten sind Teil einer umfassenderen Literatur, die sich aus der explosionsartig angestiegenen Forschungstätigkeit auf dem Gebiet der Geschlechterrollen und -beziehungen in den letzten Jahrzehnten ergeben hat. Einige dieser Forschungstätigkeiten werden vorgestellt in Linda L. Lindsey, *Gender Roles: A Sociological Perspective*, 7. Aufl., London, New York 2018.

9 Marx verwendete den Begriff *Entfremdung* in verschiedenen Zusammenhängen. So erklärte er zum Beispiel, dass die Arbeitskraft der Industriearbeiter von deren tatsächlichem Wert getrennt bzw. entfremdet würde. Sein Argument bestand darin, dass einzig und alleine die Arbeitskraft zu Wertschöpfung führe und der Wert daher vollständig der Arbeiterschaft und nicht dem Besitzer der Anlagen, an denen die Arbeit geleistet wird, zustünde. Außerdem erklärte er, dass Industriearbeit dadurch von ihrem eigentlichen Sinn und Zweck losgelöst bzw. entfremdet sei, weil sie in einzelne mechanische Arbeitsschritte an einer Fabrikationsstraße heruntergebrochen würde. Entfremdung hat also mehrere Bedeutungen, nämlich Trennung, Abwertung und Ausbeutung.

10 Hier will ich der britischen Biologin und Feministin Hilary Rose dafür danken, dass sie die Wendung von der »Entfremdung der Care-Arbeit« (*alienation of caring labor*) geprägt hat. Zwar kann ich nicht mehr die genaue Stelle angeben, an der sie davon geschrieben hat, doch damit habe ich einen ausgesprochen passenden Begriff für meine Beobachtungen gefunden, wofür ich sehr dankbar bin.

11 Diese Betrachtung von Frauen und ihrer Arbeitskraft war noch bis Ende des 19. Jahrhunderts im US-amerikanischen Gesetz verankert. Eine Frau hatte zum Beispiel kein Recht, Klage einzureichen, wenn sie fahrlässig verletzt wurde – stattdessen konnte ihr Ehemann vor Gericht Klage wegen der Dienstleistungen einreichen, die sie ihm wegen der Verletzung nicht erbringen konnte. Außerdem oblag dem Ehemann die Kontrolle über ein eventuelles Gehalt der Frau aus Erwerbstätigkeit sowie über den gesamten Besitz, den sie mit in die Ehe brachte. Diese Sichtweise von Frauen und ihrer Arbeitskraft waren Bestandteil des bürgerlichen Rechts in England, das von den US-amerikanischen Kolonien übernommen wurde. Diese Gesetze wurden erst geändert, nachdem die Frauenbewegung im 19. Jahrhundert sie infrage gestellt hatte. Siehe hierzu Riane Eisler, *Dissolution: No-Fault Divorce, Marriage, and the Future of Women*, New York 1977. Im bundesrepublikanischen Zusammenhang fallen wichtige rechtliche Verbesserungen für Frauen teilweise erst in die zweite Hälfte des 20. Jahrhunderts. So wurde beispielsweise erst 1977 die rechtliche Voraussetzung dafür geschaffen, dass Frauen ohne Zustimmung ihres Mannes eine Erwerbstätigkeit aufnehmen konnten.

12 Das U. S. Census Bureau vermeldete im September 2018 in Hinblick auf die über 65-jährigen Frauen eine Armutsrate von 10,5 Prozent, während diese bei den über 65-jährigen Männern bei 7,5 Prozent lag. Siehe Kayla Fontenot, Jessica Semega und Melissa Kolla, U. S. Census Bureau, Current Population Reports, P60-263: *Income and Poverty in the United States: 2017*, Washington D. C. 2018, S. 14, https://www.census.gov/content/dam/Census/library/publications/2018/demo/p60-263.pdf, letzter Zugriff: 11. August 2020. Diese Differenz von 3 Prozent blieb auch im Jahr 2018 erhalten, in dem die Armutsrate der über 65 Jahre alten Frauen bei 11,1 Prozent lag, während sie für dieselbe Alterskohorte der Männer bei 8,1 Prozent lag. Siehe https://www.census.gov/content/dam/Census/library/visualizations/2019/demo/p60-266/Figure10.pdf, letzter Zugriff: 11. August 2020.

13 Siehe Bundeszentrale für politische Bildung: »Armutsgefährdungsquoten nach Alter«, 23. April 2013, https://www.bpb.de/nachschlagen/zahlen-und-fakten/soziale-situation-in-deutschland/158603/armut-nach-alter, letzter Zugriff: 11. August 2020.

14 Margaret G. Reid, *Economics of Household Production*, New York 1934.

15 Marilyn Waring, *If Women Counted*. In diesem überzeugenden Buch zeigt die ehemalige neuseeländische Parlamentarierin Waring, wie wirtschaftliche Kennzahlen durch die Nichtberücksichtigung der als »Frauentätigkeit« geltenden Care-Arbeit verzerrt werden. Dabei veranschaulicht sie auch die dahinterliegende Abwertung von Frauen und allem, was mit Frauen assoziiert wird und weist so den Weg zu einer tiefgehenden Überprüfung von Wirtschaftskennzahlen aus einer Genderperspektive.

16 Die von der OECD (Organisation für wirtschaftliche Zusammenarbeit und Entwicklung) vorgeschlagenen Methoden werde erörtert in Duncan Ironmonger, »Counting Outputs, Inputs, and Caring Labor: Estimating Gross Household Product«, *Feminist Economics*, Herbst 1996, *2*(3), S. 37–64.

17 S. A. Hoenig und A. R.E. Page, *Counting on Care Work in Australia*. Ein Beitrag der *AECgroup Limited for economic Security4Women*, Australien, 2012, S. 31, unter https://www.security4women.org.au/wp-content/uploads/2020/07/eS4W-Counting-on-Care-Work-in-Australia-Final-Report.pdf, letzter Zugriff: 8. August 2020.

18 *Human Development Report 1995*, United Nations Development Programme, New York 1995, S. 7, 6, http://hdr.undp.org/sites/default/files/reports/256/hdr_1995_en_complete_nostats.pdf, letzter Zugriff: 11. August 2020.

19 Eisler, Loye und Norgaard, *Women, Men, and the Global Quality of Life*. Zu den neun Kennzahlen, die wir zur Messung der Gendergerechtigkeit herangezogen haben, gehörten: die Zahl alphabetisierter Frauen pro hundert alphabetisierten Männern; die Lebenserwartung von Frauen im Vergleich zur Lebenserwartung von Männern; die Zahl der Frauen in Parlamenten und anderen Regierungsinstitutionen pro hundert Männern in diesen Institutionen; die Zahl von Frauen in der Sekundarbildung pro hundert Männern in diesem Bereich; die Müttersterblichkeit; die Häufigkeit von Verhütung; Zugang zu Abtreibung; und – basierend

auf den vom *Population Crisis Committee* (heute *Population Action International*) verwendeten Kennzahlen – die gesellschaftliche und wirtschaftliche Gleichstellung von Frauen. Die dreizehn Kennzahlen zur Bewertung der Lebensqualität waren: allgemeine Lebenserwartung; Menschenrechtslage; Zugang zu Gesundheitsfürsorge; Zugang zu sauberem Wasser; Alphabetisierungsrate; Kindersterblichkeitsrate; Zahl der Flüchtlinge aus dem Land; Anteil der konsumierten Kalorien am täglichen Bedarf; das BIP als Wohlstandskennzahl; der BIP-Anteil, der an die 40 Prozent der ärmsten Haushalte verteilt wird; der BIP-Anteil, der an die 20 Prozent der reichsten bzw. an die 20 Prozent der ärmsten Bewohner eines Landes geht; sowie zwei umweltbezogene Kennzahlen, nämlich der Anteil des verbleibenden Waldhabitats und die Einhaltung des *Übereinkommens über den internationalen Handel mit gefährdeten Arten freilebender Tiere und Pflanzen*.
Bei der Untersuchung des Zusammenhangs von Geschlechtergerechtigkeits- und Lebensqualitätsvariablen anhand deskriptiver Analyse, Korrelationsanalyse sowie Faktoren- und multipler Regressionsanalyse konnten wir eine deutliche systemische Korrelation zwischen diesen beiden Kennzahlen feststellen, die sich mit unserer Annahme deckt, dass eine zunehmende Gleichstellung von Frauen von zentraler Bedeutung für eine allgemein höhere Lebensqualität in einem Land ist und dass Geschlechterungerechtigkeit nicht nur die Möglichkeiten für Frauen, sondern für die gesamte Bevölkerung einschränkt. In der Korrelationsanalyse wurde der Zusammenhang von Geschlechtergerechtigkeit und Lebensqualität statistisch sehr deutlich. Es gab 61 Korrelationen auf dem .001-Level und weitere 18 Korrelationen auf dem .05-Level, was ingesamt 79 signifikante Korrelationen sind, die in die vorhergesagte Richtung weisen. Der Zusammenhang wurde auch in der Faktorenanalyse bestätigt. Hohe Faktorladungen für Geschlechtergerechtigkeits- und Lebensqualitätsvariablen machten 87,8 Prozent der Varianz aus. Auch die Regressionsanalyse führte zu signifikanten Ergebnissen. Eine Residuenquadratsumme von .84 mit einer statistischen Signifikanz auf dem .0001-Level unterstützte die Annahme, dass Geschlechtergerechtigkeit ein deutlicher Indikator für Lebensqualität ist.

20 Für Informationen zur World Values Survey siehe Ronald Inglehart, *Modernization and Postmodernization: Cultural, Economic, and Political Change in 43 Societies*, Princeton, New Jersey 1997.

21 Ronald Inglehart, Pippa Norris und Christian Welzel, »Gender Equality and Democracy«, *Comparative Sociology*, 1(3–4), December 2002, S. 321–345, https://doi.org/10.1163/156913302100418628, letzter Zugriff: 11. August 2020.

4 Zusammenhänge verstehen

1 Dieses Ausblenden der frühen Kindheitsbeziehungen lag zum Teil auch darin begründet, dass die Kinderbetreuung als »bloße Frauenarbeit« (*just women's work*) betrachtet wurde

2 So wurde zum Beispiel eine niedrige Aktivität der Genvariante Monoaminoxidase A (MAO-A) mit einer stärkeren Neigung zu Gewalt assoziiert. In Studien mit Männern, die diese Genvariante aufwiesen, wurde jedoch festgestellt, dass sich allein aufgrund dieser Assoziation *keine* Neigung zu Gewalt vorhersagen lässt. Nur Männer, die als Kinder misshandelt oder sexuell missbraucht oder von ihren Müttern abgelehnt worden waren oder deren engste Bezugsperson häufig gewechselt hatte, zeigten als Erwachsene eine stärkere Tendenz zu asozialen Verhaltensweisen wie zum Beispiel auch Gewaltverbrechen. Siehe Avshalom Caspi u. a., »Role of Genotype in the Cycle of Violence in Maltreated Children«, *Science, 297*(5582), August 2002, S. 851–854. Siehe auch Emily Singer, »Mistreatment During Childhood and Low Enzyme Activity May Make Men More Violent«, *Los Angeles Times*, 2. August 2002.

3 Theoretisch könnte das auch bedeuten, dass die weibliche Hälfte der männlichen übergeordnet würde, aber in der Praxis war immer die männliche Hälfte die übergeordnete.

4 Zu den Auswirkungen von Hitlers Machtübernahme auf die Frauen in Deutschland siehe Claudia Koonz, »Mothers in the Fatherland: Women in Nazi Germany«, in: *Becoming Visible: Women in European History*, hg. von Renate Bridenthal und Claudia Koonz, Boston 1977, S. 445–473.

5 Siehe zum Beispiel Sheila Rowbotham, *Women, Resistance and Revolution: A History of Women and Revolution in the Modern World.* New York: Verso, 2014 (1972).

6 Siehe zum Beispiel www.country-data.com/cgi-bin/query/r-14074.html, letzter Zugriff: 11. August 2020.

7 Siehe den *Opacity Index* (entwickelt von PricewaterhouseCoopers). Das Ausmaß der weltweiten Korruption wird durch den *Corruption Perception Index* (CPI) von Transparency International deutlich, https://www.transparency.de/cpi/, letzter Zugriff: 11. August 2020. Siehe auch »Global Corruption: Measuring Opacity«, www.helleniccomserve.com/opacity.html, letzter Zugriff: 11. August 2020.

8 Gifford Pinchot, *Intrapreneuring: Mitarbeiter als Unternehmer.* Übersetzt von Ingrid Hyland. Wiesbaden 1988 (1985). Siehe auch Gifford und Elizabeth Pinchot, *The Intelligent Organization*, San Francisco 1994.

9 Katharine B. Stevens, »Workforce of Today, Workforce of Tomorrow: The Business Case for High-Quality Childcare«, *Washington, D. C.* 2017, https://www.myfuturenc.org/wp-content/uploads/2018/09/Workforce-of-Today-Workforce-of-Tomorrow-Report.pdf, letzter Zugriff: 11. August 2020.

10 Sandra Burud und Marie Tumolo, *Leveraging the New Human Capital*, Mountain View, Kalifornien 2004.

11 Mehmet C. Kocakulah, Ann Galligan Kelley, Krystal M. Mitchell und Margaret P. Ruggieri, »Absenteeism Problems and Costs: Causes, Effects and Cures«, *International Business & Economics Research Journal* (IBER), *15*(3), 2016, S. 89–96. https://doi.org/10.19030/iber.v15i3.9673, letzter Zugriff: 11. August 2020.

12 Stuart Schlegel, *Wisdom from a Rainforest*, Athens 1998, S. 111.

13 Schlegel, *Wisdom from a Rain Forest,* S. 244.

14 Schlegel, *Wisdom from a Rain Forest,* S. 249.

15 In ihrem Buch *Women at the Center: Life in a Modern Matriarchy*, Ithaca, New York 2002, bezeichnet Peggy Reeves Sanday die Gesellschaft der Minangkabau als Matriarchat, weil die Männer dort die Frauen nicht dominierten. Die Minangkabau werden jedoch nicht von Frauen regiert, wie es der Begriff Matriarchat (anstelle von Patriarchat) vermuten lässt. Eigentlich ist das, was Sanday beschreibt, eine auf das Partnerschaftssystem ausgerichtete Gesellschaft. Der Begriff Matriarchat (Mutterherrschaft) als Gegenstück zum Patriarchat (Vaterherrschaft) basiert auf einer dominanzgeprägten Geisteshaltung, in der eine Frauenherrschaft als einzige Alternative zu einer Männerherrschaft gesehen wird. Semantisch betrachtet sind Matriarchat und Patriarchat nur zwei Seiten derselben Medaille. Keiner der beiden Begriffe lässt sich auf eine Gesellschaft anwenden, in denen Männer und Frauen gleichermaßen Mitbestimmungsrecht haben. Durch diese Begriffe verfestigt sich die Sichtweise, dass es nur zwei Möglichkeiten gibt: Entweder man ist über- oder untergeordnet. Solange die Menschen glauben, dass es nur diese beiden Alternativen gibt, werden wir keine Möglichkeit finden, andauerndes Unrecht, Missbrauch und Gewalt zu beenden. Denn es ist ganz klar, dass Worte nicht nur beschreiben, was wir Realität nennen, sondern Realität auch formen. Dies ist ein weiterer Grund, warum es so wichtig ist, neue Begriffe in unsere Sprache einzuführen. Der Partnerschaftsbegriff ermöglicht es uns, eine andere Realität zu beschreiben und zu formen: eine gesellschaftliche Realität, in der weder *nur* Männer noch *nur* Frauen zählen, sondern in der alle Menschen gleichwertig sind.

16 Peggy Reeves Sanday, persönliches Gespräch, 30. Januar 2002.

17 Sanday, *Women at the Center*, S. 25.

18 Sanday, *Women at the Center,* S. 22–24.

19 Siehe zum Beispiel Richard Layard, *Die glückliche Gesellschaft: Kurswechsel für Politik und Wirtschaft*. Übersetzt aus dem Englischen von Jürgen Neubauer, Frankfurt a. M., New York, 2005.

20 World Economic Forum, *Global Competitiveness Report, 2006–2007*. www.weforum.org/en/initiatives/gcp/Global%20Competitiveness%20Report/index.htm, letzter Zugriff: 11. August 2020.

21 Ein höherer Status von Frauen darf hier nicht damit verwechselt werden, dass Frauen in ehemalige Männerdomänen vordringen, in denen immer noch dominanzgeprägte Normen herrschen, was dann parallel zum Vordringen der Frauen ihre Abwertung zur Folge hat. Beispiele hierfür sind die Sekretariatsarbeit im 19. und frühen 20. Jahrhundert oder die heutigen Entwicklungen hinsichtlich des Arztberufs in den USA.

22 Das bedeutet nicht, dass es in den nordischen Ländern keine Gewalt gegen Frauen gäbe, da diese Gewalt wegen ihrer Einbettung in die dominanzgeprägten Traditionen leider weltweit zu beobachten ist. So schrieben Jorgen Lorentzen und Per Are Lokke in ihrem Beitrag zum internationalen Seminar »Promoting Equality: A Common Issue for Men and Women« im Jahr 1997: »Viele Männer denken, dass Gewalt gegen Frauen, Kinder oder andere Männer akzeptabel ist, wenn es darum geht, diese andere Person zu kontrollieren. Wenn wir angesichts dieser Gewalt stumm bleiben, erlauben wir es anderen Männern, unser Umfeld zu vergiften. […] Häusliche Gewalt ist der derzeitigen Form von Männlichkeit inhärent und wir als Männer müssen ihr Einhalt gebieten.« (Jorgen Lorentzen und Per Are Lokke, »Men's Violence against Women: The Need to Take Responsibility«, Vortrag auf dem Seminar »Promoting Equality: A Common Issue for Men and Women«, Straßburg, 17.–18. Juni 1997), http://www.europrofem.org/contri/2_04_en/en-gend/06en_gen.htm#Report%20on%20Sub-theme%202%20a, letzter Zugriff: 11. August 2020.

23 Siehe »The Contribution of Cooperatives to the Implementation of the World Summit for Social Development: Declaration and Programme of Action«, COPAC, Mai 1999, http://www.aciamericas.coop/IMG/pdf/1999-coops-wssd5.pdf, letzter Zugriff: 11. August 2020.

24 *»Finnish survey of cooperatives: knowledge and popularity of cooperation increased remarkably«*, *Pellervo*, 17. Januar 2018, https://pellervo.fi/english/2018/01/17/finnish-survey-cooperatives-knowledge-popularity-cooperation-increased-remarkably/, letzter Zugriff: 11. August 2020.

25 Leo Sammallahti, »4 Facts about the Amazing Finnish Cooperative Sector«, *Coop* Exchange, 28. April 2019, https://coop.exchange/blog/b22003b9-69f4-11e9-bf70-06cebobf34bd/4-facts-about-the-amazing-finnish-cooperative-sector, letzter Zugriff: 11. August 2020.

26 Siehe zum Beispiel Riccardo Lotti, Peter Mensing und Davide Valenti, *A Cooperative Solution*, 17. Juli 2006. https://community-wealth.org/sites/clone.community-wealth.org/files/downloads/article-lotti-et-al.pdf, letzter Zugriff: 11. August 2020.

27 Studien zeigen, dass eine Kombination aus Mitarbeiterbeteiligung hinsichtlich des Eigentums und des Entscheidungsfindungsprozesses zu effektiverem Arbeiten und höheren Einnahmen dieser Unternehmen führt. Siehe »Research on Employee Ownership, Corporate Performance, and Employee Compensation« auf der Webseite des National Center for Employee Ownership, https://www.nceo.org/articles/research-employee-ownership-corporate-performance, letzter Zugriff: 11. August 2020.

28 Bereits in der Netzwerkforschung der frühen 1970er Jahre identifizierte man eine Reihe verschiedener Grundformen wie stern- oder radförmige bzw. auf einen Hub ausgerichtete Netzwerke, wo Mitglieder einen zentralen Knoten passieren müssen, um miteinander zu kommunizieren; Reihen- oder Liniennetzwerke, wo die Kommunikation über ein benachbartes Mitglied laufen muss, um zum jeweils nächsten zu gelangen; und Mehrkanal- bzw. vollvermaschte oder *Full-Matrix*-Netzwerke, wo jede Person direkt mit jeder anderen kommunizieren kann. Zudem gibt es auch Netzwerke, die manchmal als Spinnennetzwerke beschrieben werden, in denen Myriaden von Knoten auf viele verschiedene Arten miteinander verbunden sind, gewöhnlich gruppiert um einen zentralen Kommunikationshub. Siehe William M. Evan, »An Organization-Set Model of Interorganizational Relations«, in: Matthew

Tuite, Roger Chisholm und Michael Radnor (Hg), *Interorganizational Decision Making*, Chicago 1972.

29 Weitere Ausführungen zu diesem Thema bei David Ronfeldt und John Arquilla, »Networks, Netwars, and the Fight for the Future«, *First Monday, 6*(10), Oktober 2001, https://doi.org/10.5210/fm.v6i10.889, letzter Zugriff: 11. August 2020.

30 Weil unsere Sprache keine wirkliche Alternative zu der Überordnung der einen Hälfte der Menschheit über die andere bietet, habe ich in *Kelch und Schwert* den Begriff *Gylanie* eingeführt. »Gy« ist von dem griechischen Wortstamm *gyne* (Frau) abgeleitet und »An« von *andros* (Mann). Der Buchstabe »l« zwischen den beiden Ableitungen hat zwei Bedeutungen: Einmal bezieht er sich auf das englische Wort *link* (Verbindung) und soll die Verbindung zwischen den beiden Hälften der Menschheit symbolisieren. Außerdem steht das »l« auch für das griechische Verb *lyein* oder *lyo*, das wiederum zwei Bedeutungen hat: zum einen »etwas lösen« (wie bei der Analyse eines Problems) und zum anderen »etwas freisetzen« (wie bei einer Katalyse). In diesem Sinne steht der Buchstabe »l« für die Lösung von Problemen durch die Befreiung beider Hälften der Menschheit von der lähmenden und pervertierenden Rollenstarre, die ihnen in den dominanzgeprägten Hierarchien aufoktroyiert wird.

5 Ökonomie der Unterwerfung

1 Für weiterführende Informationen zur minoischen Kultur siehe Nicolas Platon, *Crete*, Genf 1966; Nanno Marinatos, *Minoan Religion: Ritual, Image, and Symbol*, Columbia 1993; Ronald Frederick Willetts, *The Civilization of Ancient Crete*, Berkeley 1977; Riane Eisler, *Kelch und Schwert: Weibliches und männliches Prinzip in der Geschichte; unsere Geschichte, unsere Zukunft*. Übersetzt von Christel Rost. Freiamt im Schwarzwald: Arbor-Verlag, 2005 (1987). Informationen über noch frühere partnerschaftlich geprägte Kulturen finden sich zum Beispiel in James Mellaart, Çatal Hüyük: Stadt aus der Steinzeit. Übersetzt von Joachim Rehork. Bergisch Gladbach 1973 (1967); Ian Hodder, »Women and Men at Catalhoyuk«, *Scientific American*, Januar 2004, S. 77–83ff.; Marija Gimbutas, *Göttinnen und Götter im Alten Europa: Mythen und Kultbilder 6500 bis 3500 v. Chr.* Übersetzt von Baal Müller. Aktualisierte Neuausgabe. Uhlstädt-Kirchhasel 2010; Eisler, *Sacred Pleasure: Sex, Myth, and the Politics of the Body*, San Francisco 1995.

2 Platon, *Crete*, S. 148.

3 Eva Keuls, *The Reign of the Phallus*, Berkeley 1993, S. 7.

4 Keuls, *The Reign of the Phallus*, S. 6.

5 Keuls, *The Reign of the Phallus*, S. 206.

6 *Der Staat der Athener* (zugeschrieben Aristoteles oder einem Schüler von ihm), zitiert nach Keuls, *The Reign of the Phallus*, S. 208.

7 So erklärte ein Grieche der Antike ganz offen: »Wir [athenischen Männer] halten uns zu unserem Vergnügen *hetaerae* [Kurtisanen], für die Pflege unserer alltäglichen körperlichen Bedürfnisse Konkubinen und als Gebärerinnen unserer legitimen Nachkommen und Haushälterinnen unsere Ehefrauen.« (aus *Gegen Neaira*, das häufig Demosthenes zugeschrieben wird, aber wahrscheinlich nicht von ihm stammt), zitiert in Keuls, *The Reign of the Phallus*, S. 99.

8 Eines der Gesetze, die diese Kontrolle durch die Männer ermöglichte, bestand darin, dass ihnen die alleinige Verwaltungsmacht über das Eigentum der Frauen oblag – selbst wenn Frauen dieses Eigentum geerbt hatten. So konnte zum Beispiel eine freie Frau nach athenischem Gesetz ohne männliche Erlaubnis nicht über Eigentum verfügen, wenn dessen Wert den Wert einen *medimnos* (eines Scheffels Getreide) überstieg (John Peradotto und John Patrick Sullivan, *Women in the Ancient World: The Arethusa papers*, Albany 1984, S. 33.

9 Der Protest gegen dieses *ius prima noctis* ist auch eines der Motive in Mozarts berühmter Oper *Die Hochzeit des Figaro*.

10 Es ist kein Zufall, dass der Rechtsstatus der Sklaven in der Sklavenhaltergesellschaft der Südstaaten in den USA sich an den Gesetzen orientierte, die den Rechtsstatus von Frauen regelten.

11 So weist der deutsche Wirtschaftswissenschaftler Peter Meyer-Dohm darauf hin, dass diese Strukturen oft von militärischen Organisationen übernommen worden waren, und dass zuweilen die Sichtweise vertreten wurde, Unternehmen befänden sich im Krieg mit ihren Mitbewerbern.

12 Prof. Rosabeth Moss Kanter, Dozentin an der Harvard Business School, weist in ihrem Buch *When Giants Learn to Dance: Mastering the Challenge of Strategy, Management, and Careers in the 1990s* (New York 1991) darauf hin, dass ein traditionelles, hierarchisches Großunternehmen weder innovativ noch anpassungsfähig ist, was dazu führt, dass es sich in festgefahrenen Spuren bewegt, von Gerangel um die Rangordnung geplagt wird und sich neuen Ideen und äußeren Impulsen verschließt.

13 Bereits in den 1960ern entschieden die Angestellten eines Volvo-Werks in Schweden gemeinsam, wie sie ihre Aufgaben verteilen würden, wie lange die Produktionsbänder laufen sollten und legten sogar gemeinsam ihre Arbeitszeiten fest. Das Ergebnis war nicht nur eine höhere Produktivität, sondern auch eine viel geringere Zahl von fehlerhaften Produkten. Ein weiteres Beispiel dafür, dass partnerschaftliche Strukturen zu höherer Effizienz führen, ist der Wandel in der US-amerikanischen und europäischen Automobilindustrie unter dem Einfluss der japanischen Konkurrenz in den 1980ern. In Japan hatte das Prinzip, die Angestellten in die Entscheidungsfindung miteinzubeziehen, die Autoindustrie, die dort überhaupt erst am Ende des Zweiten Weltkriegs entstanden war, auf den ersten Platz der Weltrangliste katapultiert. Eine Erörterung der berühmten MIT-Studie, in der das frühere US-amerikanische Top-Down-Modell in der Produktion heftig kritisiert wird, findet sich in James P. Womack, Daniel T. Jones und Daniel Roos, *The Machine That Changed the World: The Story of Lean Production*, New York 1991. Eine ausführliche Übersicht über die Vorteile einer partnerschaftlichen Organisationsform bietet Peter M. Senge, *The Fifth Discipline: The Art & Practice of the Learning Organization,* überarbeitete Ausgabe, New York 2006.

14 UNIFEM, Strengthening Women's Economic Capacity; World Development Indicators, 1997, Womankind Worldwide. Siehe www.worldrevolution.org/projects/globalissuesoverview/overview2/briefenvironment.htm, letzter Zugriff: 11. August 2020.

15 Informationen zum Hungerprojekt und dessen Arbeit weltweit siehe www.thp.org/, letzter Zugriff: 11. August 2020.

16 Laut dem Statistischen Bundesamt der USA lebte 2018 eines von sechs Kindern in Armut, https://www.childrensdefense.org/2019/new-census-data-reveals-continued-child-poverty-crisis-in-america/, letzter Zugriff: 11. August 2020.

17 Siehe Anmerkung 12 in Kapitel 3.

18 Moni Mukherjee, »Contributions to and Use of Social Product by Women«, in: Devaki Jain und Nirmala Banerjee (Hg.), *The Tyranny of the Household: Women in Poverty, Investigative Essays on Women's Work*, New Delhi 1985, S. 270.

19 Daisy Dwyer und Judith Bruce (Hg.), *A Home Divided: Women and Income in the Third World*, Stanford, Kalifornien 1988, S. 526.

20 Judith Bruce und Daisy Dwyer, Einleitung, in: Dwyer and Bruce, *A Home Divided.* Eine in mehreren Ländern durchgeführte quantifizierte Analyse der Zeit (Stunden pro Woche), die in der Vergangenheit für bestimmte Tätigkeiten aufgewendet wurde, findet sich in *The World's Women: 1970–1990* (New York 1991). So investierten Frauen zum Beispiel in Guatemala 39,9 Stunden/Woche in unbezahlte Hausarbeit, Männer dagegen nur 6,3 Stunden. Mit der Betreuung der Kinder verbrachten Frauen in Guatemala 9,8 Stunden und Männer 4,6 Stunden pro Woche. In den USA lagen diese Zahlen 1986 für unbezahlte Hausarbeiten bei 29,9 (Frauen) bzw. 17,4 (Männer) und für Kinderbetreuung bei 2 (Frauen) bzw. 0,8 (Männer) (*The World's Women,* S. 101). Dass die Diskrepanz zwischen unentgeltlich geleisteter Arbeit bei Frauen und Männern in unterschiedlichen Ländern variiert, aber im Durschnitt

immer noch enorm ist, zeigt ein Report der International Labour Organization, *Care Work and Care Jobs: For the Future of Decent Work*, Genf 2018, https://www.ilo.org/wcmsp5/groups/public/---dgreports/---dcomm/---publ/documents/publication/wcms_633135.pdf, letzter Zugriff: 11. August 2020. Dort heißt es, dass Frauen und Mädchen weltweit mehr als drei Viertel am Gesamtanteil unbezahlter Care-Arbeit leisten (S. V). Für die Situation in Deutschland hat die Hans Böckler-Stiftung im April 2017 eine Studie vorgelegt, die Datenmaterial aus den Jahren 2012 und 2013 auswertete. Nach dieser brachten in diesem Zeitraum Frauen zwischen 18 und 64 Jahren im Vergleich mit Männern 2,4-mal so viel Zeit für unbezahlte Fürsorgearbeit und 1,6-mal so viel Zeit für unbezahlte Hausarbeit auf. Siehe *WSI-Report*, 25, April 2017, https://www.boeckler.de/pdf/p_wsi_report_35_2017.pdf, letzter Zugriff: 11. August 2020.

21 Judith Bruce und Cynthia B. Lloyd, »Finding the Ties That Bind: Beyond Headship and Household«, in: Lawrence Haddad, John Hoddinott und Harold Alderman (Hg.), *Intrahousehold Resources Allocation in Developing Countries: Methods, Models, and Policy*, Baltimore 1997.

22 Duncan Thomas, »Intra-Household Resource Allocation«, *Journal of Human Resources, 25*(4), Herbst 1990, S. 635.

23 Bruce und Lloyd, »Finding the Ties That Bind«, S. 8–9. Siehe auch Marco Kruseborn, »Assessing the Role of Women Empowerment for Food Security and Nutrition: Empirical Evidence from Tunisia and India« (Univ. Diss. Göttingen 2019), http://hdl.handle.net/21.11130/00-1735-0000-0003-C169-D, letzter Zugriff: 11. August 2020.

24 Dr. Anugerah Pekerti, ehemalige World Vision-Vorsitzende, berichtet: »Wenn Väter gefragt werden, warum sie Zigaretten rauchen, anstatt ihren hungernden Kindern Essen zu kaufen, dann antworten sie ›Wir können immer neue Kinder machen.‹« (Nicholas D. Kristof, »As Asian Economies Shrink, Women Are Squeezed Out«, *New York Times*, 11. Juni 1998).

25 Ruth L. Sivard, *World Military & Social Expenditures,* Washington, D.C. 1991.

26 *State of the World's Children 1996*, New York 1996, www.unicef.org/sowc96/, letzter Zugriff: 11. August 2020.

27 FAO, IFAD und WFP, *Achieving Zero Hunger: The Critical Role of Investments in Social Protection and Agriculture*. Rome, FAO 2015, http://www.fao.org/3/i4951e/i4951e.pdf, letzter Zugriff: 11. August 2020.

28 »Iraq War Costlier Than Vietnam«, in: *The Iraq Quagmire,* Institute for Policy Studies (IPS) and Foreign Policy in Focus (FPIF), 31. August 2005, http://news.bbc.co.uk/2/hi/americas/4201812.stm, letzter Zugriff: 11. August 2020. Siehe auch Jamie Wilson, »Iraq War Could Cost U.S. Over $2 Trillion, Says Nobel Prize-Winning Economist; Economists Say Official Estimates Are Far Too Low; New Calculation Takes in Dead and Injured Soldiers«, *The Guardian*, 7. Januar 2006. In diesem Artikel wird über eine Studie von Joseph Stiglitz und Linda Bilmes berichtet, die von Kosten von wahrscheinlich über 1–2 Billionen US-Dollar für den Irak-Krieg ausgeht.

29 Brian Griffith, *The Gardens of Their Dreams: Desertification and Culture in World History*, London und New York 2003.

30 James DeMeo, »The Origins and Diffusion of Patrism in Saharasia, c.4000 BCE.: Evidence for a Worldwide, Climate-Linked Geographical Pattern in Human Behavior«, *World Futures, 30*(2), 1991, S. 247–271.

31 Griffith, *Gardens of Their Dreams*, S. 25.

32 Griffith, *Gardens of Their Dreams.*

33 DeMeo, »The Origins and Diffusion of Patrism in Saharasia, c.4000 BCE«. Die gleichen Zusammenhänge wurden auch in einer kulturübergreifenden Studie festgestellt, siehe Peggy Reeves Sandy, *Female Power and Male Dominance: On the Origins of Sexual Inequality*, Cambridge 1981.

34 Der Historiker Ibn Khaldun, zitiert nach Griffith, *Gardens of Their Dreams.*

35 Griffith, *Gardens of Their Dreams,* S. 27.

36 Griffith, *Gardens of Their Dreams,* S. 30.

37 Griffiths, *Gardens of Their Dreams*, S. 131ff.
38 Griffith, *Gardens of Their Dreams*, S. 74.
39 Griffith, *Gardens of Their Dreams*, S. 75.
40 Dabei handelt es sich nicht um Schätzungen, sondern um eine genaue Auswertung von 16.000 von der NASA aufgenommenen Fotoaufnahmen sowie umfassenden statistischen Daten und Informationen aus wissenschaftlichen Fachzeitschriften und weiteren Dokumenten. Weitere Informationen unter www.millenniumassessment.org, letzter Zugriff: 11. August 2020.
41 Bericht von Mitgliedern der britischen *Royal Society* aus dem Jahr 2005, zitiert in Kenneth Chang, »Oceans Turning Acidic, Scientists Say«, *New York Times News Service*, nachgedruckt im *Monterey County Herald*, 1. Juli 2005, S. A8.

6 Ökonomie der Partnerschaft

1 Aristoteles, *Politik*, übersetzt und mit erklärenden Anmerkungen versehen von Eugen Rolfes, mit einer Einleitung von Günther Bien, 4. Aufl. Hamburg 1981, S. 8f.
2 Matthäus, 26,11, Einheitsübersetzung, https://www.bibleserver.com/HFA/Matth%C3%A4us 26%2C11
3 Theorien dienen nicht nur dazu, die »Wirklichkeit« zu erklären, sondern auch dazu, sie zu ändern. Tatsächlich haben die Geschichten, die uns diese Theorien erzählen – seien sie religiöser oder weltlicher Natur, seien es Geschichten über die Erschaffung der Welt oder darüber, welche Art von Wirtschaftsbeziehungen »normal und natürlich« sind – einen machtvollen Einfluss auf unser Bewusstsein und damit auch auf unsere Wirklichkeit.
4 Adam Smith, *Der Wohlstand der Nationen: Eine Untersuchung seiner Natur und seiner Ursachen,* aus dem Englischen übertragen und mit einer Würdigung von Horst Claus Recktenwald, München 1974 (1776/1789). Adam Smith, *Theorie der ethischen Gefühle*, auf der Grundlage der Übersetzung von Walther Eckstein neu hg. von Horst D. Brandt, Hamburg 2010 [1759]).
5 Robert Heilbroner, *Die Denker der Wirtschaft: Ideen und Konzepte der großen Wirtschaftsphilosophen* (2. Aufl.). Aus dem Amerikanischen von Matthias Sommer. München 2014 (1953). Weitere Informationen zu diesen Bedingungen finden sich in den Kapiteln II und III.
6 Adam Smith, *Der Wohlstand der Nationen: Eine Untersuchung seiner Natur und seiner Ursachen,* aus dem Englischen übertragen und mit einer Würdigung von Horst Claus Recktenwald, München 1974 (1776/1789), S. 407.
7 Smith, *Der Wohlstand der Nationen,* S. 68.
8 Smith, *Der Wohlstand der Nationen*, S. 600.
9 Smith, *Der Wohlstand der Nationen*, S. 612.
10 Smith, *Der Wohlstand der Nationen,* S. 213.
11 Siehe zum Beispiel Smith, *Der Wohlstand der Nationen*, S. 371. Smith befürwortete keineswegs eine Konzentration des Reichtums, wie er im Namen einer freien Marktwirtschaft oft gerechtfertigt wird. In seiner Theorie geht er von einer breiten Verteilung des Produktionsanlagenbesitzes in einer Marktwirtschaft mit kleinen oder mittelständischen Firmen aus – und nicht von den Monopolen, die sich entwickelten, als seine Theorie in einem dominanzgeprägten Umfeld umgesetzt wurde.
12 Friedrich Engels, *Die Lage der arbeitenden Klasse in England: Nach eigener Anschauung und authentischen Quellen*, Berlin 1971 (1845).
13 Eine Webseite über den utopischen Sozialismus ist beispielsweise http://cepa.newschool.edu/het/schools/utopia.htm.
14 Auch John Stuart Mill prangerte wirtschaftliche Ungerechtigkeit an und wies darauf hin, dass es zwar natürliche Wirtschaftsgesetze bezüglich der Produktion geben könne, dass die

Gesetze der wirtschaftlichen Verteilung jedoch von Menschen gemacht seien und geändert werden müssten. Siehe John Stuart Mill, *Grundsätze der politischen Oekonomie; nebst einigen Anwendungen auf die Gesellschaftswissenschaft.* In: *Gesammelte Werke.* Hg. von Theodor Gomperz. Neudruck der Ausgabe Leipzig 1869, 3. Deutsche Ausgabe. Bände 5–7. Aalen 1968 (1848). Ein wichtiger Aspekt von Mills Arbeit ist, dass diese stark von seiner engen Freundin und späteren Ehefrau Harriet Taylor beeinflusst wurde. Mill schrieb sogar, dass der Großteil seines berühmten Buchs *On Liberty* von Harriet Taylor stamme, auch wenn er sie nicht als Mitautorin benannt hatte.

15 Karl Marx und Friedrich Engels, *Manifest der Kommunistischen Partei.* London 1848, S. 6, in: Deutsches Textarchiv, http://www.deutschestextarchiv.de/book/view/marx_manifestws_1848/6, letzter Zuriff: 11. August 2020.

16 Marx und Engels, *Manifest der Kommunistischen Partei*, S. 7, in: Deutsches Textarchiv, http://www.deutschestextarchiv.de/book/view/marx_manifestws_1848/7, letzter Zuriff: 11. August 2020.

17 Marx und Engels, *Manifest der Kommunistischen Partei*, S. 11, in: Deutsches Textarchiv, http://www.deutschestextarchiv.de/book/view/marx_manifestws_1848/11, letzter Zuriff: 11. August 2020.

18 Siehe zum Beispiel Friedrich Nietzsche, *Jenseits von Gut und Böse: Kritische Studienausgabe*, hg. von Giorgio Colli und Mazzino Montinari (2. Aufl.), München 1988, Nr. 239, S. 175f.: »Das schwache Geschlecht ist in keinem Zeitalter mit solcher Achtung von seiten der Männer behandelt worden als in unserm Zeitalter – das gehört zum demokratischen Hang und Grundgeschmack«. »Es [das Weib] verlernt den Mann zu fürchten: aber das Weib, das ›das Fürchten verlernt‹, giebt seine weiblichsten Instinkte preis. Dass das Weib sich hervor wagt, wenn das Furcht-Einflössende am Manne, sagen wir bestimmter, wenn der Mann im Manne nicht mehr gewollt und grossgezüchtet wird, ist billig genug, auch begreiflich genug; was sich schwerer begreift, ist, dass ebendamit – das Weib entartet.«

19 *World Social Situation: The Inequality Predicament.* New York: United Nations, 2005.

20 Siehe zum Beispiel »U. S. income inequality at highest level in 50 years, economic gap growing in heartland«, *Associated Press*, 26. September 2019, worin auf die Zahlen des Statistischen Bundesamtes der USA von 2018 Bezug genommen wird, https://www.nbcnews.com/news/us-news/u-s-income-inequality-highest-level-50-years-economic-gap-n1058956, letzter Zugriff: 11. August 2020.

21 In Heilbroner, *Die Denker der Wirtschaft,* S. 212–215 wird ein sehr eindrückliches Bild der Rücksichtlosigkeit und »überwältigenden Unredlichkeit« dieser und weiterer kapitalistischer Räuberbarone aus der Zeit vor den staatlichen Unternehmensregulierungen gezeichnet.

22 Josiah Bates, »Billionaires Have More Wealth Than 60% of the World's Population, Report Finds«, *Time*, 20. Januar 2020, https://time.com/5768346/billionaires-wealth/, letzter Zugriff: 11. August 2020.

23 Es ist ernüchternd: Die Dynamiken des Dominanzsystems, auf dem die Sowjetunion gegründet wurde, führten dazu, dass die ehemaligen Politoffiziere dort auch nach dem Übergang zu einer kapitalistischen Wirtschaftsordnung den einstigen Staatsbesitz zum Schnäppchenpreis erwerben konnten. So gelang es vielen von ihnen als Besitzer von Privatunternehmen großen Reichtum anzuhäufen, während sich der Lebensstandard und sogar die Lebenserwartung der Bevölkerung verschlechterte.

24 In der Feudalwirtschaft spielte Grundbesitz die wichtigste Rolle. Im Kapitalismus lag der Schwerpunkt dann auf Industrieanlagen und im Sozialismus war zwar die Arbeitskraft von besonderer Bedeutung, doch eine noch wichtigere Rolle spielten die Produktionsmittel – also Anlagegegenstände wie Grundbesitz oder Maschinen.

25 Sen weist auf den Zusammenhang zwischen der Entfaltung des menschlichen Potenzials und dem menschlichen Wohlbefinden hin und darauf, dass das finanzielle Einkommen nicht als einzige Möglichkeit zur Entfaltung des menschlichen Potenzials betrachtet werden darf. Daher, so seine Argumentation, ist es nicht sinnvoll, wenn Wirtschaftspolitik einzig und allein

darauf ausgerichtet ist, das Durchschnittseinkommen zu erhöhen. Stattdessen hält er es für notwendig, die Wirtschaftskennzahlen so zu wählen, dass sie die Entwicklung des menschlichen Potenzials messen und damit die Grundlage für eine sinnvolle Wirtschaftspolitik bilden. Siehe Amartya Sen, *Wege zu Gerechtigkeit und Solidarität in der Marktwirtschaft.* Übersetzt von Christiana Goldmann. München 2020 (1999). In diesem Sinne fordert auch die an der Universität Chicago lehrende Rechts- und Ethikprofessorin Martha Nussbaum, dass die Entwicklung des menschlichen Potenzials im Mittelpunkt der Sozial- und Wirtschaftspolitik stehen müsse. Dabei plädiert sie dafür, eine Liste der wichtigsten menschlichen Fähigkeiten zu erstellen, zu denen nicht nur körperliche, sondern auch emotionale und geistige Fähigkeiten gehören, wie zum Beispiel unsere Sinneswahrnehmungen, unsere Vorstellungskraft und unsere Fähigkeit, befriedigende emotionale Bindungen aufzubauen. Siehe Nussbaum, *Sex and Justice* sowie Martha Nussbaum, »Capabilities as Fundamental Entitlements: Sen and Social Justice«, *Feminist Economics,* 2001, 9(2–3), S. 33–50. Ein neueres Werk über die Bedeutung von Fürsorge ist das von Riane Eisler und Douglas P. Fry verfasste *Nurturing Our Humanity: How Domination and Partnership Shape Our Brains, Lives, and Future*, New York 2019.

26 Eine Erörterung dessen, wie Darwin selbst diese Aspekte der menschlichen Evolution erkannte, finden sich bei David Loye, *Darwin's Lost Theory, Who We Really Are and Where We're Going*, Carmel, Kalifornien 2007.

27 Riane Eisler, David Loye und Kari Norgaard, *Women, Men, and the Global Quality of Life*, Pacific Grove, Kalifornien 1995.

28 Veblen zitiert nach Ann L. Jennings, »Public or Private? Institutional Economics and Feminism«, in: Marianne A. Ferber und Julie A. Nelson (Hg.), *Beyond Economic Man*, Chicago 1993, S. 113. Vor ihm war bereits August Bebel in seinem 1879 erschienenen Bestseller *Die Frau und der Sozialismus* von Marx' Theorie abgewichen und hatte erklärt, dass gegen die Unterdrückung der Frau unabhängig vom Kampf gegen die Ausbeutung der Arbeiterklasse vorgegangen werden müsse. August Bebel, *Die Frau und der Sozialismus*, Berlin 2018 (1879). Charlotte Perkins Gilman, *Frauen und Arbeit.* Übersetzt von Petra Altschuh-Riederer. Aachen 2005 (1898).

29 Siehe John Kenneth Galbraith, *Economics & The Public Purpose*, München 1974. Auch sozialistische Denker wie zum Beispiel André Gunder Frank übten harte Kritik an den kapitalistischen Märkten und der für deren Aufrechterhaltung notwendigen imperialistischen Expansion. Siehe zum Beispiel André Gunder Frank, *Kapitalismus und Unterentwicklung in Lateinamerika.* Übersetzt aus dem britischen Englisch von Inge Presser und Horst Stenzel. Frankfurt a. M., Köln: Europäische Verlagsanstalt, 1975.

30 Eine Analyse der Institutionenökonomik findet sich bei Ann L. Jennings, »Public or Private? Institutional Economics and Feminism«, in: Marianne A. Ferber und Julie A. Nelson (Hg.), *Beyond Economic Man*, Chicago 1993. Eine Kritik an der fehlenden Berücksichtigung des gesellschaftlichen Kontexts der Wirtschaft in den meisten Wirtschaftsschriften findet sich bei Alberto Martinelli und Neil J. Smelser (Hg.), *Economy and Society: Overviews in Economic Sociology*, Thousand Oaks, Kalifornien 1990.

31 Ein berühmtes Beispiel hierfür ist das Arrow-Debreu-Gleichgewichtsmodell, das Kenneth Arrow und Gerard Debreu gemeinsam in den 1950ern entwickelten.

32 Auch andere Vertreterinnen und Vertreter der Wirtschaftswissenschaft, darunter Bina Agarwal, Nirmala Banerjee, Barbara Bergmann, Scott Burns, Marianne Ferber, Prue Hyman, Gita Sen und Devaki Jain haben wichtige Beiträge dazu geleistet, dass die Wirtschaftstheorie auf diesen Bereich ausgeweitet wird.

33 Nelson, *Economics for Humans*, Chicago 2018.

34 Nancy Folbre, *The Invisible Heart: Economics and Family Values.* New York: New Press, 2001.

35 Hilkka Pietilä, »Non-Market Work in the Construction of Livelihood: The Work and Production at the Grass Roots Countervailing Globalization«, Vortrag auf dem IGGRI *Preparatory Meeting* in Helsinki vom 13.–16. Oktober 1997 (Überarbeitung vom 18. April 1998). Siehe auch Hilkka Pietilä, »Cultivation and Households: The Basics of Nurturing Human Life«,

EOLSS, Encyclopedia of Life Support Systems, Section: Human Resources Policy and Management, UNESCO, Oxford 2004. Siehe www.eolss.net, letzter Zugriff: 11. August 2020. Pietilä schreibt: »›Familie‹ oder ›Haushalt‹ darf in diesem Sinne nicht als eine Gruppe von Menschen verstanden werden, die miteinander verwandt ist. Es kann sich auch um eine Gruppe von Menschen handeln, die beschlossen haben, gemeinsam einen Haushalt zu gründen und, wie es heute manchmal heißt, ›sich aus dem gleichen Kühlschrank zu bedienen‹.«

36 Die Wirtschaftswissenschaft hat schon immer aus zahlreichen Theorien und Modellen bestanden – sowohl in dem Bereich, den Forschende der Wirtschaftswissenschaft als *Makroökonomie* (die Untersuchung von Beziehungen der verschiedenen Elemente eines Wirtschaftssystems untereinander) bezeichnen, als auch im Bereich der Mikroökonomie (die Untersuchung dieser Elemente und ihres Verhaltens).

37 Siehe www.centerforpartnership.org, letzter Zugriff: 11. August 2020.

38 Sarah Lillemeier, *Der »Comparable-Worth«-Index als Instrument zur Analyse des Gender Pay Gap: Arbeitsanforderungen und Belastungen in Frauen- und Männerberufen* (= Working Paper, 205, Oktober 2016), https://www.boeckler.de/pdf/p_wsi_wp_205.pdf, letzter Zugriff: 11. August 2020.

39 Dieser Ansatz ist auch als *Triple-Bottom-Line*-Ansatz bzw. Drei-Säulen-Modell bekannt, wobei Ökonomie, Ökologie und Soziales die drei Säulen bilden.

40 In diesem Zusammenhang gibt es gut dokumentierte Fälle, wie zum Beispiel den von Verantwortlichen aus der Tabakindustrie, die wissentlich Erkenntnisse zurückhielten, nach denen Tabak Lungenkrebs verursacht, oder die Fälle, in denen Verantwortliche in Petrochemie-Unternehmen es versäumten, ihren Mitarbeitern mitzuteilen, dass die Arbeit in diesen Unternehmen ihren langsamen Tod bedeutete. Einer dieser Fälle wurde zum Stoff für den Kinofilm *Erin Brockovich*. Dieser Film basiert auf einem tatsächlichen Vorfall, bei dem die Verantwortlichen von Pacific Gas & Electric Familien wissentlich falsch über die gesundheits- und umweltschädigenden Auswirkungen ihres in einer sozialschwachen Gegend angesiedelten Unternehmens informierten. Wie riesige Erdölunternehmen fortwährend vertuschen, dass Menschen, die in der Nähe ihrer Unternehmen leben, durch die aus diesen Anlagen austretenden Giftstoffe geschädigt werden, berichtet Jim Hightower, *There's Nothing in the Middle of the Road But Yellow Stripes and Dead Armadillos*, New York 1998.

41 Moises Naim, »Broken Borders«, *Newsweek*, 24. Oktober 2005, S. 57–62.

42 Ed Vulliamy, »Streets of Despair«, *Amnesty International*, Winter 2005, S. 12–16.

43 Siehe auch Randy Albelda, Ann Withorn und Barbara Ehrenreich, *Lost Ground: Welfare Reform, Poverty, and Beyond*, Boston 2002.

44 Der Zusammenhang zwischen Glück und einer partnerschaftlich geprägten Wirtschaftstheorie wird erörtert in Richard Layard, *Die glückliche Gesellschaft: Kurswechsel für Politik und Wirtschaft*. Übersetzt aus dem Englischen von Jürgen Neubauer, Frankfurt a. M., New York, 2005. Zum Zusammenhang zwischen Glück und einer Politik, die Fürsorge und Care-Arbeit unterstützt, siehe vor allem S. 176–179. Siehe auch Nel Noddings, *Happiness and Education*; Cambridge 2003.

45 Inge Kaul, Pedro Conceicao, Katell Le Goulven und Ronald Mendoza (Hg.), *Providing Public Goods*; New York 2003.

46 Korten, *Post-Corporate World*, S. 76.

47 Korten, *Post-Corporate World*, S. 61.

48 Korten, *Post-Corporate World*. Siehe auch David Korten, *When Corporations Rule the World* (3. Aufl.). Oakland, Kalifornien 2015.

49 Siehe zum Beispiel Thom Hartmann, *Unequal Protection: The Rise of Corporate Dominance and the Theft of Human Rights*, New York 2004.

50 Siehe zum Beispiel Jeff Gates, *Democracy at Risk: Rescuing Main Street from Wall Street*, Cambridge, Massachusetts 2000.

51 Siehe zum Beispiel Korten, *Post-Corporate World*.

52 Siehe zum Beispiel John Cavanagh (Hg.), *Alternatives to Economic Globalization: A Better World Is Possible*, San Francisco 2002.
53 David Korten, privates Gespräch, 5. August 2006.
54 Weitere Informationen zur Versklavung von Kindern finden sich unter anderem unter www.antislavery.com, globalmarch.org, www.hrw.org und https://www.globalslaveryindex.org/, letzter Zugriff: 11. August 2020.
55 Leider entscheiden sich die globalen Megakonzerne, die von diesen lokalen Unternehmen kaufen, im Allgemeinen für den Anbieter mit den niedrigsten Preisen, wodurch diese schrecklichen Bedingungen gerechtfertigt werden. Organisationen wie zum Beispiel die *Business Alliance for Local Living Economies* (BALLE) setzen sich dafür ein, lokale Unternehmen davon zu überzeugen, aus diesen Beziehungen auszubrechen und auf Fürsorge basierende Genossenschaften zu gründen. Weitere Informationen über BALLE finden sich unter https://www.commonfuture.co/, letzter Zugriff: 11. August 2020.
56 In dem Dokumentarfilm *Masai Women* von 1975 wird anschaulich gezeigt, wie sich die Identität der jungen Massai-Männer traditionell über das Kriegersein definiert (auch wenn die Massai damals ihre Nachbarn nicht mehr überfielen) und wie Frauen brutal unterdrückt werden (*Masai Women* von C. Curling und Melissa Llewelyn-Davies, https://raifilm.org.uk/films/masai-women/, letzter Zugriff: 11. August 2020).

7 Technologien, Arbeit und das postindustrielle Zeitalter

1 CNET News.com Staff, 25. Juni 2004. Das McKinsey Global Institute schätzte 2017, dass bis zum Jahr 2030 800 Millionen Menschen ihren Arbeitsplatz an Maschinen verlieren werden. Siehe James Manyika u. a., »Jobs Lost, Jobs Gained: What The Future of Work Will Mean for Jobs, Skills, and Wages«, 28. November 2017, https://www.mckinsey.com/featured-insights/future-of-work/jobs-lost-jobs-gained-what-the-future-of-work-will-mean-for-jobs-skills-and-wages#, letzter Zugriff: 11. August 2020.
2 Till Alexander Leopold, Vesselina Stefanova Ratcheva und Saadia Zahidi, *The Future of Jobs Report 2018*, Weltwirtschftsforum Genf, http://www3.weforum.org/docs/WEF_Future_of_Jobs_2018.pdf, letzter Zugriff: 11. August 2020.
3 Als der Wirtschaftswissenschaftler Robert Theobald in den frühen 1960ern ein allgemeines garantiertes Einkommen forderte, das nicht an die Bereitschaft, einen Job anzunehmen, geknüpft war und seine Forderung damit begründete, dass die Automatisierung weitere Arbeitsplätze vernichten würde und Einkommen deshalb unabhängig von einem Arbeitsplatz sein sollte, wurde er heftig angegriffen. Dennoch rief der 36. US-Präsident Lyndon B. Johnson die *National Commission on Guaranteed Incomes* ins Leben, die diese Idee prüfen sollte, was jedoch ohne weitere Ergebnisse blieb. Auch als später Präsident Richard Nixon einen auf dieser Idee basierenden Gesetzesentwurf für ein *Family Assistance Program* einreichte, wurde dieser nicht vom Kongress verabschiedet. 1996 griff Robert Theobald erneut seinen Entwurf für ein garantiertes jährliches Einkommen auf, weil er – wie Jim Smith schreibt – »davon überzeugt war, dass die Menschen dann den Großteil ihres Lebens damit verbringen würden, sich selbst weiterzuentwickeln, Beziehungen zu pflegen, sich der Kunst zu widmen oder nach Sinn und Zweck zu suchen« und dass »ausreichend Güter und Dienstleistungen für eine hohe Lebensqualität zur Verfügung stünden, wir aber gleichzeitig unser Ökosystem achtsam behandelten.« Siehe Jim Smith, »Separating Survival from Work: The Quest for a Guaranteed Income«, http://www.livableincome.org/ajimsmithsurvialwork.htm, letzter Zugriff: 11. August 2020.

4 Der Wirtschaftswissenschaftler Milton Friedman machte seinen ersten Vorschlag zu einer negativen Einkommensteuer im Jahr 1962 – und wie Theobalds Vorschlag wurde auch dieses Konzept während einer Phase von Unruhen in innerstädtischen afro-amerikanischen Ghettos ernsthaft in Erwägung gezogen. In diesem Zusammenhang schreibt Jodie T. Allen: »Die Idee der negativen Einkommensteuer stellte die gültige progressive Einkommensteuer im Grunde genommen auf den Kopf.« Anstelle einer je nach Einkommen variierenden Besteuerung gäbe es zum Einkommen umgekehrt proportionale Beihilfen. Wenn also zum Beispiel die Besteuerungsschwelle für einen Vier-Personen-Haushalt 10.000 US-Dollar betragen würde, dann würde für eine vierköpfige Familie mit einem Einkommen von nur 8000 US-Dollar ein negativer Einkommensteuersatz von 25 Prozent gelten, das heißt sie bekäme vom Finanzamt einen Scheck über 500 US-Dollar (das sind 25 Prozent von den 2000 US-Dollar-Differenz zwischen dem Einkommen von 8000 US-Dollar und der Besteuerungsschwelle von 10.000 US-Dollar). Eine Familie ohne Einkommen würde entsprechend 2500 US-Dollar erhalten. Siehe Jodie T. Allen, »Negative Income Tax«, in David R. Henderson (Hg.), *The Concise Encyclopedia of Economics*, Indianapolis 2001. Siehe auch *Focus*, *23*(2), Sommer 2004, hg. vom Institute for Research on Poverty an der University of Wisconsin, Madison, https://www.irp.wisc.edu/publications/focus/pdfs/foc232.pdf, letzter Zugriff: 11. August 2020.

5 Informationen über den Fall *Schmeiser vs. Monsanto* bzw. *Monsanto vs. Schmeiser* finden sich beispielsweise unter https://www.transgen.de/recht/1524.gentechnik-patente-percy-schmeiser.html, letzter Zugriff: 11. August 2020. Siehe auch die Webseite der Organic Consumer's Association, https://www.organicconsumers.org sowie https://www.kritischerkonsum.de/ernaehrung/saatgut-patente-gentechnik/, beide letzter Zugriff: 11. August 2020.

6 Einige dieser Risiken wurden von Gordon Conway, dem Vorsitzenden der *Rockefeller Foundation*, in seinem Vortrag »GM Food Safety: Facts, Uncertainties, and Assessment« auf der *Conference on the Scientific and Health Aspects of Genetically Modified Foods* erörtert, die von der *Organisation für wirtschaftliche Zusammenarbeit und Entwicklung* (OECD) am 28. März 2000 in Edinburgh organisiert wurde.

7 Das James Martin Center for Nonproliferation Studies (CNS) am Middlebury Institute of International Studies in Monterey ist die größte Nichtregierungsorganisation in den USA, die sich der Forschung und Aufklärung rund um das Thema der Nonproliferation von Waffen verschrieben hat, https://www.nonproliferation.org/, letzter Zugriff: 11. August 2020.

8 Die andere Seite der Medaille ist die Zwangszüchtung »erwünschter« Bevölkerungsgruppen, die in Margaret Atwoods *The Handmaid's Tale* fiktiv dargestellt wird. Der Roman spielt in einer Zukunft, in der religiöse Fundamentalisten, Frauen zu genau so etwas zwingen. Auch in diesem Zusammenhang verweist Jeremy Rifkin darauf, dass sich dies bereits im Deutschland der Nationalsozialisten abzeichnete: Frauen, die dem erwünschten arischen Typus entsprachen, wurden unter Druck gesetzt, zahlreiche Kinder mit ihren Ehemännern oder mit eigens für sie ausgewählten Partnern zu bekommen. Deutsche Soldaten wurden angewiesen, während ihres Fronturlaubs Frauen zu schwängern, um die »arische Rasse« zu erweitern. Siehe Jeremy Rifkin, *Das biotechnische Zeitalter: Die Geschäfte mit der Gentechnik*. Übersetzt von Susanne Kuhlmann-Krieg. Frankfurt a. M., New York: Campus-Verlag, 2007 (1998).

9 Für weitere Informationen zu Nanoröhren siehe beispielsweise Björn Fünfschilling u. a., »Mikro-und Nanosysteme Fallstudie ›Carbon Nanotubes‹«, Basel, 5. Juni 2012, http://www.dusseiller.ch/mis_wiki/images/1/1b/Fallstudie_Carbon_Nanotubes_Gruppe_VZ_C_2012.pdf, letzter Zugriff: 11. August 2020.

10 Siehe »Opposition to Nanotechnology«, *New York Times*, 19. August 2002. www.nytimes.com/2002/08/19/technology/19NECO.html, letzter Zugriff: 11. August 2020.

11 David Noble, *A World Without Women: The Christian Clerical Culture of Western Science*, New York 1992. Ebenfalls anschaulich geschildert wird diese Problematik von Margaret Wertheim in *Die Hosen des Pythagoras: Physik, Gott und die Frauen*. Übersetzt von Karin Schuler. München, Zürich: Piper, 2002 (1995). Weitere Bücher zu diesem Thema stammen von Ruth Bleier

(Hg.), *Feminist Approaches to Science*, New York 1988 und Evelyn Fox Keller, *Reflections on Gender and Science*, New Haven, Connecticut 1985.

12 Seit in den Wissenschaften diese ausgewogenere Sichtweise angewendet wird und Theorien auf Beobachtungen beruhen, die sowohl durch präzise, quantitative Messungen wie auch durch wertende, qualitative Beschreibungen gewonnen wurden, beginnt beispielsweise auch die Physik damit, Uneindeutigkeiten in der Natur zu akzeptieren und damit auch zu beobachten. Das berühmteste Beispiel hierfür ist vielleicht die Erkenntnis, dass es sich bei Licht weder um reine Materie (Partikel) noch um reine Energie (Wellen) handelt, sondern um einer Kombination aus beidem. Diese ganzheitliche Herangehensweise von Forschenden führte auch zu wichtigen technischen Umsetzungen wie zum Beispiel der Entwicklung von Computern, die Entscheidungen auf der Grundlage von Verallgemeinerungen anstatt auf der Grundlage von binär angelegten Messungen treffen. Mithilfe einer solchen Unschärfen- oder Fuzzylogik können diese Computer zum Beispiel die Klimaanlage allmählich herunterregeln, um einen Raum kühl zu halten, anstatt sie einfach nur an- oder auszuschalten – was enorm energiesparend ist. Es ist sehr aufschlussreich, dass der aus dem Englischen stammende Begriff der »Fuzzylogik« früher dazu verwendet wurde, um die Denkweise von Frauen abzuwerten.

13 Bill Joy, »Why the Future Doesn't Need Us«, *Wired,* April 2000. Die *London Times* verglich Joys Aufruf sogar mit dem Brief, den Einstein 1939 an Präsident Roosevelt sandte und in dem er diesen vor den Gefahren der Atombombe warnte; siehe Bell, »Technotopia and the Death of Nature.« Eine sehr viel optimistischere Sicht auf die neuen Technologien findet sich in Joel Garreaus *Radical Evolution: The Promise and Peril of Enhancing Our Minds, Our Bodies and What It Means to Be Human*, New York 2005.

14 Rasel Das, Bey Fen Leo und Finbarr Murphy, »The Toxic Truth about Carbon Nanotubes in Water Purification: A Perspective View«, *Nanoscale Research Letters 13* (183), 2018. Online veröffentlicht am 18. Juni 2018, https://doi.org/10.1186/s11671-018-2589-z, letzter Zugriff: 11. August 2020.

15 Im Original: *technologies of life support.*

16 Im Original: *technologies of actualization.*

17 Im Original: *technologies of destruction.*

18 Gordon Johnson vom Joint Forces Command des Pentagon in Tim Weiner »A New Model Army Soldier Rolls Closer to the Battlefield«, *New York Tim*es, 16. Februar 2005.

19 *Global Trends 2015: A Dialogue About the Future with Nongovernment Experts,* hg. vom Intelligence Council, U. S. Central Intelligence Agency, Washington, D. C. 2000.

20 *Converging Technologies for Improving Human Performance*, hg. von der National Science Foundation, Washington, D. C. 2002. In diesem Bericht wird darauf hingewiesen, dass der darin enthaltene Vorschlag, die Entwicklung dieser Technologien voranzutreiben, intensive Öffentlichkeitsarbeit verlange, um »die Schlüsselorganisationen und die Gesellschaft auf die Veränderungen durch diese konvergierenden Technologien vorzubereiten« und auf Bedenken zu reagieren, die sich aus »ethischen, legalen oder moralischen« Gesichtspunkten ergeben könnten. Anders ausgedrückt: Hier wird Öffentlichkeitsarbeit vorgeschlagen, um Bedenken entgegenzuwirken, wo dafür doch eigentlich eine realistische, von Verantwortung und Fürsorge geleitete Planung der richtige Weg wäre.

21 *The World Social Situation: The Inequality Predicament.* New York: United Nations, 2005.

22 Lin Chew, »Women and Globalization in South East Asia: New Strategies for New Times«, *Conscience*, *27*(2), Sommer 2006, S. 30. Chew beschreibt hier auch erfolgreiche Strategien neuer Gruppen wie Domestic Workers Movement of Pune (PSMS) in Indien oder Sub-Contracting Cleaning Workers (SCCWS) in Hongkong, in der sich Reinigungskräfte und Frauen, die in anderen informellen Wirtschaftsbereichen arbeiten, organisieren. Diese Gruppen setzen auf neue Strategien wie zum Beispiel die Bildung von Allianzen mit anderen Community-Gruppen, um die Arbeitsbedingungen für diese Frauen zu verbessern, ihnen

hinsichtlich häuslicher Gewalt und anderen Problemen zu helfen und ihnen mehr Mitspracherecht zu verschaffen.

23 »More than 60 per cent of the world's employed population are in the informal economy«, 30. April 2018, International Labor Organization, https://www.ilo.org/global/about-the-ilo/newsroom/news/WCMS_627189/lang--en/index.htm, letzter Zugriff: 11. August 2020.

24 *The State of the World's Children 2005: Childhood Under Threat,* https://www.unicef.org/sowc05/english/ und *UN Development Goals,* https://www.un.org/sustainabledevelopment/poverty/, beide letzter Zugriff: 11. August 2020.

25 Siehe https://www.un.org/development/desa/dspd/world-social-report.html, letzter Zugriff: 11. August 2020, und Jan Knippers Black, *Inequity in the Global Village: Recycled Rhetoric and Disposable People*, Bloomfield, Connecticut 1999.

26 »Children: Reducing Mortality«, Informationsblatt der World Health Organization zur Eindämmung von Kindersterblichkeit, September 2019, https://www.who.int/news-room/fact-sheets/detail/children-reducing-mortality, letzter Zugriff: 11. August 2020.

27 »Biodiversity: The Fabric of Life«, März 2010, http://www.peopleandtheplanet.com/index.html@lid=26630&section=42&topic=44.html, letzter Zugriff: 11. August 2020.

28 Die vier »Basis-Berichte« des *Millennium Ecosystem Assessment* wurden am 19. Januar 2006 veröffentlicht. Sie umfassen jeweils 500–800 Seiten und wurden von den vier MEA-Arbeitsgruppen erstellt. Sie tragen die Titel *Current State and Trends, Scenarios, Policy Responses* und *Multi-Scale Assessments*. Zusätzlich wurde noch ein Bericht veröffentlicht, der die vier Basis-Berichte für Entscheidungstragende zusammenfasst. Darin sind die detaillierten wissenschaftlichen Bewertungen (inklusive der Literaturquellen) zu finden, auf denen die MEA-Syntheseberichte basieren. Die Berichte können bei Island Press (www.islandpress.org/books/) erworben werden. Außerdem lassen sich Zusammenfassungen der einzelnen Kapitel unter www.millenniumassessment.org herunterladen. Eine kurze Zusammenfassung der Ergebnisse dieser Berichte findet sich bei Werner Fornos, »Homo Sapiens: An Endangered Species?«, *POPLINE*, Mai-Juni 2005, S. 4.

8 Wer wir sind und wo wir stehen

1 Mehr Informationen zu Ryans Hreljacs Brunnenprojekt unter www.ryanswell.ca/index.php?option=com_content&task=view&id=20&Itemid=50, letzter Zugriff: 11. August 2020.

2 Mehr Informationen zu Clara Hale unter https://biography.yourdictionary.com/clara-hale, letzter Zugriff: 11. August 2020.

3 So sieht zum Beispiel der Soziobiologe Michael Ghiselin den menschlichen Egoismus als einzigen Beweggrund dafür, dass dieser Fürsorge leistet. »Wenn er die Möglichkeit hat, vollständig seine Eigeninteressen zu verfolgen, dann hält ihn nichts anderes als Berechnung davon ab, zu verstümmeln, zu verletzen und zu morden – seinen Bruder, seine Partnerin, seine Eltern oder sein Kind«, behauptet Ghiselin. »Wenn man an einem ›Altruist‹ kratzt, wird man einen ›Heuchler‹ bluten sehen. Wenn wir Sentimentalitäten außer Acht lassen, werden wir auch nicht das geringste Anzeichen von aufrichtiger Nächstenliebe in unserer Gesellschaft finden. Was wir als Zusammenarbeit bezeichnen, stellt sich als eine Mischung aus Opportunismus und Ausbeutung heraus.« Siehe Michael Ghiselin, *The Economy of Nature and the Evolution of Sex*, Berkeley 1974, S. 247. Der Begriff »egoistische Gene« stammt aus dem Buch von Richard Dawkins, *Das egoistische Gen*. Übersetzt von Karin de Sousa Ferreira. Berlin, Heidelberg: Springer Spektrum, 2014 (1976). Arbeiten, in denen die Behauptung, alles sei genetisch vorbestimmt, widerlegt wird, stammen zum Beispiel von Richard Lewontin, *Die Dreifachhelix: Gen, Organismus und Umwelt*. Übersetzt von Andrea Pillmann. Berlin 2002 (1998); John O'Manique, *The Origins of Justice: The Evolution of Morality, Human Rights, and Law*, Philadelphia 2002; Hillary Rose und Stephen Rose (Hg.), *Alas, Poor Darwin: Arguments*

Against Evolutionary Psychology, New York 2000; Edward Deci und Richard Ryan, *Intrinsic Motivation and Self-Determination in Human Behavior*, Cambridge, Massachusetts 1985; Andrew W. Collins, Eleanor E. Maccoby, Laurence Steinberg, E. Mavis Hetherington und Marc H. Bornstein, »Contemporary Research on Parenting: The Case for Nature and Nurture«, *American Psychologist*, *55*(2), Februar 2000, S. 218–232; B. D. Perry u. a., »Childhood Trauma«, *Infant Mental Health Journal*, *16*(4), 2016, S. 271–291. https://doi.org/10.1002/1097-0355(199524)16:4<271::AID-IMHJ2280160404>3.0.CO;2-B sowie Steven R. Quartz und Terrence J. Sejnowski, »The Neural Basis of Cognitive Development: A Constructivist Manifesto«, *Behavioral and Brain Sciences*, *20*(4), 1997, S. 527–596.

4 Felix Warneken und Michael Tomasello, »Altruistic Helping in Human Infants and Young Chimpanzees«, *Science*, 3. März 2006, S. 1301–1303. Auch andere Primaten, vor allem Menschenaffen, zeigen eine menschenähnliche Hilfsbereitschaft, wie zum Beispiel das Gorillaweibchen, das einen drei Jahre alten Jungen rettete, der in ihr Gehege im Zoo gefallen war. Die beiden Autoren führten im Rahmen ihrer Studie ein ähnliches Experiment mit Schimpansen durch, um deren Motivation zu erforschen. Sie stellten fest, dass die Schimpansen häufig halfen, wenn es lediglich darum ging, einen heruntergefallenen Gegenstand aufzuheben, wobei sie dabei nicht annähernd so eifrig waren wie die Menschenkinder. Außerdem waren sie auch weniger hilfsbereit, wenn es um aufwändigere Hilfstätigkeiten ging und man dabei zum Beispiel in eine Kiste greifen musste. Dennoch zeigt dieses Experiment, dass die menschliche Hilfsbereitschaft evolutionär tief verwurzelt ist.

5 Riane Eisler und Douglas P. Fry, *Nurturing Our Humanity: How Domination and Partnership Shape Our Brains, Lives, and Future*, New York 2019.

6 James K. Rilling u. a., »A Neural Basis for Social Cooperation«, *Neuron*, *35*, 2002, S. 395–405.

7 Bei dieser Studie wurden die Gehirne von achtzehn Paaren junger Frauen untersucht, die das klassische mathematische Spiel »Das Gefangenendilemma« spielen mussten. Bei diesem Spiel haben die beiden Partnerinnen entweder die Möglichkeit, die andere zu verraten (also nur zum eigenen Vorteil zu spielen) oder aber zu kooperieren (zu beider Vorteil zu spielen).

8 Natalie Angier, »Why We're So Nice: We're Wired to Cooperate,« *New York Times*, 23. Juli 2002. Berns erklärte auch, dass sie für dieses Experiment zwar nur Frauen ausgewählt hätten, weil bei Hirnforschungen bislang nur wenige weibliche Probanden untersucht worden seien, es jedoch keinen Grund zur Annahme gäbe, dass die Ergebnisse anders ausgefallen wären, wenn Männer an der Studie teilgenommen hätten, auch wenn Frauen eher beziehungsorientiert sozialisiert würden als Männer.

9 Wenn beide Spielerinnen sich für eine Zusammenarbeit entschieden, erhielt jede 2 Dollar. Entschieden sich beide dazu, die jeweils andere zu verraten, bekam jede 1 Dollar. Wenn aber eine Spielerin sich dazu entschied, die andere zu verraten und die andere kooperierte, dann bekam der verratende Part 3 Dollar und der kooperative ging leer aus. Obwohl also jede Runde die Möglichkeit bot, durch Verrat einen Dollar mehr zu verdienen, war die Motivation, sich gegenseitig zu unterstützen, stärker als der Versuch, einen Dollar mehr zu gewinnen.

10 Die Kindsbräute waren oft erst acht Jahre alt und ihre Ehemänner vierzig oder fünfzig. Häufig wurden diese Mädchen bereits mit elf Jahren Mütter und oft betrachteten auch andere männliche Familienmitglieder ihres Ehemannes sie als ihre rechtmäßige »sexuelle Beute«. Und diese brutale Tradition besteht heute noch und wird immer noch moralisch und religiös gerechtfertigt. Das Leid der Kindsbräute in Indien wird unter anderem thematisiert in Neeraj Kumars Dokumentarfilm *Child Marriage* (www.childmarriage.org/) oder in Deepa Mehtas historischem Film *Water* (www.imdb.com/title/tt0240200/, beide letzter Zugriff: 11. August 2020.

11 Debra Niehoff, *The Biology of Violence: How Understanding the Brain Behavior, and Environment Can Break the Vicious Cycle of Aggression*, New York 1999, S. 185.

12 Bruce McEwen, zitiert in Niehoff, *The Biology of Violence*, S. 186.

13 Niehoff, *The Biology of Violence*, S. 185.

14 Ich möchte noch einmal betonen, dass nicht alle Kinder, die in solche Umfelder hineingeboren werden, diese Gefühls- und Verhaltensmuster entwickeln. Manche lehnen Misshand-

lungen und Gewalt in ihren eigenen Beziehungen nicht nur ab, sondern engagieren sich als Erwachsene sogar gegen Muster von Missbrauch und Gewalt in ihrem Umfeld. Doch sehr viel mehr Menschen werden durch frühkindliche Erfahrungen von Unterdrückung und Gewalt negativ geprägt.

15 Siehe zum Beispiel Joan Rockwell, *Fact in Fiction: The Use of Literature in the Systematic Study of Society*, London 1974.

16 Der Soziologe Milton R. Rokeach zeigt, wie Wertvorstellungen durch die Einführung von Narrativen geändert werden können, wenn diese einen Konflikt zwischen den vordergründigen bzw. bewussten Werten wie Demokratie und Gerechtigkeit und den latenten bzw. unbewussten Werten wie Vorurteilen gegen Menschen anderer Ethnien oder sozialer Gruppen offenlegen. Siehe Milton R. Rokeach, *The Nature of Human Values*, New York 1973. Siehe auch Eisler und Fry, *Nurturing Our Humanity.*

17 Früher wurden Familie und Peergroup oft als entgegengesetzte Kräfte betrachtet, die darum wetteiferten, Einfluss auf das Verhalten eines Kindes zu erlangen. Collins, Maccoby, Steinberg, Hetherington und Bornstein weisen in ihrer Studie über den Einfluss von Eltern und Peergroup («Contemporary Research on Parenting«) jedoch darauf hin, das Sozialisationsforscher Modelle entwickeln und testen, in denen untersucht wird, inwieweit Eltern und Peergroup gemeinsam Einfluss auf die Entwicklung eines Kindes und dessen Gehirn nehmen. Dabei zeigte sich, dass antisoziale Aktivitäten von Jugendlichen zwar häufig stark durch eine antisoziale Peergroup beeinflusst werden, doch dass die Ereigniskette, die zu dieser antisozialen Peergroup führt, oft in der Kindheit in der Familie ihren Ausgang nimmt. Grobe Erziehungsmethoden und Zwangsmaßnahmen tragen laut den Forschenden nicht nur zur Entwicklung von Aggressionen und Lernschwierigkeiten in der Schule bei, sondern führen auch oft dazu, dass Jugendliche in antisoziale Peergroups geraten. Was zunächst also einfach als ungünstiger Einfluss der Peergroup erscheint, kann in Wirklichkeit das Ergebnis des familiären Einflusses in der früheren Entwicklung des Kindes sein. Aber auch hierbei handelt es sich um einen interaktiven Prozess, da die Neurochemie des Gehirns auch von Stresserlebnissen in der Peergroup beeinträchtigt wird.

18 Else Frenkel-Brunswik zitiert in D. C. Beardslee und M. Wertheimer (Hg.), *Readings in Perception*, New York 1958, S. 676.

19 Kulturübergreifende Hinweise auf derartige Muster finden sich in DeMeo, »The Origins and Diffusion of Patrism in Saharasia, c.4000 BCE.« Siehe auch Sanday, *Female Power and Male Dominance.*

20 Michael G. Marmot, G. Rose, M. Shipley und P. J. Hamilton, »Employment Grade and Coronary Heart Disease in British Civil Servants«, *Journal of Epidemiological Community Health*, *3*, 1978, S. 244–249.

21 Richard Wilkinson, *The Affliction of Inequality*, London 1996.

22 Robert Sapolsky, »Sick of Poverty«, *Scientific American*, *293* (6), Dezember 2005, S. 98.

23 Siehe zum Beispiel Richard Layard, *Die glückliche Gesellschaft: Kurswechsel für Politik und Wirtschaft*. Übersetzt aus dem Englischen von Jürgen Neubauer, Frankfurt a. M., New York, 2005.

9 Die Care-Revolution

1 Stephen A. Zarlenga behandelt dieses Thema tiefgehend in *The Lost Science of Money: The Mythology of Money – The Story of Power*, Valatie, New York 2002. Und Lynne Twist beschreibt, wie Geld unser Leben regiert: *Die Seele des Geldes: Verwandle deine Beziehung zum Geld und zum Leben*. Übersetzt von Jan Pohl. Dornach 2017 (2003).

2 Für tiefergehende Informationen zu diesem Thema vor dem Hintergrund der neurowissenschaftlichen Erkenntnisse über die Auswirkungen von partnerschaftlichen bzw. dominanz-

geprägten Umgebungen siehe Riane Eisler und Douglas P. Fry, *Nurturing Our Humanity: How Domination and Partnership Shape our Brains, Lives, and Future*, New York 2019. Siehe auch H. Anisman, M. D. Zaharia, M. J. Meaney und Z. Merali, »Do Early-Life Events Permanently Alter Behavioral and Hormonal Responses to Stressors?«, *International Journal of Developmental Neuroscience, 16,* 1998, S. 149–164; Riane Eisler und Daniel S. Levine, »Nurture, Nature, and Caring: We Are Not Prisoners of Our Genes«, *Brain and Mind, 3* (1), 2002, S. 9–52; W. T. Greenough u. a., »Development of the Brain: Experience Affects the Structure of Neurons, Glia, and Blood Vessels«, in: N. J. Anastasiow und S. Harel (Hg.), *At-Risk Infants: Interventions, Families, and Research*, Baltimore 1993; J. P. Henry und S. Wang, »Effects of Early Stress on Adult Affiliative Behavior«, *Psychoneuroendocrinology, 23,* 1998, S. 863–875.

3 Thomas C. Frohlich und Liz Blossom (24/7 Wall Street), »These countries produce the most CO2 emissions«, *USA Today*, 14. Juli 2019, unter https://www.usatoday.com/story/money/2019/07/14/china-us-countries-that-produce-the-most-co-2-emissions/39548763/, letzter Zugriff: 11. August 2020.

4 Nadja Popovich, Livia Albeck-Ripka und Kendra Pierre-Louis, »The Trump Administration is reversing 100 environmental rules. Here's the full list«, *New York Times*, aktualisiert am 20. Mai 2020, https://www.nytimes.com/interactive/2020/climate/trump-environment-rollbacks.html, letzter Zugriff: 11. August 2020.

5 »International Energy Outlook 2019«, U.S. Energy Information Administration, Washington, D.C., 24. September 2019, https://www.eia.gov/todayinenergy/detail.php?id=41433#, letzter Zugriff: 11. August 2020.

6 Lester R. Brown, *Plan B 2.0: Mobilmachung zur Rettung der Zivilisation.* Übersetzt aus dem Englischen von Verena Gajewski. Berlin: Homilius, 2007 (2006).

7 Brown, *Plan B 2.0.* In dieser detaillierten Analyse der aktuellen globalen Entwicklungen und ihrer möglichen katastrophalen Folgen zeigt Brown, dass sich unsere globale Zivilisation heute in wirtschaftlicher Hinsicht auf einem Weg befindet, der ökologisch untragbar ist und uns in den ökonomischen Niedergang und letztlich in den wirtschaftlichen Zusammenbruch führt.

8 Brown zitiert nach Jim Lobe in »China's Upward Mobility Strains World Resources«, *Energy Bulletin*, 9. März 2005.

9 Siehe zum Beispiel Vandana Shiva, *Der Kampf um das blaue Gold: Ursachen und Folgen der Wasserverknappung.* Übersetzt aus dem Englischen von Bodo Schulze. 2. Aufl. Zürich: Rotpunktverlag, 2005 (2001). Dort wird das Problem der Privatisierung der Wasserversorgung ausführlich behandelt.

10 Eine Übersicht über diese und andere wichtige Entwicklungen bietet Hazel Henderson in »21 Century Strategies for Sustainability«, *Foresight*, Februar 2006.

11 S.A. Hoenig und A.R.E Page, *Counting on Care Work in Australia*, Bericht der *AECgroup Limited for economic Security4Women*, Australien, 2012, https://www.security4women.org.au/wp-content/uploads/2020/07/eS4W-Counting-on-Care-Work-in-Australia-Final-Report.pdf, letzter Zugriff: 11. August 2020.

12 Siehe https://www.salary.com/articles/stay-at-home-mom/, letzter Zugriff: 11. August 2020.

13 Siehe Duncan Ironmonger, »Counting Outputs, Inputs, and Caring Labor: Estimating Gross Household Product«, *Feminist Economics, 2* (3), Herbst 1993, S. 37–64.

14 Indradeep Ghosh u. a., *Social Wealth Economic Indicators: A New System for Evaluating Economic Prosperity*, hg. vom Center for Partnership Studies, Pacific Grove, Kalifornien 2014, https://centerforpartnership.org/wp-content/uploads/2019/04/Social-Wealth-Economic-Indicators-Full-Report-20152.pdf, letzter Zugriff: 11. August 2020.

15 Siehe hierzu Eisler und Fry, *Nurturing Our Humanity*. Darin werden zahlreiche dieser Belege aufgeführt. Auch in bekannten Magazinen wie *Child* and *Parenting* wird betont, wie ineffizient eine dominanzgeprägte Kindererziehung ist, und es werden partnerschaftliche Alternativen aufgezeigt. Eine Pionierarbeit über die Bedeutung der liebevollen Berührung ist Ashley Montagus *Körperkontakt: Die Bedeutung der Haut für die Entwicklung des Menschen.*

Übersetzt aus dem Amerikanischen von Eva Zahn. 8. Aufl. Stuttgart: Klett-Cotta, 1995. Und Nel Noddings beschreibt in *Critical Lessons: What Our Schools Should Teach*, Cambridge 2006, wie wichtig es ist, Jugendliche auf eine Elternschaft vorzubereiten.

16 Riane Eisler, David Loye und Kari Norgaard, *Women, Men, and the Global Quality of Life,* hg. vom Center for Partnership Studies, Pacific Grove, Kalifornien 1995.

17 Inglehart, Norris und Welzel, »Gender Equality and Democracy«, S. 330.

18 Ann Crittenden, *The Price of Motherhood: Why the Most Important Job in the World Is Still the Least Valued.* New York 2001.

19 Siehe zum Beispiel Bina Agarwal, *A Field of One's Own: Gender and Land Rights in South Asia*, Cambridge 1995 sowie Jane S. Jaquette und Gale Summerfield (Hg.), *Women and Gender Equity in Development Theory and Practice: Institutions, Resources, and Mobilization*, Durham, North Carolina 2006.

20 Siehe Bruce und Lloyd, »Finding the Ties That Bind.«

21 Bis heute ist der Anteil der Frauen in politischen Ämtern trotz jahrzehntelanger Bemühungen in den Nationalversammlungen und Parlamenten der Welt nur unwesentlich von 10,9 Prozent im Jahr 1975 auf 16,3 Prozent im Jahr 2005 angestiegen (New York: U. N. Commission on the Status of Women, Statement on International Women's Day, 2006). In jüngerer Zeit wurden mehr Frauen zu Staatsoberhäuptern gewählt wie zum Beispiel in Neuseeland oder Südkorea und anderswo – doch die Entwicklung, dass Frauen weltweit in Führungs- und Entscheidungspositionen gelangen, verläuft immer noch viel zu langsam – ebenso wie es immer noch zu wenige Frauen in Führungspositionen in Unternehmen, Verwaltung und Medien gibt.

22 Siehe Raffi Cavoukian und Sharna Olfman (Hg.), *Child Honoring: How to Turn This World Around*, New York 2006.

23 Siehe Riane Eisler, »Protecting the Majority of Humanity: Toward an Integrated Approach to Crimes against Present and Future Generations«, in: Marie-Claire Cordonier Segger und Sébastien Jodoin (Hg.), *Sustainable Development, International Criminal Justice, and Treaty Implementation*, Cambridge 2013, https://centerforpartnership.org/wp-content/uploads/2015/11/Protecting-the-Majority-of-Humanity.pdf, letzter Zugriff: 11. August 2020. In diesem Bereich habe ich viele Jahre lang geforscht und mein Artikel »Toward an Integrated Theory of Human Rights«, *Human Rights Quarterly*, 1987, *9*(3), S. 287–308, war der erste Artikel unter den wichtigen Veröffentlichungen zu dem Thema »Frauenrechte sind Menschenrechte«. Siehe auch Riane Eisler, »Human Rights and Violence: Integrating the Private and Public Spheres«, in: Lester Kurtz und Jennifer Turpin (Hg.), *The Web of Violence*, Urbana: University of Illinois Press, 1996.

24 Lauralee Alben, *Navigating a Sea Change.* Siehe https://www.seachangedesign.com, letzter Zugriff: 11. August 2020.

25 Im Original: *ripple effect.*

26 Im Original: *just women's work.*

27 Margaret Wheatley zeigt, welchen großen Einfluss Gespräche haben: Siehe Margaret Wheatley, *Turning to One Another: Simple Conversations to Restore Hope to the Future*, San Francisco 2002.

28 Es gibt bereits Entwicklungen in diese Richtung. So kombiniert zum Beispiel das *Bainbridge Graduate Institute*- MBA-Programm (siehe www.bgiedu.org/) traditionelle Ansätze mit einem besonderen Augenmerk auf die soziale und ökologische Verantwortung. Auch die *Presidio School of Management* in San Francisco bietet ein entsprechendes Programm an (siehe www.presidiomba.org/). Zusätzlich dazu werden auch in manchen traditionellen Universitäten solche MBA-Programme angeboten, wie zum Besipiel an der *Weatherhead School of Management* an der *Case Western Reserve University* (http://weatherhead.case.edu/mba/) und an der *Stephen M. Ross Business School* an der *University of Michigan* (www.bus.umich.edu/). Im deutschen Kontext siehe zum Beispiel die Alanus Hochschule für Kunst und Gesellschaft, https://www.alanus.edu/de/hochschule/fachbereiche-und-fachgebiete/wirtschaft.

29 See www.centerforpartnership.org.
30 Ich bin Mitgründerin einer Organisation, die geistliche und religiöse Führungspersonen versammelt hat, um sich gemeinsam entschieden gegen Gewalt im häuslichen Bereich zu engagieren: die Spiritual Alliance to Stop Intimate Violence (SAIV). Siehe https://centerforpartnership.org/programs/saiv/, letzter Zugriff: 11. August 2020.
31 Mehr dazu in Riane Eislers *Die Kinder von morgen: Die Grundlagen der partnerschaftlichen Bildung*. Übersetzt von Ute Weber. Freiamt im Schwarzwald: Arbor-Verlag, 2005 (2000), sowie in Nel Noddings *The Challenge to Care in Our Schools*.
32 Weitere Informationen unter www.centerforpartnership.org.
33 Siehe David Loye (Hg.), *The Great Adventure: Toward a Fully Human Theory of Evolution*. (Albany: State University of New York Press, 2004); David Loye, *Darwin's Lost Theory: Who We Really Are and Where We're Going*, Carmel, Kalifornien 2007; David Loye, *Measuring Evolution: A Guide to the Health and Wealth of Nations*, Carmel, Kalifornie 2007 und David Loye, *Darwin's Lost Theory of Love*, 2000. Siehe auch John O'Manique, *The Origins of Justice: The Evolution of Morality, Human Rights, and Law*, Philadelphia 2003 und Ervin Laszlo, *The Creative Cosmos*, Edinburgh 1993.
34 Eine tiefergehende Analyse dazu findet sich in Eisler und Fry, *Nurturing Our Humanity*.

Dank

Viele Menschen haben dazu beigetragen, dass dieses Buch hier vor Ihnen liegt und dafür bin ich all diesen Menschen zutiefst dankbar. Mein Dank geht zuallererst an das tolle Team vom Berrett-Koehler-Verlag, in dem die englische Erstausgabe dieses Buches erschienen ist. Die Zusammenarbeit mit meinem Herausgeber Steve Piersanti war mir eine große Freude. Sein Glaube an dieses Projekt hat mir enorm viel bedeutet und seine hervorragenden Ideen haben dieses Buch bereichert. Die liebevolle Unterstützung von Jeevan Sivasubramaniam war ebenso unschätzbar wertvoll wie Dianne Platners Kreativität bei der Gestaltung und Herstellung von Buch und Cover. Wichtiger kreativer Input kam diesbezüglich auch von Linda Jupiter, James Maxwell und Naomi Schiff. Bei Lektorat und Verschlagwortung der englischen Ausgabe haben Sandra Beris, Henri Bensussen und Medea Minnich herausragende Arbeit geleistet – und ein großer Dank gebührt auch dem Spitzen-Marketing-Team des Berrett-Koehler-Verlags, nämlich Maria Jesus Arguilo, Ian Bach, Marina Cook, Michael Crowley, Robin Donovan, Kristen Frantz, Tiffany Lee, Catherine Lengronne und Ken Lupoff.

Außerdem geht mein Dank an meine wunderbare Literaturagentin Ellen Levine und ihre Assistentin Alanna Ramirez, sowie an Claire Roberts, Marianna Sharp und ihre Kollegen bei Trident Media für ihre langjährige Unterstützung meiner Arbeit und ihr Engagement.

Zuhause stand mir mein Ehemann David Loye stets mit unersetzlicher, unerschütterlicher Liebe zur Seite und war eine überwältigende Hilfe bei Recherche- und Lektoratsarbeiten. Auch die Zusammenarbeit mit meiner Tochter Andrea Eisler, die mich beim Schreiben kompetent, kreativ und unterstützend beraten hat, war mir eine große Freude, ebenso wie die klugen Ratschläge und guten Ideen meiner Tochter Loren Alison. Auf dieselbe Weise hat mich auch meine Assistentin »Wonder Woman« Leah Gowron, unterstützt, die auch darüber hinaus einen wichtigen Beitrag zu den Projekten in meinem und Davids Leben leistet.

Ein riesiges Dankeschön geht auch an alle, die dieses Buch in seinen verschiedenen Stadien gelesen und wichtige Anmerkungen dazu gemacht haben. Ganz besonders möchte ich dabei Josh Blivens, Helen Knode, Jeff Kulick, David Korten, Peter Meyer-Dohm, Julie Nelson, Nel Noddings, Patrick O'Heffernan, Barbara Stanbridge und Mal Warwick danken, die das gesamte Manuskript vom Anfang bis zum Ende gelesen und unschätzbare Vorschläge dazu gemacht haben. Dank auch an alle Freunde und Kollegen, die Teile des Manuskripts gelesen und gute Ideen und kluge Anmerkungen mit eingebracht haben – darunter (in alphabetischer Reihenfolge): Lauralee Alben, Chandra Alexandre, Doug Autenrieth, Charlyn Beluzzo, Hilary Bradbury, Marianna Bozesan, Sandy Burud, Edgar Cahn, Susan Carter, Nancy Folbre, Bob Graham, Christine Gray, Heidi Hartman, Hazel Henderson, Matt Hudson, Sylvia Johnson, Mara Keller, Matthew King, Marci Koblenz, Regula Langemann, Tracy Leighton, Alex Loeb, Deborah Nelson, Gina Ogden, Joseph Chilton Pearce, Russell Precious, Martin Rausch, Alan Rosenblith, Barbara Schaefer und Suna Yamaner.

Ein weiterer Dank geht an Stuart Silverstone, dessen elektronischer Medienbeobachtungsservice Graphics News für meine Recherchearbeiten sehr hilfreich war. Darüber hinaus bin ich – wie immer – Victor Henry, Doug Holtzman, Joe Johnson, Inga Labeaune, Joanne May, Briget McConnell, Steve Parker, Debbie Reagan, Janis Rodman und ihren Kollegen an der Monterey-Bibliothek sehr dankbar für ihre Hilfe bei meinen Recherchen.

Ein weiteres Riesendankeschön geht an den Vorstand und die Mitarbeiter der Kalliopeia-Stiftung, für ihre Unterstützung bei der Recherche und dem Schreiben von *The Real Wealth of Nations*.

Für die deutsche Ausgabe gebührt der Dank an allererster Stelle der Übersetzerin Ulrike Brandhorst. Ich danke ihr nicht nur für die sensible Übersetzungsarbeit, sondern auch dafür, dass sie sich über einen langen Zeitraum hinweg für die öffentliche Wahrnehmung des Buches im deutschsprachigen Raum eingesetzt und schließlich den Kontakt zum Büchner-Verlag hergestellt hat. Dem Büchner-Verlag danke ich für das Aufgreifen von *The Real Wealth of Nations*, namentlich Sabine Manke, mit der gemeinsam ich die Textgrundlage für die deutsche Fassung erarbeitet habe und die die Umsetzung dieses Projekts mit voller Kraft vorangetrieben hat. Des Weiteren haben aufseiten des Büchner-Verlags Ina Beneke, Hanna Schulte und Svenja Samstag zum Erscheinen der deutschen Ausgabe engagiert beigetragen. Was die Aktualisierung von Quellen für die deutschsprachige Ausgabe angeht, war die Unterstützung meiner Tochter Andrea Eisler einmal mehr von unschätzbarem Wert. Christina S. Zhu danke ich für ihre Offenheit in der kreativen Zusammenarbeit, deren Ergebnis die dem Band beigegebenen Illustrationen darstellen. Für ihren wichtigen Beitrag zur medialen Kenntnisnahme des Titels danke ich Charlotte Boschen und Murielle Rousseau von Buch Contact sowie Silvie Klein-Franke (Ideas & Skills). Zu guter Letzt haben sich Jürgen Freimann und Judith Göbel mit ihrem genauen Blick beim Feinschliff an der Übersetzung Verdienste erworben.